Herzsprung
Verlag

Impressum:

© 2024 – Herzsprung-Verlag

www.herzsprung-verlag.de
info@herzsprung-verlag.de

Mühlstraße 10 – 88085 Langenargen – Deutschland
Alle Rechte vorbehalten. Deutsche Erstauflage 2024. Das Werk einschließlich aller seiner Teile ist urheberrechtlich geschützt.

***

How the Greatness has been shaped
Text © LI Hongfeng
Übersetzung: ZHANG Shisheng, Maurice Scheinig
First published in China by
China Children's Press & Publication Group Co., Ltd.
All Rights Reserved

Copyright-Agent der deutschen Ausgabe:
Beijing IntelWave International Culture Communication Co., Ltd.

iw@iwculture.com

***

Druck: Bookpress - Polen

ISBN: 978-3-96074-819-9 - Taschenbuch
ISBN: 978-3-96074-820-5 - E-Book

Wie Größe entsteht

von

LI HONGFENG

Herzsprung-Verlag

Inhalt

Vorwort von LI Hongfeng
Der Jugend die Geschichten der Kommunistischen Partei
Chinas nahebringen   7

Kapitel 1
Ewige Vorbilder, strahlende Vorbilder   12

Kapitel 2
Glaube ist der wichtigste Grundstein des Leben   30

Kapitel 3
Für immer an der Seite des Volks   42

Kapitel 4
Konsequentes Lernen und Streben   58

Kapitel 5
Mutig Verantwortung übernehmen und sich
Herausforderungen stellen   96

Kapitel 6
Die Suche nach der Wahrheit in der Geschichte   143

Kapitel 7
Menschen von Größe sind wie Klassiker   172

Nachwort von LI Hongfeng
Die Zukunft strahlt hell im Lichte der Geschichte   190

Vorwort von LI Hongfeng

Der Jugend die Geschichten der Kommunistischen Partei Chinas nahebringen

In seiner Rede zur Feier zum 40. Jubiläum der Reform- und Öffnungspolitik hat Chinas Staatspräsident XI Jinping darauf hingewiesen, dass die drei wichtigsten Meilensteine der jüngeren chinesischen Geschichte seit der Bewegung des 4. Mais die Gründung der Kommunistischen Partei, die Ausrufung der Volksrepublik Chinas sowie das Vorantreiben der Reform und Öffnung und des Sozialismus chinesischer Prägung sind.

Die Reform- und Öffnungspolitik hat China, die Nation, das Volk und die Partei bedeutend verändert. Die chinesische Nation hat sich aufgerichtet und es zu Wohlstand und Stärke gebracht. Auch der Sozialismus chinesischer Prägung hat sich von der Gründung bis zur stetigen Verbesserung weiterentwickelt. Während das Volk vorher unter unzureichender Nahrung und Kleidung litt, genießt es nun einen bescheidenen Wohlstand. Die chinesische Nation steht mit neuer Haltung im Osten der Welt.

In den vergangenen 100 Jahren hat das Volk unter der Führung der Partei drei bedeutende Ereignisse verwirklicht. Zum einen hat es die neudemokratische Revolution, die nationale Unabhängigkeit und die Volksbefreiung erreicht. Weiterhin hat es die sozialistische Revolution vollendet, vorangetrieben und die Grundstrukturen des Sozialismus aufgebaut. Zuletzt hat das Volk die Reform und Öffnung umgesetzt und den Sozialismus chinesischer Prägung begründet, aufrechtgehalten und weiterentwickelt. Diese drei Ereignisse sind notwendige Abschnitte in dem Wiederaufleben der chinesischen Nation. Der dritte Schritt, das Erreichen von Stärke, ist momentan im Gange und noch nicht vollendet.

In der jüngeren Geschichte war die chinesische Nation mit zwei historischen Aufgaben konfrontiert: zuerst mit dem Erreichen der nationalen Unabhängigkeit und der Befreiung des Volkes, danach mit der Verwirklichung von Fortschritt und gerecht verteiltem Wohlstand. Die Vollendung der ersten Aufgabe war Voraussetzung für die zweite, um eventuelle Hindernisse aus dem Weg zu räumen.

Nach dem Opiumkrieg von 1840 verfiel China zu einer halbkolonialen und halbfeudalen Gesellschaft. Die Nation litt unter Sorgen und Katastrophen und das Volk unter Hunger und Kälte. Unter solchen Bedingungen wurde die Kommunistische Partei Chinas geboren, die von Anfang an den Marxismus als ihren Leitgedanken formulierte. Sie erhob die Umsetzung des Kommunismus zu ihrem höchsten Ziel, die Unabhängigkeit und Befreiung des Volkes zu ihrer Aufgabe und nahm die schwere Verantwortung für das Wiederaufleben der chinesischen Nation auf sich. Im Kampf dafür bewies sie Scharfsinn, Kampfesgeist und Führungsstärke und wurde so die Wegbereiterin des Volkes. Die Mitglieder der Kommunistischen Partei Chinas verbanden unter MAO Zedong als ihren Hauptvertreter die Leitideen des Marxismus mit der konkreten Ausführung der chinesischen Revolution. Sie begründeten die Ideen MAO Zedongs und lösten eine Reihe von Problemen, die bei der praktischen Anwendung der marxistischen Grundprinzipien auf China auftauchten. Weiterhin stellten sie eine Strategie bestehend aus zwei Schritten auf, um den Sozialismus durch die neudemokratische Revolution zu realisieren, indem sie deren Grundzüge definierte, die Städte über den Landweg eroberte und so den nationalen Sieg errang. Die Kommunistische Partei stellte eine Reihe siegreicher Strategien auf und löste Schwierigkeiten, die auf dem Weg der chinesischen Revolution auftauchten. Dabei nahm sie endlose Mühen, Entbehrungen und Opfer auf sich, die jedoch letztendlich zu ihrem Sieg in der neudemokratischen Revolution führte. Nach dem Erreichen der nationalen Unabhängigkeit und der Befreiung des Volkes gründete sie das Neue China und setzte vorausschauend den Übergang von der neudemokratischen Revolution zum Sozialismus um. So wurde der tiefgreifendste gesellschaftliche Wandel der chinesischen Geschichte erfolgreich durchgeführt. Die chinesische Nation hat es geschafft, aufzustehen, und so die politischen Voraussetzungen und Grundstrukturen für den heutigen Fortschritt begründet.

Das Erreichen von gerecht verteiltem Wohlstand ist die logische Fortsetzung dessen. Nach der 3. Plenartagung des XI. Zentralkomitees der Kommunistischen Partei Chinas wurde mit DENG Xiaoping als Hauptvertreter der Fokus der Arbeit der Partei und des Landes auf den Aufbau der Wirtschaft gelegt und die historische Entscheidung der Durchführung einer Reform- und Öffnungspolitik gefällt, begründet auf den Theorien DENG Xiaopings. Der grundlegende Pfad der Partei im Anfangsstadium des Sozialismus wurde durch das Festhalten am Fokus auf die Wirtschaft, den vier Grundprinzipien für die Entwicklung Chinas und der Reform- und Öffnungspolitik definiert. Weiterhin wurde ein Entwicklungsplan aufgestellt, bestehend aus drei Schritten, um bis zur Mitte des 21. Jahrhunderts die Modernisierung des Sozialismus zum Erfolg zu führen. Es wurde betont, dass die Reformen, also die schrittweise Reformierung aller Systeme und die entschlossene Öffnung nach außen, Chinas zweite Revolution sind. Auf die Probleme beim Aufbau des Sozialismus chinesischer Prägung hat die Wissenschaft Antworten gefunden, sodass dieser erfolgreich begründet werden konnte. In Folge der 4. Plenartagung des XIII. Zentralkomitees verteidigte die Partei mit JIANG Zemin als Hauptvertreter den Sozialismus chinesischer Prägung zwischen einer angespannten innen- und außenpolitischen Lage, die den Sozialismus weltweit einer schwierigen Prüfung unterzog, wonach die Idee des „Dreifachen Vertretens" aufgestellt wurde. Weiterhin wurde die Reform der sozialistischen Marktwirtschaft als Ziel ausgegeben und der grundlegende Rahmen sowie das Wirtschafts- und Verteilungssystem im Anfangsstadium des Sozialismus definiert. Es wurde ein Durchbruch in der allumfassenden Reform und Öffnung erreicht, das neue Großprojekt des Aufbaus der Partei gefördert und der Sozialismus chinesischer Prägung erfolgreich ins 21. Jahrhundert gebracht. Mit HU Jintao als Hauptvertreter ergriff die Kommunistische Partei Chinas nach dem XVI. Parteitag die strategischen Möglichkeiten, die sich zu der Zeit ergaben. Während des allumfassenden Aufbaus einer Gesellschaft mit bescheidenem Wohlstand wurde eine praxisbezogene, theoretische und systemische Erneuerung vorangetrieben. Infolgedessen wurde das „Wissenschaftliche Entwicklungskonzept" begründet und das Festhalten an einer menschenorientierten, breit abgestimmten und nachhaltigen Entwicklung betont. Nach der Ausgestaltung des Gesamtplans des Sozialismus chinesischer Prägung wurde mit aller Kraft der Lebensunterhalt des Volkes gewährleistet, verbessert und der Aufbau einer gerechten Gesellschaft und friedlichen Welt vorangetrieben. Ebenfalls wurden die Handlungsfähigkeit und Fortschrittlichkeit der Partei weiter ausgebaut, sodass ausgehend von einem neuen Abschnitt der Geschichte der Sozialismus chinesischer Prägung erfolgreich vorangebracht wurde. Nachdem die chinesische Nation aufgestanden ist, hat sie auf diese Weise den Schritt hin zu Wohlstand vollführt.

Seit dem XVIII. Parteitag ist der Sozialismus chinesischer Prägung in ein neues Zeitalter eingetreten. Mit XI Jinping im Zentrum eint und führt das Zentralkomitee der Kommunistischen Partei Chinas die Partei, das Land und das Volk. Umfassend beobachtet es globale und nationale Entwicklungen und beantwortet die Fragen, wie der Sozialismus chinesischer Prägung im neuen Zeitalter aussehen soll und weitergeführt werden kann, indem es auf Erfahrungen aus der Praxis zurückgreift und zukunftsorientiert arbeitet. Damit einhergehend wurden die Ideen XI Jinpings für den Sozialismus chinesischer Prägung im neuen Zeitalter formuliert. Die „Integration der Fünf Dimensionen" wird einheitlich vorangebracht, der Rahmen der „Vier umfassenden Handlungen" weiter koordiniert und eine Arbeitshaltung aufrecht gehalten, nach der bei Wahrung von Stabilität weiter nach Fortschritt gestrebt wird. Das Zentralkomitee brachte eine Reihe von neuen Ideen, Überlegungen und Strategien für die Arbeit der Partei und des Landes hervor und setzte so wichtige Impulse für eingreifende Veränderungen und das Erlangen historischer Erfolge, sodass das chinesische Volk auf dem langen Weg bis zum Erreichen von Wohlstand und Stärke entscheidende Schritte unternimmt.

Die Geschichte und Realität haben unbestreitbar bewiesen, dass die Geschichte und die Menschen die richtige Wahl getroffen haben, dass die Kommunistische Partei Chinas das Wiederaufleben der chinesischen Nation und das Beschreiten des Weges des Sozialismus chinesischer Prägung anführt. Genauso richtig war die Strategie der Partei und der Chinesen, in China Wurzeln zu schlagen, die Errungenschaften der menschlichen Zivilisation aufzunehmen und selbstbestimmt die Entwicklung des Landes zu verwirklichen. Ohne die Kommunistische Partei Chinas gäbe es kein neues China, keine Reform und Öffnung und kein Wiederaufleben der chinesischen Nation.

Der Fortschritt einer Zivilisation und die Entwicklung eines Landes bedarf einer generationsübergreifenden Anstrengung. Die Jugend ist die Zukunft Chinas und die Hoffnung der Nation. LIANG Qichao (1873-1929), einer der bedeutendsten öffentlichen Intellektuellen seiner Zeit, sagte einmal: „Wenn die Jugend weise ist, ist das Land weise. Wenn die Jugend reich ist, ist das Land reich. Wenn die Jugend stark ist, ist das Land stark. Wenn sich die Jugend entwickelt, entwickelt sich das Land."

In den vergangenen hundert Jahren hat die Kommunistische Partei eng mit dem Volk gestanden, sich auf es verlassen und so Außergewöhnliches erreicht, das in die Geschichte eingehen wird. Die Geschichte der Kommunistischen Partei Chinas ist eine, die die Vergangenheit, Gegenwart und Zukunft Chinas miteinander verbindet.

Die Macht des Vorbilds ist endlos, und das Lernen von Vorbildern ist die beste Art von Bildung. Der Jugend auf lebendige Weise die Geschichten der Kommunistischen Partei Chinas nahezubringen, ist die realistischste und effektivste Bildung durch Vorbilder. Es ist von weitreichender Bedeutung, dass die Jugend die jüngere chinesische Geschichte, die der Kommunistischen Partei Chinas und des Neuen Chinas versteht, sodass sie von dem geistigen Reichtum der Partei, der Chinesen und der Nation profitiert und den Geist der alten Revolutionäre weiterträgt. Dies waren auch unsere ursprüngliche Intention und Erwartung, als wir dieses Buch „Wie Größe entsteht" geschrieben haben.

Die Jugend sollte voller Energie und Tatendrang sein, sodass sie den Erwartungen, die die Partei und das Volk in sie steckt, gerecht wird. Indem die Jugend der Partei, dem Land und dem Volk Verbundenheit entgegenbringt, wird sie zu einer neuen Generation von Erbauern heranwachsen, die Wissen und Charakter besitzt und einen Unterschied machen wird. Durch ihr Handeln wird sie den Geist des Sozialismus an spätere Generationen forttragen und einen entscheidenden Beitrag zum Wiederaufleben der chinesischen Nation leisten.

Kapitel 1

Ewige Vorbilder, strahlende Vorbilder

Menschen von Größe sind immer mit großen Ländern und Nationen sowie großen Anliegen, Kämpfen, Erfolgen und Verdiensten verbunden. MAO Zedong war der Anführer der Gründung der Volksrepublik China und Politiker wie ZHOU Enlai, LIU Shaoqi, ZHU De, DENG Xiaoping und CHEN Yun die Gründerväter. Sie alle haben historisch außergewöhnliche Beiträge dazu geleistet, dass die chinesische Nation aufgestanden ist und Wohlstand und Stärke erreicht.

Die chinesische Zivilisation hat eine ununterbrochene Geschichte von mehreren Tausend Jahren und somit einen unbestreitbaren Beitrag zum Fortschritt der Menschheit geleistet. Als die Kommunistische Partei Chinas gegründet wurde und die alten Revolutionäre wie MAO Zedong, ZHOU Enlai, ZHU De, DENG Xiaoping und CHEN Yun die Bühne betraten, steckte China in einer tiefen Krise und das Volk war von Leid geplagt unter dem halbkolonialen und halbfeudalen System, das die Gesellschaft beherrschte.

Obwohl Unzählige mutig für die Rettung des Landes und des Volkes kämpften, scheiterten sie letztendlich alle. Die Taiping-Bewegung, Hundert-Tage-Reform, Boxer-Bewegung und Xinhai-Revolution im Jahre 1911 scheiterten genauso wie die Bauernaufstände, die Gründung einer konstitutionellen Monarchie und die einer bürgerlichen Republik, die alle als Ziel die Rettung der Nation hatten.

Der Wegbereiter SUN Yat-sen hisste als Erster die Flagge der nationalen demokratischen Revolution in China und verkündete lautstark das Wiederaufleben des Landes. 1905 gründete er die Tongmenghui, eine Gesellschaft, die mehrere revolutionäre Gruppierungen zusammenschloss. Er proklamierte als politisches Programm: „Die Qing-Dynastie vertreiben, die chinesische Nation wiederbeleben, eine Republik gründen und ein System gleichmäßiger Landverteilung etablieren", um eine bürgerliche Republik aufzubauen. Sun Yat-sen führte 1911 die Xinhai-Revolution an, welche den ersten Meilenstein in der chinesischen Geschichte des 20. Jahrhunderts darstellt, indem das chinesische Volk aufbegehrte, um ihr Schicksal in die eigenen Hände zu nehmen.

Aber wie MAO Zedong einmal feststellte: „[Die Xinhai-Revolution] war in einigen Aspekten siegreich, in einigen aber ist sie gescheitert. Die Xinhai-Revolution hat den Kaiser vertrieben, war dies kein Sieg? Dass sie gescheitert ist, bedeutet, dass sie lediglich einen Kaiser vertrieben hat, aber China weiterhin vom Imperialismus und Feudalismus unterdrückt wurde. Die antiimperialistische und -feudalistische Revolution war noch nicht vollendet."

Die andauernden Unruhen, die Armut der Menschen und die demütigende Machtlosigkeit des Staates sind zu einer Krankheit geworden, die das alte China nicht beseitigen konnte. Die Unabhängigkeit der Nation und die Befreiung des Volkes waren die drängendsten Aufgaben, die das Land und die Kommunistische Partei Chinas zu der Zeit beschäftigten. Nur durch die Lösung dieser Aufgabe hätte China einen Ausweg und neue Hoffnung; andernfalls gäbe es für China gar nichts mehr.

Aber wie man in einem halbkolonialen und -feudalen Land im Osten der Welt die chinesische Revolution zum Erfolg führen könne, war eine Frage, auf die der Marxismus noch nie gestoßen war. Die junge Kommunistische Partei China setzte blind die Grundprinzipien der marxistischen proletarischen Revolution und die Erfahrungen der russischen Oktoberrevolution um, was der chinesischen Revolution ernsthafte Rückschläge bescherte. Mit diesem Hintergrund betrat MAO Zedong die Bühne der Geschichte.

MAO Zedong war der Erbauer der Kommunistischen Partei Chinas, der Volksbefreiungsarmee und der Volksrepublik sowie der Anführer aller Ethnien Chinas. Im Herzen war er Marxist, ein proletarischer Revolutionär, Stratege und Theoretiker. Weiterhin war er Wegbereiter in der Anpassung des Marxismus auf China, der das Volk darin anführte, sein Schicksal in die eigenen Hände zu nehmen und das Antlitz des Landes zu verändern. Für China ist er einer der Helden der Neuzeit und der Mittelpunkt der ersten Führungsgeneration des Parteikollektivs, der alles auf sich vereinte, und dafür verantwortlich war, dass China sein eigenes Schicksal zum Besseren wenden konnte. MAO Zedong führte die Kommunistische Partei und das chinesische Volk an und gründete die Volksrepublik, sodass die chinesische Nation aufstehen konnte.

Von Anfang bis Ende verstand er wie kein anderer den Strom der Zeit und zeigte Weisheit und Mut im Lösen von Problemen, wofür er das Vertrauen der Partei und des gesamten Volkes genoss. Konfrontiert mit den besonderen Umständen Chinas und dem Imperialismus, Feudalismus und bürokratischen Kapitalismus, welche die Chinesen unterdrückten, erkannte MAO Zedong, dass die chinesische Revolution ein langer Prozess sein würde und dass diese von der in China vorherrschenden Realität ausgehen müsse, weshalb der Marxismus auf den chinesischen Fall angepasst werden musste.

Scharfsinnig löste er eine Reihe wichtiger Fragen, die bei der Anwendung des Marxismus auf die chinesische Realität auftauchten. Intensiv

MAO Zedong 1936 im Norden von Shaanxi.

studierte er die Klassenlage in der chinesischen Gesellschaft und verstand nach langem Überlegen die Beschaffenheit, das Ziel, die Aufgaben, die Triebkraft, die Zukunft und den Umschwung, die die chinesische Revolution ausmachen würden. Darauffolgend formulierte er einen Zwei-Stufen-Plan, wie durch die neudemokratische Revolution der Sozialismus umgesetzt werden könne, definierte die Grundzüge der neudemokratischen Revolution und postulierte eine Strategie, nach der die Städte über das Land erobert und so am Ende der nationale Sieg errungen werden könne.

Auf kreative und doch pragmatische Weise löste er eine Reihe von Problemen, die bei dem Aufbau einer sozialistischen Partei auftauchten und auf die besonderen sozialen Umstände Chinas zu der Zeit zurückzuführen waren. Durch ihn war die Partei mit auf Wissenschaft basierenden Theorien und revolutionärem Geist ausgestattet, dem Volk eng verbunden und war so auf politischer und theoretischer Ebene vollkommen konsolidiert.

Mit der gleichen Einstellung ebnete er den Weg für den Aufbau einer neuen Volksarmee, dem bewaffneten Volk unter der absoluten Führung der Partei, das mit unbeugsamem Geist jeden Feind überwältigen kann. Ebenfalls vereinte er den Großteil der Nation zu einer revolutionären Einheitsfront, die mit gesammelter Kraft für die gemeinsame Sache von Partei und Volk kämpfte. Genauso entwickelte er eine Reihe von Strategien und Taktiken, die bei der Lösung von Problemen der chinesischen Revolution halfen, sodass diese auf einer Welle des Erfolges reiten konnte.

Nach 28 Jahren blutigen Kampfes, der viel Leid und Aufopferungen von Volk und Partei mit sich brachte, wurde der Sieg im Widerstandskrieg gegen Japan und im Befreiungskrieg errungen. Durch die siegreiche neudemokratische Revolution wurde das imperialistische, feudale und bürokratisch-kapitalistische System über den Haufen geworfen und die Unabhängigkeit der Nation und die Befreiung des Volkes verwirklicht, wovon die Chinesen fast 100 Jahre geträumt hatten. Von diesem Moment an war das chinesische Volk endlich aufgestanden, hat sein Schicksal in die eigene Hand genommen und den Verlauf der eigenen Geschichte geändert. Der Fortschritt der chinesischen Nation hat somit ein neues Zeitalter erreicht. Wie DENG Xiaoping einmal sagte: „Ohne MAO Zedong würde das chinesischen Volk wahrscheinlich weiterhin im Dunkeln verharren."

ZHU De war ein großer Marxist, proletarischer Revolutionär, Politiker und Militärstratege. Er war einer der Gründer der Volksbefreiungsarmee, einer der Gründerväter der Volksrepublik und ein wichtiges Mitglied der ersten Führungsgeneration des Parteikollektivs unter Mao.

Mit eigenen Augen beobachtete er die Missstände und das Leid, welche die Kriege der Warlords mit sich brachten, und realisierte, dass die von der Bourgeoisie geführte altdemokratische Revolution für China keinen Frieden bringen könne. Jedoch erblickte er durch die russische Oktoberrevolution und chinesische Bewegung des 4. Mais einen Hoffnungsschimmer, sodass er alle ihm angebotenen Ämter ablehnte und anfangs in Shanghai und Peking, später im Westen nach einem Weg für die Rettung des Landes suchte. Im Jahre 1922 trat ZHU De in Deutschland, der Heimat von Karl Marx, auf Anraten ZHOU Enlais der Kommunistischen Partei Chinas bei. Von hier an verpflichtete er sich vollkommen der Revolution und dem Kommunismus.

Während der neudemokratischen Revolution war er anfangs Oberbefehlshaber der Roten Armee, dann der 8. Marscharmee und der Volksbefreiungsarmee. Er leistete einen unschätzbaren Beitrag zur nationalen Unabhängigkeit, der Befreiung des Volkes und zum Aufbau eines Neuen Chinas, das vom Volk regiert wird. Ebenfalls war er Teil der Führung des Nanchang-Aufstands, der den ersten Schritt des bewaffneten Widerstands gegen die reaktionäre Guomindang darstellte. Daraufhin kommandierte er die restliche Armee dieses Aufstands sowie die Bauernarmee der Aufstände in Xiangnan auf den Berg Jinggang, wo sie auf die von MAO Zedong geführten siegreichen Truppen des Herbsternteaufstands im Grenzgebiet von Hunan und Jiangxi trafen. Gemeinsam läuteten sie den Anfang des revolutionären Bürgerkriegs ein.

Danach erkundete er mit MAO Zedong die Möglichkeiten, bewaffnet über das Land die Städte zu erobern und so die politische Oberhand zu gewinnen. Gemeinsam mit MAO Zedong und ZHOU Enlai befehligte er den Durchbruch der vier Belagerungen der zentralen revolutionären Stützpunkte von der Kuomintang und führte die Rote Armee auf den Langen Marsch während der strategischen Verlegung der eigenen Stützpunkte.

Auf der Konferenz von Zunyi unterstützte er die Vorschläge MAO Zedongs, womit er einen wichtigen Beitrag zur Etablierung von MAO als Leitfigur der Roten Armee und des Zentralkomitees leistete. Kompromisslos kämpfte er gegen das Fehlverhalten Zhang Guotaos, die Partei und die Rote Armee spalten zu wollen, und vereinte die Kommandeure der 4. und 2. Front zu den drei Hauptkräften. In diesem Kampf würdigte MAO Zedong ihn mit den Worten: „Großherzig wie das Meer, willensstark wie Stahl."

Nach dem Ausbruch des Widerstandskrieges gegen Japan schwor ZHU De: „Gegen Japan bis zum Tode zu kämpfen, die Nation wiederherzustellen, mein Volk und mein Land zu schützen; dies ist meine Berufung." Eifrig setzte er die strategischen Pläne des Zentralkomitees um, mobilisierte die Massen, eröffnete während des Widerstandskrieges Stützpunkte im Norden Chinas und legte damit die strategische Grundlage für den langen und letztendlich siegreichen Widerstand gegen Japan.

Im Jahr 1940 erreichte ZHU De Yan'an, wo er MAO Zedong bei der Kommandierung der Stützpunkte im ganzen Land im Krieg gegen Japan unterstützte. Um die wirtschaftliche Not im Grenzgebiet von Shaanxi, Gansu und Ningxia zu lindern, führte er erste Maßnahmen im Ort Nanniwan in der Nähe Yan'ans durch, trieb die Großproduktionsbewegung voran und kultivierte damit den sogenannten „Geist von Nanniwan". Auf dem VII. Parteitag machte er einen militärischen Bericht über „Die Schlacht an der Front", in dem er die Erfahrungen der von der Partei geführten bewaffneten Kämpfe und des Volkes ausführlich darlegte.

Während des Befreiungskrieges beteiligte ZHU De sich bei der Ausarbeitung einer Reihe von Strategien wie „Entwicklung im Norden, Verteidigung im Süden" und unterstützte MAO Zedong bei der Zerschlagung der Angriffe der Kuomintang in den befreiten Gebieten. Dadurch konnten die Schlachten von Liaoning-Shenyang, Huaihai und

Peking-Tianjin gewonnen werden, sodass die Armee in das ganze Land vorrücken konnte, die reaktionären Truppen der Kuomintang besiegen und den Sieg der neudemokratischen Revolution holen konnte.

Nach der Gründung der Volksrepublik China leistete ZHU De in hohen Ämtern von Partei, Land und Militär wertvolle Beiträge im Aufbau und der Entwicklung eines sozialistischen Systems, indem er sich aktiv an entsprechenden Entscheidungen beteiligte.

ZHOU Enlai war ein großer Marxist, proletarischer Revolutionär, Politiker, Militärstratege und Diplomat, was ihn zu einem der wichtigsten Anführer in der Partei und im Land machte. Ebenfalls war er einer der wichtigsten Begründer der Volksbefreiungsarmee, einer der Gründerväter der Volksrepublik und ein wichtiges Mitglied der ersten Führungsgeneration des Parteikollektivs unter der Leitung MAO Zedongs.

ZHOU Enlai war der erste Ministerpräsident der neu gegründeten Volksrepublik. In der Suche der Partei nach dem richtigen Weg der Revolution, in dem Aufbau einer Volksarmee, einer revolutionären Einheitsfront und eines freien Volkes hat er unvergessliche Verdienste vollbracht. Nachdem er 1924 nach China zurückgekehrt war, gab er sich vollkommen der revolutionären Sache hin und war Vorsitzender des politischen Ausschusses der Whampoa-Militärakademie. Er war einer der ersten Politiker, die die Wichtigkeit des bewaffneten Kampfes erkannten und sich militärisch betätigten.

Nach der Niederlage der Revolution wurde ZHOU Enlai einer der wichtigsten Führungspersönlichkeiten im Zentralkomitee der Kommunistischen Partei und führte den Nanchang-Aufstand an, welcher als der erste Schuss gegen die reaktionäre Kuomintang gilt. Dieser Moment stellt die Geburtsstunde der von der Partei geleiteten Volksarmee dar. In den von der Kuomintang beherrschten Gebieten, die vom grausamen Weißen Terror beherrscht wurden, führte er verdeckte Operationen durch und leitete und unterstützte die bewaffneten separatistischen Kämpfe der Bauern und Arbeiter. Damit leistete er einen wichtigen Beitrag zum revolutionären Weg Chinas, die Städte über das Land zu erobern und so die politische Oberhand zu gewinnen.

Nachdem ZHOU Enlai das revolutionäre Hauptquartier in Jiangxi erreichte, durchbrach er gemeinsam mit ZHU De erfolgreich die vier Belagerungen durch die Kuomintang. Auf der Konferenz von Zunyi unterstützte er die Vorschläge MAO Zedongs. Damit leistete er einen großen Nutzen darin, MAO Zedong als Führungsperson des Zentralkomitees und der Roten Armee zu etablieren, in der Rettung der Roten Armee und der Partei in Zeiten der Not sowie bei der Realisierung der historischen Wende in der chinesischen Revolution.

Nach dem Zwischenfall von Xi'an im Jahre 1936 ging ZHOU Enlai gemäß der Vorgabe der Partei selber nach Xi'an, um zu vermitteln. Hier trieb er eine friedliche Lösung des Konflikts und die Bildung der Zweiten Einheitsfront voran, wodurch eine Wende im Widerstand gegen die ausländische Aggression erreicht wurde. Als die ganze Nation gemeinsam gegen Japan kämpfte, stand ZHOU Enlai repräsentativ für die Arbeit der Partei in den von der Kuomintang beherrschten Gebieten, wo er sich bemühte, Kämpfer für die eigene Sache zu gewinnen, und einen ausgeklügelten Kampf gegen die unnachgiebige Kuomintang führte. In Folge des Sieges im Kampf gegen Japan begleitete er MAO Zedong nach Chongqing, um mit der Kuomintang für über ein Jahr Verhandlungen zu führen.

Während des Befreiungskrieges unterstützte ZHOU Enlai MAO Zedong bei der Kommandierung einer Reihe von schicksalsentscheidenden Schlachten und setzte sich für die Bildung der Zweiten Front in den von der Kuomintang besetzten Gebieten ein. ZHOU Enlai repräsentierte die Kommunistische Partei Chinas in den Gesprächen mit anderen demokratischen Parteien und Patrioten über die Gründung des Landes, bereitete die Einberufung der Politischen Konsultativkonferenz des chinesischen Volkes vor und entwarf das sogenannte „Gemeinsame Programm". Damit leistete er einen unschätzbaren Beitrag zum Aufbau der Volksrepublik China.

Nach der Gründung der Volksrepublik diente ZHOU Enlai 26 Jahre lang als Ministerpräsident. Er war nicht nur ein wichtiger Architekt in der Planung für die Gründung des Landes, sondern führte diese auch sorgfältig aus. In der Suche danach, wie der Marxismus an die chinesischen Bedingungen angepasst werden könne, sowie in der Durchführung und Aufbau der sozialistischen Revolution, leistete er einen fundamentalen Beitrag. Vor allem legte er Wert auf die Modernisierung der Verteidigung des Landes, sodass durch ihn Durchbrüche in der Entwicklung des Atom- und Satellitenprogramms erzielt werden konnten, welche die militärische Stärke und den internationalen Status Chinas deutlich aufwerteten. Außerdem war er der Vize-Vorsitzende des Landeskomitees der ersten und der Vorsitzende des Landeskomitees der zweiten, dritten und vierten Politischen Konsultativkonferenz, wobei er besonderen Fokus auf die Bildung einer Einheitsfront in der Revolution und im Aufbau des Sozialismus legte. Dabei leistete er einen großen Beitrag zur Entwicklung des Systems der parteiübergreifenden Kooperation und Beratung unter Führung der Partei. Hier ließ er das Ziel der nationalen Wiedervereinigung nicht aus den Augen und leistete grundlegende Arbeit in der Lösung der Fragen bezüglich Hongkongs, Macaus und Taiwans.

ZHOU Enlai war einer der wichtigsten Wegbereiter in der Diplomatie des Neuen Chinas und leistete erfolgreiche Arbeit in der Leitung der Außenbeziehungen der Partei. Die von ihm entwickelten „Fünf Prinzipien der friedlichen Koexistenz" wurden der Grundstein der chinesischen Außenpolitik. Der weitsichtige und einzigartige Stil, der ZHOU Enlais Politik in der Diplomatie ausmachte, brachten ihm weltweit viel Respekt ein und erhöhte das internationale Ansehen Chinas und der Partei.

LIU Shaoqi war ein großer Marxist, proletarischer Revolutionär, Politiker und Theoretiker. Weiterhin war er einer der wichtigsten Anführer in der Partei und des Landes, ein Gründervater der Volksrepublik und ein wichtiges Mitglied der ersten Führungsgeneration des Parteikollektivs.

Von der Anfangsphase der Gründung der Kommunistischen Partei Chinas bis zur Zeit des Ersten Bürgerkrieges hat LIU Shaoqi zur Anführung von Arbeiterbewegungen und der Arbeit der Partei in den von der Kuomintang besetzten Gebieten herausragende Beiträge geleistet. Im Frühling 1922 kehrte LIU Shaoqi auf Anweisung der Partei zurück nach China und nahm am großen Streik der Minenarbeiter von Anyuan teil, der landesweit bekannt wurde. Dies war der erste Arbeitskampf, den die Kommunistische Partei selbstbestimmt zum Sieg führte und der den Ruf der Partei unter der Arbeitermasse enorm steigerte. Der Verein der Minen- und Eisenbahnarbeiter von Anyuan und der Han-Yeping-Gewerkschaftsbund, die unter seiner Führung entstanden, waren die landesweit größten Industriegewerkschaften der Zeit, die beide zu einem Aushängeschild der nationalen Arbeiterbewegung wurden. Auch aus diesem Grund ist er einer der bekanntesten Köpfe der Arbeiterbewegung in China geworden. Während der bewegten Zeit des Chinesischen Bürgerkrieges nahm LIU Shaoqi an der Führung der Bewegung des 30. Mai, am Kanton-Hongkong-Streik und am Kampf der Arbeiter von Wuhan um die Rückeroberung der britischen Konzessionen teil.

Nach der Niederlage war er repräsentativ für die richtige Linie in der Arbeit in den von der Kuomintang besetzten Gebieten. Er leitete die Untergrundarbeit der Partei in Shanghai, Peking, Tianjin und Harbin, die vom Weißen Terror beherrscht wurden, wobei er eine pragmatische Arbeitshaltung an den Tag legte und unerbittlich gegen die „linken" Irrtümer innerhalb der Partei kämpfte. Daraufhin nahm er am Langen Marsch der Roten Armee teil und setzte sich entschieden bei der Konferenz von Zunyi für die Ideen ein, für die MAO Zedong repräsentativ stand.

Nachdem die Volksbefreiungsarmee erfolgreich den Norden Shaanxis erreichte, schickte das Zentralkomitee der Partei LIU Shaoqi in den Norden Chinas, wo die Nationale Rettungsbewegung ihren Höhepunkt erreichte. Entschieden setzte er die Strategie des Zentralkomitees der Nationalen Einheitsfront für den Widerstand gegen Japan um und rechnete mit „linken" Irrtümern ab, z. B. nicht mit anderen zu kooperieren oder die eigene Macht gedankenlos abzugeben. Schnell stellte er die Parteistrukturen im Norden Chinas wieder her und entwickelte diese weiter, womit er zur historischen Umgestaltung der von der Kuomintang besetzten Gebiete beitrug.

Nachdem der Widerstandskrieg flächendeckend ausgebrochen war, kam LIU Shaoqi eine entscheidende Rolle zu. Nacheinander bekleidete er die Ämter des Sekretärs des Nordbüros des Zentralkomitees der Kommunistischen Partei Chinas, des Sekretärs des Büros der zentralen Ebenen und des Sekretärs des Zentralbüros. In diesen drei strategisch bedeutenden Gebieten verstärkte er die Parteistrukturen, erschloss neue Stützpunkte und intensivierte den Kampf des Volkes gegen Japan unter der Führung der Partei.

Weiterhin führte er entschlossen die vom Zentralkomitee und MAO Zedong aufgestellte Strategie des selbstbestimmten Guerillakrieges hinter den feindlichen Linien im Kampf gegen Japan aus, mobilisierte die Massen und erfüllte somit vollauf die schweren Aufgaben, die die Partei ihm übertrug. Nach dem Zwischenfall von Süd-Anhui kam ihm erneut eine wichtige Position als Politoffizier der Neuen Vierten Armee zu, die er gemeinsam mit Chen Yi neu aufstellte. Darauffolgend vereitelte er durch seine Führung von Armee und Volk Zentralchinas die Intrige der Kuomintang die Neue Vierte Armee auszulöschen. So leistete er einen bedeutenden Beitrag dazu, dass die Neue Vierte Armee eine der stärksten Kräfte unter der Führung der Kommunistischen Partei wurde. LIU Shaoqi wurde von MAO Zedong mit der Aufgabe betraut in Shandong ein Zentrum für die vereinte Führung von politischen und militärischen Angelegenheiten aufzubauen. Nach einigen strategischen Anpassungen erlebte Shandong als Basis im Krieg gegen Japan so einen Durchbruch.

Im Frühling des Jahres 1943 kehrte LIU Shaoqi nach Yan'an zurück und unterstützte MAO Zedong dabei, die Führung von Yan'an zu verbessern, fasste die Geschichte der Partei zusammen und bereitete den VII. Parteitag vor. Seine Werke wie „Über die Erziehung von Mitgliedern der Kommunistischen Partei" und „Über den innerparteilichen Kampf" bereicherten den theoretischen Kanon der Partei und erzog damit eine neue Generation von Parteimitgliedern heran. Auf dem VII. Parteitag erörterte er systemisch in seinem Bericht über die „Überarbeitung der Verfassung der Partei" die Theorien MAO Zedongs, über die er sagte: „[Die Theorien MAO Zedongs] sind der größte Verdienst und die größte Ehre des langen Kampfes der Partei und des Volks und werden der Nation und späteren Generationen noch lange zugutekommen." Seine systematische Erörterung hatte großen Einfluss auf das Lernen, die Verbreitung und die Ausführung der Theorien MAO Zedongs auf parteilicher, militärischer und nationaler Ebene.

Nach dem Sieg im Krieg gegen Japan vertrat LIU Shaoqi MAO Zedong als Vorsitzender der Kommunistischen Partei Chinas, während dieser an Verhandlungen in Chongqing teilnahm. Als sich die Lage dramatisch veränderte durch den erneuten Ausbruch des Bürgerkrieges, leitete er die Ausformulierung der Strategie der „Entwicklung im Norden, Verteidigung im Süden".

Dabei war er ebenfalls verantwortlich für die strategische Vermeidung der offenen Straßen und unterstützte das Aufstellen der Truppen im Dickicht der Wegränder, was eine wichtige Grundlage für die Verstärkung der Stützpunkte im Nordosten Chinas darstellte. Er führte die Nationale Landkonferenz durch, wo der „Entwurf der Chinesischen Landreform" gestaltet wurde, dem ersten veröffentlichten Dokument der Kommunistischen Partei nach dem Krieg bezüglich der Reform des Landverteilungssystems. LIU Shaoqi führte energetisch die Landreform in den befreiten Gebieten durch, was der Partei in der Führung des Volkes zum Sieg im Befreiungskrieg die nötige Stärke und Unterstützung brachte.

Nach der Gründung der Volksrepublik arbeitete LIU Shaoqi für lange Zeit an vorderster Front der Partei. Unter anderem war er für die Ausarbeitung des Gesetzes zur Landreform verantwortlich, welches landesweit in den Dörfern das alte Feudalsystem beseitigte. Ebenfalls leistete er einen Beitrag zur Ausformulierung und Ausführung der Verfassung. Auch gab er durch seine Teilnahme an der Formulierung und Umsetzung des ersten Fünf-Jahres-Plans der wirtschaftlichen Entwicklung Chinas eine Richtung. Er war der erste Vorsitzende des Ständigen Ausschusses des Nationalen Volkskongresses und investierte viel Arbeit in den Aufbau dieses vollkommen neuen Systems. Hierbei war er auch für die Verabschiedung einer Reihe wichtiger Gesetze verantwortlich, wodurch er dem Aufbau des Rechtssystems des Neuen Chinas einen hohen Dienst erwies.

Weiterhin suchte er aktiv nach Wegen für den Aufbau des Sozialismus in China und betonte dabei, dass dieser den besonderen chinesischen Umständen entsprechen müsse. Seine Weitsichtigkeit diente auch als wichtiges Beispiel für die wirtschaftlichen Reformen in Folge der 3. Sitzung des XI. Parteitags.

DENG Xiaoping war ein ausgezeichneter Anführer, der das Ansehen der Partei, des Militärs und aller Ethnien des gesamten Volkes genoss. Er war ein großer Marxist, proletarischer Revolutionär, Politiker, Stratege und Diplomat, der mit seinen vielen Erfahrungen im kommunistischen Kampf der Begründer der Modernisierung und der Reform- und Öffnungspolitik war. Ebenfalls war er der Begründer des Sozialismus chinesischer Prägung und der DENG Xiaoping-Theorien.

Während der neudemokratischen Revolution machte DENG Xiaoping sich um die Unabhängigkeit der Nation und der Volksbefreiung unter der Führung der Partei verdient und ist ein Gründervater der Volksrepublik. Ebenfalls leistete er wertvolle Beiträge zur erfolgreichen Vollendung der sozialistischen Revolution und dem Aufbau des Sozialismus.

In dem neuen Zeitabschnitt der Reform und Öffnung wurde DENG Xiaoping zum Mittelpunkt der zweiten Führungsgeneration des Parteikollektivs und trug historisch zur Begründung des Sozialismus chinesischer Prägung bei. Nach dem Ende der Kulturrevolution war eine der wichtigsten Fragen des chinesischen Volkes, in welche Richtung sich China nun entwickeln solle. DENG Xiaoping nutzte seine Weitsicht, reiche politische Erfahrung und herausragenden Führungsqualitäten und betonte, dass Pragmatismus die Essenz der Theorien MAO Zedongs gewesen war. Er lehnte den Grundsatz ab, dass blind Maos Entscheidungen Folge geleistet werden sollte, und eröffnete so die Diskussion über den Standard der Wahrheit und die Wiederherstellung von Ordnung.

Unter der Führung DENG Xiaopings wurde auf der 3. Sitzung des XI. Parteitags die Idee der Volksbefreiung neu definiert durch einen pragmatischen Ansatz, wonach von dem „Klassenkampf als Kernprogramm" abgelassen wurde. Damit verlegte er den Fokus der Partei auf die Modernisierung des Sozialismus und erließ die Politik der Reform und Öffnung, die einen wichtigen Wendepunkt in der Geschichte der Partei darstellt.

Nach dem Ende dieser Sitzung blieb DENG Xiaoping stets an der Spitze der Anforderungen der Zeit, der Entwicklung des Landes und den Erwartungen des Volkes. Gemeinsam mit dem zentralen Führungskollektiv führte er eine Reihe wichtiger Entscheidungen durch, welche die Reform- und Öffnungspolitik und die Modernisierung des Sozialismus Schritt für Schritt weiter vorantrieben.

Weiterhin leitete DENG Xiaoping die Partei an, die Geschichte der Volksrepublik China nach ihrer Gründung systematisch zusammenzufassen, und löste damit die Frage, wie die historische Stellung MAO Zedongs und seiner Ideen wissenschaftlich zu bewerten sein. Weiterhin ergab sich so die Antwort, wie die Modernisierung des chinesischen Sozialismus entsprechend der neuen Umstände und Anforderungen an den Fortschritt umzusetzen sei. Er lehnte hierbei vollkommen die Fehler der Kulturrevolution ab sowie die Fehler von MAO Zedong und seiner Ideen und brachte die Partei so zurück auf den richtigen Weg.

DENG Xiaoping widmete sich vollkommen der Frage, was Sozialismus eigentlich genau sei und wie dieser aufgebaut werden könne. Hierbei wies er darauf hin, dass das Betreten eines eigenen Weges, dem des Sozialismus chinesischer Prägung, die Lösung sei.

Dadurch leitete er die Partei basierend auf der Revolution und des Aufbaus nach der Gründung der Volksrepublik erfolgreich hin zum Sozialismus chinesischer Prägung. Er betonte die Notwendigkeit an dem Fokus auf wirtschaftlichen Aufbau, den „Vier Grundprinzipien" und der Reform- und Öffnungspolitik festzuhalten. Dadurch half er der Partei, ihre Grundlinie im Anfangsstadium des Sozialismus zu definieren. Unter seiner Führung erkannte die Partei die Entwicklungsabschnitte und grundlegenden Aufgaben Chinas und entwarf darauffolgend einen Drei-Schritte-Plan für die Modernisierung. Stets betonte DENG Xiaoping, dass die Reformpolitik Chinas zweite Revolution sei. Er führte die Partei durch die schrittweise und allumfassende Reform und öffnete China mutig nach außen. Mehrmals betonte er den Grundsatz „mit beiden Händen hart anpacken" für den Aufbau einer sozialistischen Zivilgesellschaft und eines demokratischen Rechtssystems für den Fortschritt. Scharfsinnig schlug er das System „Ein Land, zwei Systeme" vor und ermöglichte so die friedliche Rückkehr von Hongkong und Macau und erreichte eine Wende in der Beziehung der zwei Seiten der Taiwan-Straße.

DENG Xiaoping nannte Frieden und Fortschritt als die zwei wichtigsten Themen weltweit, leitete die Partei darin rechtzeitig ihre Politik anzupassen und schaffte für die Reform- und Öffnungspolitik und die Modernisierung des Sozialismus eine historisch seltene Möglichkeit und ein günstiges Umfeld. Ebenfalls betonte er die Notwendigkeit der Stärkung und Verbesserung der Führung der Partei und die konzentrierte Aufmerksamkeit auf den Aufbau der Partei, um ihr neue Lebenskraft einzuhauchen. Die Ausführung dieser Theorien führte zu einer weiteren dramatischen Veränderung im China des 20. Jahrhunderts.

Diese Taten DENG Xiaopings haben nicht nur das Schicksal des chinesischen Volks, sondern auch den Verlauf der Geschichte weltweit beeinflusst. DENG Xiaoping gewann so die Herzen des chinesischen Volkes und den Respekt der ganzen Welt. Jiang Zemin, Hu Jintao und Xi Jinping haben allesamt betont, dass das chinesische Volk ohne DENG Xiaoping nicht seinen heutigen Lebensstandard hätte und China nicht die heutige Reform- und Öffnungspolitik und Modernisierung des Sozialismus umsetzen hätte können.

CHEN Yun war ein großer proletarischer Revolutionär, Politiker und herausragender Marxist und einer derjenigen, die den Grundstein von Chinas sozialistischer Wirtschaft legten. Er war durch seine vielen Erfahrungen ein hervorragender Führer der Partei und des Landes. Weiterhin war CHEN Yun ein wichtiges Mitglied der ersten Führungsgeneration des Parteikollektivs unter MAO Zedong und der zweiten Führungsgeneration unter DENG Xiaoping, der einen wichtigen Beitrag zur Entwicklung der Partei und des Volks leistete.

Während der neudemokratischen Revolution kämpfte CHEN Yun unerbittlich für die Unabhängigkeit der Nation und die Volksbefreiung und wurde später ein Gründervater der Volksrepublik. In der Revolution widmete er sich vollkommen der Arbeiterbewegung und wuchs durch den Kampf zu einem ihrer Führer heran. Ebenfalls nahm er am beschwerlichen Langen Marsch teil. Auf der Konferenz von Zunyi unterstützte er MAO Zedongs Ideen und den Aufbau einer Führung, für die MAO Zedong repräsentativ stand. Während des Widerstandskrieges gegen Japan war er sieben Jahre lang der Direktor der Organisationsabteilung des Zentralkomitees der Kommunistischen Partei Chinas.

Hierbei hielt er sich an den Grundsatz „Menschen verstehen, großherzig sein, Menschen gut einsetzen und sie lieben", wonach nur jene mit Integrität und Fähigkeit als Kader ausgewählt werden sollten. In der Zeit des Befreiungskriegs beteiligte sich CHEN Yun an der Befreiung des Nordosten Chinas. Nach dem Sieg in der Schlacht von Liaoning-Shenyang koordinierte er die Einnahme Shenyangs. Hierbei machte er Erfahrungen in der Verwaltung einer Großstadt, leitete die wirtschaftliche Erholung der nordöstlichen Stützpunkte ein und unterstützte so den Befreiungskrieg im ganzen Land. Dies gab der Partei wertvolle Erfahrungen für den Übergang von Krieg zu Frieden.

Während der sozialistischen Revolution definierte CHEN Yun das grundlegende Wirtschaftssystem des Sozialismus und baute ein unabhängiges Industrie- und nationales Wirtschaftssystem auf, womit er einen wichtigen Beitrag zur Suche des richtigen Wegs für den Aufbau des Sozialismus leistete. In der Anfangsphase der neu gegründeten Volksrepublik übernahm CHEN Yun die Aufgabe, die Finanzangelegenheiten des Landes zu leiten. Nach noch nicht mal einem Jahr realisierte er eine einheitliche Finanzwirtschaft und stabilisierte die Fi-

CHEN Yun während des Widerstandskrieges gegen Japan.

nanzpreise. Er zeichnete sich für die Ausarbeitung und Ausführung des ersten Fünf-Jahres-Plans verantwortlich, wobei er vor allem von den Erfahrungen der Sowjetunion lernte. Weiterhin hielt er an einer wissenschaftlichen Planung fest, wodurch er Erfahrungen für die Industrialisierung des chinesischen Sozialismus sammelte. Während des groß angelegten Aufbaus der Wirtschaft erforschte er die Gesetzmäßigkeiten der sozialistischen Wirtschaft und wies darauf hin, dass das Ausmaß des Aufbaus den momentanen Möglichkeiten des Landes entsprechen muss. Ebenfalls befürwortete er Elemente des Marktes ergänzend in der sozialistischen Wirtschaft einzusetzen. Relativ früh erkannte er die Probleme des Großen Sprungs und setzte sich aktiv für die Abmilderung von Verlusten ein. Anfang der 1960er nahm er an der Anpassung der nationalen Wirtschaft teil, stellte die Agrarproduktion wieder her und übernahm so eine wichtige Rolle darin, die Wirtschaft und das Leben des Menschen vom Leid zu befreien.

In dem neuen Zeitalter der Reform und Öffnung und der Modernisierung des Sozialismus leistete CHEN Yun einen wichtigen Beitrag für die Partei in der Begründung des Sozialismus chinesischer Prägung. Ende des Jahres 1978 auf einer Konferenz des Zentralkomitees im Vorfeld der 3. Sitzung des XI. Parteitags wies CHEN Yun mit dem Mut und Verstand eines Marxisten darauf hin, dass der Fokus auf den Aufbau des Sozialismus gelegt und die historisch erhaltenen Probleme gelöst werden müssen. Seine Rede fand breiten Anklang unter den Teilnehmenden und führte zu einer neuen Denkweise, was große Auswirkungen auf die Verwirklichung der historischen Wende hatte.

Nach der 3. Sitzung des XI. Parteitags unterstützte CHEN Yun aktiv die Reform- und Öffnungspolitik DENG Xiaopings, die Reform auf dem Land und in den Städten sowie die Öffnung nach außen, ausgehend von den Küstengebieten in Richtung des Inlands. Er betonte, dass in einer sozialistischen Wirtschaft bewusst Elemente des Marktes eingesetzt werden können, um ein neues sozialistisches Wirtschaftssystem zu finden, das realistisch und voller Lebenskraft sei. Weiterhin wies er darauf hin, dass während der Reformen regelmäßig auf die eigenen Erfahrungen zurückgeschaut werden müsse, um mit beiden Füßen auf dem Boden nach vorne zu schreiten. Großen Wert legte er auf den Aufbau der parteilichen Leitgedanken unter dem Grundsatz der Reform und Öffnung, dem systemischen Aufbau und dem einer sozialistischen Zivilgesellschaft. Hierfür formulierte er die „Leitlinien zum innerparteilichen politischen Leben", wo er berühmterweise darauf hinwies, dass die Frage der Parteikultur eine Frage ihres Überlebens sei. Er setzt sich für die Kooperation und den Austausch von jungen und alten Kadern ein und schlug vor, einen aufrichtigen und fähigen Jugendkader nach den Maßstäben der Revolutionierung, Verjüngung, des Wissens und der Professionalität heranzuziehen. Ebenfalls setzte er sich für die von DENG Xiaoping vorgeschlagene wissenschaftliche Bewertung des historischen Status MAO Zedongs ein und des Festhaltens an seinen Ideen. In jeder kritischen Situation während der Entwicklung des Sozialismus chinesischer Prägung beschützte CHEN Yun den Status DENG Xiaopings als Zentrum des Führungskollektivs, die Autorität des Zentralkomitees und die Nähe von Partei und Volk.

An die Verdienste in den über 70 Jahren der Revolution, die CHEN Yun für die Gründung der Volksrepublik, den Aufbau eines sozialistischen Wirtschafts- und politischen Systems und die Reform- und Öffnungspolitik und die Modernisierung des Sozialismus vollbrachte, werden die Partei und das Volk sich ewig erinnern.

Kapitel 2

Glaube ist der wichtigste Grundstein des Leben

Der Glaube ist der wichtigste Grundstein des Lebens, um eine Sache erfolgreich abschließen zu können. Wenn die Jugend stark ist, ist auch das Land stark. Die Jugend ist die Hoffnung des Landes und die Zukunft der Nation. Die Zeit der Jugend ist der wichtigste Lebensabschnitt eines Menschen. Schon von klein auf glaubten Menschen wie MAO Zedong, ZHOU Enlai, Liu Shaoqi, ZHU De, DENG Xiaoping und CHEN Yun an den Marxismus und Kommunismus und vertrauten in das Wiederaufleben der chinesischen Nation. Sie waren beständig in ihrem Glauben, ihrer Integrität, ihrem Verhalten und Auftreten.

MAO Zedong durchlief einen fundierten und vielfältigen Prozess, um seinen Glauben zu festigen. Er sagte einmal, er habe als Jugendlicher sechs Jahre lang die Werke Konfuzius studiert. Dies führte dazu, dass er gerne von Lektionen der Vergangenheit lernte und diese auf heutige Probleme anwandte. Vor allem das Buch Zuozhuan weckte in ihm ein tiefes Interesse für Geschichte. Vor allem sogenannte „leichte Lektüre" wie „Die Räuber vom Liang-Shan-Moor", „Die Reise nach Westen", „Die Geschichte der Drei Reiche", „General Yue Fei" und „Die Geschichte der Sui- und Tang-Dynastie" hatte es ihm besonders angetan. Als er diese Geschichten las, fiel ihm eines Tages auf: „Diese Romane haben alle eine Besonderheit: Es tauchen keine Bauern auf. Alle Personen sind Generäle, Beamte und Gelehrte, aber niemals ist ein Bauer die Hauptfigur." Als Sohn eines Bauern wunderte er sich deswegen eine lange Zeit. Er fand dies ungerecht.

Am 10. Oktober 1911 brach der Wuchang-Aufstand los. Sofort beteiligte MAO Zedong sich in Changsha an der revolutionären Armee. Während seiner Zeit als Soldat gewöhnte er sich daran, Zeitung zu lesen.

Eines Tages las er einen Artikel über den Sozialismus in den Xianghan-Nachrichten. Dies war das erste Mal, dass er vom Sozialismus hörte. Danach schaffte er es als Bestplatzierter auf eine öffentliche Oberschule in Hunan, die später zur Ersten Oberschule der Provinz wurde. MAO Zedong war ein halbes Jahr Schüler hier und verfasste einen Aufsatz namens „Über die Geschichte wie Shang Yang das Vertrauen der Leute gewann", der von seinem Chinesischlehrer LIU Qian als ein „wahres Argument relevant für die Gesellschaft" beschrieben wurde. Der Aufsatz beginnt mit den Worten: „Als ich die Geschichte von Shang Yang las, bedrückte mich die Dummheit der Menschen Chinas und die Anstrengung der Herrschenden. Mehrere Tausend Jahre erwachte das Volk nicht und das Land fiel in eine Misere nach der anderen." Er folgte den Fußstapfen LIANG Qichaos und versuchte, die Menschen zum Erwachen zu bewegen, ein neues Volk zu schaffen und das Land zu retten. Der Aufsatz bestand gerade mal aus 600 Zeichen und doch war die Bewertung des Lehrers von einer Länge von über 150 Zeichen. Er lobte MAO Zedong mit den Worten „ein außergewöhnliches Talent mit einer grenzenlosen Zukunft" und „sein geschriebenes Wort ist bereits eine starke Waffe, mit noch etwas mehr, kann ich mir kaum vorstellen, was er noch alles erreichen wird."

Im Frühling des Jahres 1913 schaffte MAO Zedong es auf die fünfjährige Vierte Hunan-Normalschule. Im Frühling des zweiten Jahres schloss sich die Vierte Hunan-Normalschule zur Ersten Hunan-Normalschule zusammen und MAO Zedong kam in die Klasse Nr. 8. Diese Universität hatte auf das Heranwachsen MAO Zedongs einen sehr großen Einfluss. Hier erwarb er ein fundiertes Grundwissen in den Werken der Theoretiker von der Zeit vor der Qin-Dynastie bis zur Qing-Dynastie. Aufmerksam studierte er die Schriften, von den 24 Dynastiegeschichten bis SIMA Guangs Zizhi Tongjian, von Wen Xuan bis zum Gesamtwerk HAN Changlis, von GU Zuyus Aufzeichnungen zur Interpretation der Geschichte bis zu den Annalen Hunans. Seine Ideen entwickelten sich gemäß der Zeit, die einen Übergang vom Alten zum Neuen markierte. Er fing an, sich seine eigenen Meinungen, darunter auch zu Politik, zu bilden. Ebenfalls machte er erste Erfahrungen darin, sich für die Gesellschaft starkzumachen, und fand eine Gruppe gleich gesinnter Freunde.

Während die jungen Menschen am Lernen waren, diskutierten die meisten Leute über ihre Zielstrebigkeit, dass sie in der Zukunft z. B. Militär, Politiker oder Erzieher werden wollten. MAO Zedong war hingegen der Meinung, dass über Zielstrebigkeit zu sprechen, ohne die Wahrheit zu suchen, einfach eine Nachahmung der Vorgänger war, welche bereits selbst Erfolge verzeichneten. Die wahre Zielstrebigkeit bestand darin, zuerst nach der Wahrheit zu suchen und dann nach dieser zu handeln. Im August 1917 schrieb er in einem Brief an LI Jinxi, in dem es hieß: „Zehn Jahre ohne die Wahrheit zu erlangen, bedeutet zehn Jahre ohne Zielstrebigkeit; ein Leben lang ohne Wahrheit zu erlangen, bedeutet ein Leben lang ohne Zielstrebigkeit."

Im Jahr 1916 schrieb ein Schuldirektor der Yuelu-Akademie den Schriftzug „Die Suche der Wahrheit in den Tatsachen" auf eine große Schrifttafel und hängte sie am Haupteingang des Unterrichtsraumes auf. Durch den Lehrer YANG Changji war es MAO Zedong möglich, zweimal für mehrere Tage in den Ferien an der Yuelu-Akademie zu lernen. Über die Zeit hinweg hinterließ die Schrifttafel „Die Suche der Wahrheit in den Tatsachen" einen tiefen Eindruck bei ihm. Über zwanzig Jahre später gab MAO Zedong, der bereits die Führung der gesamten Partei übernommen hatte, eine neue Interpretation von „Die Suche der Wahrheit in den Tatsachen" ab und machte es zur ideologischen Leitlinie der Kommunistischen Partei Chinas. Er ließ diesen Leitgedanken am Eingang der Parteischule des Zentralkomitees in Yan'an aufhängen.

Am 15. August 1918 traf MAO Zedong zum ersten Mal in Beijing ein. Nach der Einführung von YANG Changji lernte er LI Dazhao, den Leiter der Bibliothek der Universität Peking, kennen. LI Dazhao vermittelte ihm eine Stelle als Bibliothekar. In dieser Zeit las MAO Zedong viel und sagte selbst: „Es fühlte sich an, als hätte ein Ochse einen Gemüsegarten betreten." Im November 1918 begab sich MAO Zedong auf den Platz des Himmlischen Friedens, um sich persönlich die Rede von LI Dazhao mit dem Titel „Der Sieg des einfachen Volkes" zu hören. Am 15. des Monats wurden diese Rede sowie ein anderer Artikel von LI Dazhao mit dem Titel „Der Sieg des Bolschewismus" in der Zeitschrift „Neue Jugend" veröffentlicht. Danach begann MAO Zedong, die Oktoberrevolution und den Marxismus im tieferen Sinne zu verstehen.

Der Prozess der Entwicklung von der Zielstrebigkeit MAO Zedongs war einer des ständigen Strebens nach der Wahrheit und war auch ein Prozess der eingehenden Forschung der chinesischen Frage, wie das Land und Volk zu retten sind. Im Oktober 1919 wurde die von MAO Zedong verfasste „Satzung des Forschungsverbands für Problemlösung" im „Tagesblatt der Universität Peking" veröffentlicht. Die Satzung listete 144 einfache und komplizierte Fragen auf, die politische, wirtschaftliche, kulturelle, bildungsbezogene, soziale und internationale Aspekte umfassten. Sie betont die Notwendigkeit der Problemforschung, die „auf wissenschaftlichen Prinzipien beruhen musste" und dass „vor jeder Art von Problemforschung die Erforschung verschiedener Doktrinen(/ Ismen) erforderlich ist". Darüber hinaus sollte „die Aufmerksamkeit auf die Fragen gerichtet werden, die über den gegenwärtigen Alltag hinausgehen".

Besonders beachtenswert ist, dass MAO Zedong das Lesen der „Bücher ohne Wörter" als wichtiger erachtete als das Lesen der „Bücher mit Wörtern", im übertragenen Sinne ist damit gemeint, dass es ihm wichtiger war, seinen eigenen Weg zu finden, als den Weg anderer zu gehen. MAO Zedongs Wurzeln waren tief in der chinesischen Erde verwurzelt. Sein erster veröffentlichter Artikel war „Die Studie des Sports", der am 1. April 1917 in der Zeitschrift „Neue Jugend" erschien. In dem Artikel stellte er zuerst eine Verbindung zwischen Sport und nationaler Stärke her und sagte: „Die Stärke dieses Landes ist schwach und die Fitness jedes einzelnen ebenfalls, deswegen nimmt die körperliche Verfassung der Nation weiter ab. Dies ist ein sehr besorgniserregendes Phänomen." Angesichts des Trends, Kultur über körperliche Fitness zu stellen, betonte er: „Der Wille ist der Vorreiter des Lebenswerks eines Menschen." „Wenn man den Geist aufklären will, muss man zuerst den Körper stärken." Die lebensbejahende und aufstrebende Lebensphilosophie und die Idee eines kräftigen Körpers in dem Artikel waren schockierend und inspirierend. In dieser Zeit schrieb er in dem Tagebuch auch den später berühmten Satz: „Mit dem Himmel kämpfen, bringt unendliche Freude; Mit der Erde kämpfen, bringt unendliche Freude; Mit den Menschen kämpfen, bringt unendliche Freude."

MAO Zedong legte besonderen Wert auf den starken Willen einer Person. In seinem Manuskript „Aufzeichnungen aus dem Unterricht" schrieb er: „Wenn man in der Lage ist, Entscheidungen zu treffen, zudem zukünftige Entwicklungen voraussehen kann, gibt es nichts, was nicht in die Tat umgesetzt werden kann." „Wenn man nicht von falschem Ruhm getäuscht wird, kann man sich auf die Entwicklung der eigenen Fähigkeiten konzentrieren; wenn man sich nicht mit gewöhnlichen Menschen vergleicht, kann man besser die Kontrolle über seine Emotionen und Gedanken bewahren." „LU Xiangshan sagte: Ansporn zum Voranschreiten, Entschreiten von Fallen, Verbrennen von Dornen, Überqueren von Sumpf und Morast (nur um den Geist zum Strahlen zu bringen)." MAO Zedong zeigte in seinem ganzen Leben eine bemerkenswerte Ausdauer, Beharrlichkeit und einen unermüdlichen Antrieb, was einer der Gründe für seinen großen Erfolg war.

MAO Zedong sagte immer, dass man einen großen Geist entwickeln sollte, d. h. gute Bücher (Qi shu) lesen, ausgezeichnete Freunde (Qi you) finden, tolle Werte (Qi shi) schaffen und ein außergewöhnlicher Mensch (Qi nanzi) sein. Deshalb nannten seine Mitschüler ihn „MAO Qi". Im Juni 1917 fand eine Personalauswahl statt, die fast 20 moralische, geistige und körperliche Projekte umfasste. Mehr als 400 Studenten haben an der Personalauswahl teilgenommen und 34 wurden gewählt, wobei MAO Zedong die meisten Stimmen erhielt. Er war der Einzige, der Stimmen für Projekte in all diesen drei Bereichen gewon-

MAO Zedong in seiner Jugendzeit.

nen hat. Sein Mut war einzigartig und die Bewertung lautete „positive Abenteuerlust und hervorragende Wachsamkeit".

Es ist kein Zufall, dass sich der Geist eines Menschen drastisch verändert. Ohne langfristige Akkumulation ist keine Veränderung möglich. Das sind seine größte Erleuchtung beim Rückblick mehrerer wichtiger Zeitpunkte seiner Jugendzeit, an denen MAO Zedong nach dem Bestimmen seines Glaubens strebte. Auf einer Gedenkveranstaltung zum 120. Geburtstag MAO Zedongs sagte Xi Jinping, dass sich Genosse MAO Zedong in seiner Jugend das große Ziel gesetzt habe, die chinesische Nation vor Gefahren zu bewahren. Er blickte in den Himmel und fragte immer, wer die Wechselfälle der weiten Welt dominieren könne. Er brachte auch seinen Ehrgeiz zum Ausdruck, sich mutig der Revolution zu widmen, wie sich das Boot vorwärts gegen die Wellen in den Turbulenzen bewegt. Das fasste anschaulich die reiche Erfahrung MAO Zedongs beim Bestimmen seines Glaubens zusammen. Wie die Größe gehärtet wurde? Der erste Grundstein der Größe wurde vom Glauben gehärtet.

Als ZHOU Enlai zur Welt kam, war China bereits mehr als ein halbes Jahrhundert eine halbkoloniale und halbfeudale Gesellschaft. Die imperialistischen Großmächte zerstörten das Land, unterdrückten das Volk und wollten China aufteilen. Die chinesische Nation hatte ihren kritischsten Moment erreicht. ZHOU Enlai erinnerte sich später an seine Jugendzeit und sagte, er habe, wie alle anderen, eine traditionelle Bildung genossen. Die Nation sei in Gefahr gewesen und das Land sei zersplittert, deshalb sei er erwacht und habe an der Revolution teilgenommen. Vom einfachen Patriotismus zur Revolution ist der Weg, den fast alle fortgeschrittenen Intellektuellen im modernen China gegangen sind. Während seiner Jugendzeit hatte ZHOU Enlai den Wunsch, für die Auferstehung Chinas zu studieren.

Am 10. Oktober 1912 besuchte der 14-jährige ZHOU Enlai die Dongguan Normalschule in Fengtian (heute Shenyang). Er schuf einen Artikel zum zweiten Jubiläum der Dongguan Normalschule, der das früheste Werk von ZHOU Enlai war. Er schrieb: „Sind wir nicht die Bürger, die in der Zukunft nationale Verantwortung übernehmen werden? Ist das keine Schule, die uns dazu ausbildet, Bürger zu werden?

Warum beschäftige ich mich mit Büchern der Weisen und studiere verschiedene Fächer? Unsere Lehrer lehren mit ganzem Herzen und wir lernen jeden Tag. Warum schauen sie mich ermutigend an? Sie hoffen, dass ich eine gute Ausbildung erhalte, eine Größe werde und in der Zukunft große Verantwortung des Landes trage. Wir müssen in den drei oder vier Jahren an der Schule eine gute Grundlage schaffen, um der künftigen Aufgaben gewachsen zu sein. Wie können wir den Erwartungen gerecht werden?" Dies zeigt sein Zielbewusstsein und seine Bestrebung.

Seit seiner Jugend legte ZHOU Enlai besonderen Wert auf die geistige und moralische Bildung. Er schrieb in Shangzhi Lun: „Man muss am Anfang mit großen Hoffnungen das Ganze im Auge haben und über die zukünftige Situation nachdenken, egal was für ein Ziel man erreichen will. Voller Hoffnung kommt man weiter voran, dann wird sich das Ergebnis nicht von dieser Hoffnung unterscheiden. Die Hoffnung ist der Wille." „Doch wenn der Wille nur einem selbst dient, entstehen Nachteile. Wer nach Geld jagt, ist damit zufrieden, sein ganzes Leben lang reich zu sein. Diejenigen, die ein Amt anstreben, schämen sich nicht, sich anzubiedern, um es zu behalten. Das ist der Schaden des Willens. Deshalb soll man sich mit Willen nicht nur um sich selbst kümmern."

ZHOU Enlai schrieb im Tagebuch in der Zeit seines Studiums in Japan: „Die fähigen Menschen müssen sich selbst beherrschen und bescheiden sein können. Was sie tun sollen, tun sie bemühend ohne Rücksicht auf Vor- und Nachteile. Wenn sie das nicht tun sollen, vermeiden sie es oder widersetzen sich energisch. Diese Menschen haben eigene Gedanken und werden sich nicht leicht ändern. Die Leistung bedeutet natürlich nicht alles, aber sie sollen in ihrem Leben immer noch den Wunsch haben, dass das, was sie tun wollen, erfolgreich wäre. Sie sollen weder wegen der Schwierigkeiten entmutigt noch aufgrund des Erfolgs zufrieden sein. LIANG Qichao hat einmal gesagt: „Die Welt entwickelt sich immer weiter, mein Wunsch wird sich nicht ändern." Das finde ich, stimmt, weil ich finde, dass man unbedingt ein Ziel haben soll. Der Ehrgeiz der normalen Leute besteht darin, satt zu essen und sich warm anzuziehen, während diejenigen mit großen Ambitionen das Land retten und die Gesellschaft reformieren wollen." ZHOU Enlai legte ein Gelübde ab: „Meinen Ehrgeiz nicht zu ändern, ob er schwierig oder einfach ist, fleißig und selbstmotiviert zu sein und mutig genug zu sein, die Mission der Moral und Rechtschaffenheit zu tragen."

Während seines Studiums in Europa stellte er „die Studien an den Doktrinen" an den ersten Platz. Nachdem er immer wieder lernte und überlegte, traf er schließlich die wichtigste Entscheidung in seinem ganzen Leben: an den Kommunismus zu glauben. Dies war keine leichte Entscheidung für ihn. In Japan hatte er schon den Marxismus kennengelernt. Erst nach der Bewegung des 4. Mai und seiner halbjährigen Gefängniszeit und einem dreijährigen Studium in Europa, während dem er die verschiedenen Theorien der Zeit eingehend untersuchte, traf er seine Entscheidung.

1921 trat ZHOU Enlai mithilfe von ZHANG Shenfu und LIU Qingyang in Frankreich der KP Chinas bei. Er sagte: „Ich bin sicher, dass sich an meiner Überzeugung nichts ändern wird und dass ich entschlossen sein werde, mich für sie einzusetzen." Er hielt sich sein ganzes Leben an seinen Schwur.

Foto von ZHOU Enlai als Leiter der politischen Abteilung der Whampoa-Militärakademie.

ZHU De, ein 23-jähriger Jugendlicher aus Sichuan, der die Spaltung des Landes, die Aggression der Großmächte sowie die Not des Volkes gesehen und sich um die Zerstörung des Landes gesorgt hatte, beschloss, das Land zu retten. Damals befand sich die Provinz Yunnan, die direkt neben der Provinz Sichuan lag, in der Nähe von den Grenzgebieten von China und war eine wichtige Zone für die Landesverteidigung. Die Regierung der Qing-Dynastie begründete eine neue Armee und rekrutierte viele Jugendlichen aus der Gegend. Nach Überlegungen entschied ZHU De, in die Militärakademie in Yunnan einzutreten. Bevor er Sichuan verließ, schrieb er seinen Freunden ein Gedicht: „Mit hohen Idealen bin ich wütend, so werde ich dieses Land allein bereisen. Ich werde in die Armee eintreten und das Gesicht dieses Landes verändern." Nach mehr als 70 Tagen erreichte ZHU De zu Fuß Kunming. Zuerst suchte er sich eine Aufgabe in der neuen Armee, lernte dann in der Militärakademie und trat heimlich der Chinesischen Revolutionären Allianz (Tongmenghui) bei.

In der Nacht am 30. Oktober 1911 machte CAI E den Chongjiu-Aufstand in Yunnan (Chongjiu bedeutet, an diesem Tag ist das Doppelte Neunte Fest). ZHU De wurde sofort zum Leiter ernannt (ähnlich wie Kompaniechef). Er leitete die Armee an, in der Nacht schnell durch das Südtor in die Stadt einzutreten. Wegen seines Mutes und der richtigen Kommandierung sowie der strengen Disziplin und der großen Leistung seiner Armee wurde ZHU De von CAI E gepriesen und befördert.

Am 12. Dezember 1915 verkündigte YUAN Shikai gegen den Willen aller, die Monarchie zu restaurieren und die offizielle Bezeichnung des Staates zu „Chinesisches Kaiserreich" zu ändern. Dies sorgte für einen Aufschrei in China. Am Ende 1915 führte CAI E den sogenannten Nationalen Schutzkrieg (1915-1916). ZHU De leitete die Armee und wehrte die Feinde beim Zhuping-Berg ab. Später führte er einen Gegenangriff durch und gab den Befehl zum Angriff auf Sichuan. Aber das Chaos in China kam noch nicht zum Ende. Die Warlords besetzten das Land und das Leben des Volkes war voller Armut.

Im November 1916 starb CAI E, der Pionier des Nationalen Schutzkriegs, den ZHU De respektierte, an einer Krankheit. CAI E war damals 34 Jahre alt. ZHU De war untröstlich und weinte bitterlich. ZHU

De fand, dass CAI E „schlagfertig, kenntnisreich und kreativ" war. CAI E war für ZHU De nicht nur ein Mentor, sondern zeigte ihm die Richtung seines Lebens. Der Tod von CAI E und die Enttäuschung über die Lage in China trieben ZHU De dazu an, auf die ihm angebotenen guten Anstellungen zu verzichten und nach Europa zu fahren, um eine Lösung für die Rettung des Landes und des Volkes zu suchen.

Nachdem ZHU De seinen Glauben an den Marxismus und das erhabene Ideal des Strebens nach der Sache des Kommunismus begründet hatte, schwankte er nie. Je kritischer die Situation war, desto felsenfester wurden seine Überzeugungen. Die Truppen des Nanchang-Aufstandes konnten nicht nach Chaoshan im Süden marschieren; sie fühlten sich isoliert und hilflos. Er trat vor, stabilisierte die Überzeugung seiner Armee und sagte entschlossen: „Die Dunkelheit ist vorübergehend. Wenn du die Revolution vorantreiben willst, folge mir. Der endgültige Sieg muss uns gehören."

Im Alter von 16 Jahren ging DENG Xiaoping nach Übersee, er arbeitete fleißig und sparsam, um dort zu studieren, und er akzeptierte dort gleichzeitig den Marxismus und trat der KP Chinas bei. Seitdem hat DENG Xiaoping mehr als 70 Jahre mit unerschütterlicher Ent-

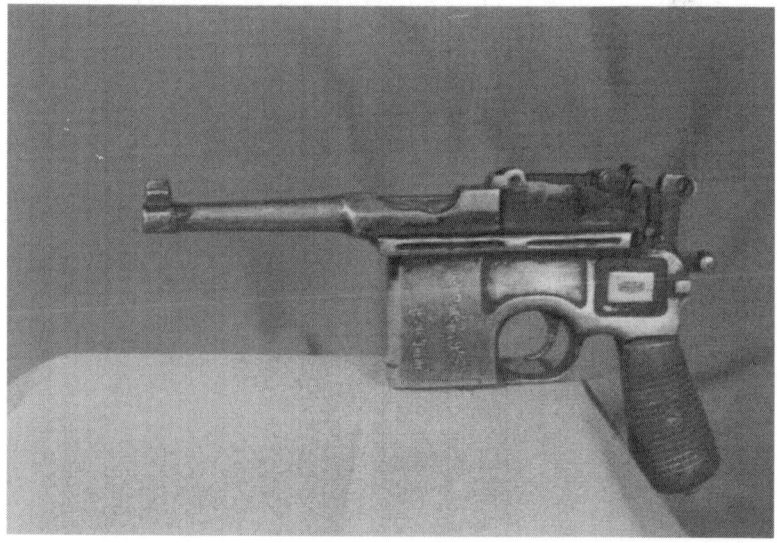

Pistole, die von ZHU De im Nanchang-Aufstand verwendet wurde.

schlossenheit für die Sache der Partei und des Volkes gearbeitet. Schon während seines Studiums in der Sowjetunion strebte DENG Xiaoping danach „(seinen) Körper noch entschlossener unserer Partei und Klasse zu übergeben". In seiner revolutionären Karriere, die mehr als 70 Jahre andauerte, glaubte DENG Xiaoping fest an die wissenschaftliche und wahrheitsgetreue Natur des Marxismus und glaubte fest an die glänzenden Aussichten des Sozialismus und Kommunismus, egal wie schwierig die persönliche Situation und wie holprig der revolutionäre Weg sein könnten. Er sagte: „Der Glaube an den Marxismus ist eine spirituelle Triebkraft für den Sieg der chinesischen Revolution." Angesichts des Sturms von Schüssen und Kugeln im revolutionären Krieg kämpfte er mit eisernen Herzen und hatte keine Angst vor dem Tod. Angesichts der schwierigen Situation des sozialistischen Aufbaus arbeitete er hart und beharrlich; angesichts der zehn Jahre internen Turbulenzen während der Kulturrevolution blieb er standhaft in seinem Glauben und verlor nie den Mut; angesichts der internationalen und innenpolitischen Turbulenzen beobachtete und reagierte er ruhig.

In Jahr 1992, im Alter von 88, sagte DENG Xiaoping auf seiner Südtour: „Ich glaube fest daran, dass es mehr Menschen auf der Welt geben wird, die den Marxismus unterstützen, weil der Marxismus wissenschaftlich ist. Er wendet den historischen Materialismus an und deckt die Gesetze der Entwicklung der menschlichen Gesellschaft auf. (…) Keine Panik. Glaubt nicht, dass der Marxismus verschwunden, nutzlos oder gescheitert ist. Diese Möglichkeit existiert überhaupt nicht!" DENG Xiaoping hatte eine sehr tiefe Einsicht in die Ideale und den Glauben. Er sagte: „Ich glaube, dass die Einigkeit der Menschen das wichtigste ist. Wenn Menschen zusammenhalten wollen, müssen sie gemeinsame Ideale und feste Überzeugungen haben. Wir haben in den vergangenen Jahrzehnten die harte Arbeit betrieben, weil wir genau mit festem Glauben die Menschen zusammengebracht haben, um für das eigene Interesse des Volkes zu kämpfen."

Im Jahre 1919 brach die 4. Mai-Bewegung aus und weckte den Patriotismus von CHEN Yun, der noch auf die Grundschule ging. Im Jahr 1925 beteiligte sich CHEN Yun an der Bewegung des 30. Mai und der Arbeiterstreiks-Bewegung in Shanghai. In der revolutionären Kampfbewegung erkannte er, dass die Gesellschaft verändert werden muss, um die Menschheit zu befreien. Als CHEN Yun Mitglied der Kommunistischen Partei Chinas wurde, dachte er: „Mein Leben ist nicht mehr wie früher. Von nun an werde ich nicht mehr versuchen, eine Familie zu gründen und ein Haus zu bauen, sondern ich werde mich auf die Revolution konzentrieren." Er glaubte an seinen gewählten kommunistischen Glauben das ganze Leben.

Er sagte: „Ein Kommunist, der bereit ist, sich dem Kommunismus zu widmen, muss nicht nur für die konkreten Aufgaben unserer Partei jederzeit kämpfen, sondern auch festlegen, dass er sein Leben lang für die Verwirklichung des Kommunismus kämpfen wird." Er solle „sein ganzes Leben lang kämpfen, um seine Überzeugung zu verwirklichen". Als er die Bedeutung des Satzes „sein ganzes Leben lang kämpfen" erklärte, sagte er, er werde kämpfen bis zum Tod.

In der neuen Periode der Reform und Öffnung hat CHEN Yun große Aufmerksamkeit auf die Ideologie- und Überzeugungsaufklärung von Parteimitgliedern gewidmet. Er wies darauf hin, dass es falsch sei zu sagen, „dass der Kommunismus in weiter Ferne ist." Sie sollten sagen, dass der Kommunismus in weiter Ferne ist, (aber) dass der Sozialismus die erste Phase des Kommunismus ist. Er betonte: „Der sozialistische Wirtschaftsaufbau und die Wirtschaftsreform müssen einen Geist haben, der sich für das kommunistische Ideal einsetzt." Und: „Die Wahrheiten des Marxismus und Kommunismus werden immer über die dekadenten Ideen des Kapitalismus triumphieren."

Kapitel 3

Für immer an der Seite des Volks

Alle Menschen von Größe sind aus der Mitte des Volkes entstanden. Größe kommt aus dem Gewöhnlichen, Helden kommen aus dem Volk. Zwischen großen Menschen und dem Volk gibt es keinen Abgrund, der sie voneinander trennt. Was große Menschen groß macht, ist, dass sie die Wünsche und Bedürfnisse des Volkes verstehen und es zum Grund ihres Handelns machen. Nur wer für das Volk handelt, sich auf es verlässt, es in den Mittelpunkt stellt und immer an seiner Seite steht, wird eine unerschöpfliche Quelle der Kraft und Weisheit finden.

Über die Verbindung von Partei und Volk sagte MAO Zedong: „Das Volk ist die Quelle der Kraft der Partei und die Grundlage unseres Sieges." Und: „Die Mitglieder der Kommunistischen Partei sind wie Samen und das Volk wie die Erde. Egal wo wir hingehen, müssen wir uns mit den Menschen dort in Verbindung setzen, unter ihnen Wurzeln schlagen und schließlich aufblühen." Sowie: „Sobald das Schicksal Chinas in den Händen des Volks liegt, wird China wie die Sonne im Osten aufgehen und mit ihrem Glanz die Welt erstrahlen."

In den Worten MAO Zedongs ist das Volk das größte, tiefgehendste und höchste Ideal. Dazu gibt es einen bekannten Spruch von MAO Zedong: „Wir sollten den Massen und der Partei vertrauen. Dies sind zwei grundlegende Prinzipien. Wenn an ihnen gezweifelt wird, werden wir es zu gar nichts bringen."

Ein großes Staatsoberhaupt fragte MAO Zedong einmal: „Was ist ihre größte Stärke?" Worauf dieser antwortete: „Dem Volk zu dienen." Als das Staatsoberhaupt dies hörte, empfand er tiefen Respekt vor MAO Zedong.

Im Juni 1973 traf MAO Zedong den damaligen Staatspräsidenten von Mali, Moussa Traoré. Traoré sagte zu ihm: „In der Republik Mali halten wir Sie für ein Genie, das größte, das je gelebt hat. Die Franzosen lehrten uns, dass Napoleon das größte Genie aller Zeiten war. Doch verglichen mit den Verdiensten um die Welt entsprechen die von Napoleon circa einem Drittel der Verdienste von Ihnen." MAO Zedong schüttelte daraufhin den Kopf: „Ich komme vom Land und habe dort Weisheit und Kraft geschöpft. All diese Verdienste sind die der Massen, ich habe sie lediglich ausgeführt. Ohne das Volk gelingt nichts."

Die Partei und ihre großen Persönlichkeiten sind aus dem Volk entstanden. Sie verstanden und glaubten an das marxistische Grundprinzip, dass die Massen die Schöpfer der Geschichte sind, und waren dem Volk immer fest verbunden.

Im Jahr 1951, nachdem er bereits Anführer des Neuen Chinas geworden war, sprach MAO Zedong mit ZHOU Shizhao, einem Mitglied der Gesellschaft des Neuen Volks, einer aus der 4. Mai-Bewegung entstandenen Organisation, über seine ursprüngliche Intention beim Anführen der Revolution. Gefühlvoll sagte er: „Wenn man es ausspricht, wirkt es fast wie ein Witz, aber ich besuchte die Grundschule und die Mittelstufe und habe sogar als Soldat gedient, aber nie habe ich eine Weltkarte zu Gesicht bekommen. Daher wusste ich nie, wie groß die Welt eigentlich ist. An der Wand der Provinzbibliothek Hunans hängt eine Weltkarte, und jedes Mal, wenn ich an ihr vorbeilief, blieb ich stehen, um sie mir anzuschauen. So groß, wie die Welt ist, müssten auf ihr eine Menge Menschen leben. Würde es sich nicht lohnen, dass wir uns anschauen, wie diese Menschen leben? Wenn man die Lebenssituation der Menschen am Fuße des Shao-Gebirges betrachtet, lebten die meisten von ihnen in Elend; hungerten sie nicht, dann froren sie. Ich bezweifelte, dass die Menschen dieser Welt zu einem Leben im Elend verdammt seien. Mit Sicherheit nicht! Diese Situation geht gegen jede Vernunft und darf nicht ewig bestehen. Sie muss gründlich umgewälzt und verbessert werden! Es wird einen Tag geben, an dem sich die Welt verändern wird und all diese Menschen in Elend ein glückliches und zufriedenes Leben führen werden. Ich erkannte, dass die Last der Jugend wirklich groß ist. So viele Dinge, die zu tun sind, und ein langer Weg, der vor uns liegt. Von diesem Moment an entschied ich, mich mit aller

Kraft für die Menschen in Elend, in China und auf der ganzen Welt, einzusetzen."

Am 27. Mai 1960 traf MAO Zedong den britischen Generalfeldmarschall Bernard Montgomery.

Montgomery: „Ich messe eine politische Führungspersönlichkeit daran, ob sie bereit ist, ihre Prinzipien für ihre Position zu opfern. Würden Sie mir da zustimmen? Wenn jemand in einer Führungsposition seine Prinzipien opfert, um eine hohe Position zu erlangen, dann ist er kein guter Mensch."

MAO: „Meiner Meinung nach sollte ein Anführer ein Vertreter der Mehrheit des Volkes sein."

Montgomery: „Aber er darf nicht seine Prinzipien aufgeben!"

MAO: „Dies ist ein Prinzip, er sollte die Wünsche des Volkes vertreten."

Montgomery: „Er muss die Menschen darin führen, das zu tun, was am besten für sie ist."

MAO: „Was er muss, ist, im Sinne des Volkes zu handeln."

Montgomery: „Aber das Volk weiß nicht unbedingt, was am besten für es ist. Ein Anführer muss es dazu bringen, dafür zu handeln."

MAO: „Das Volk weiß es am besten. Letztendlich ist es das Volk, das entscheidet."

Im März 1937 schrieb der amerikanische Journalist Edgar Snow in seinen Aufzeichnungen über seine Erfahrungen im Nordwesten Chinas: „Es wäre Unsinn zu denken, dass MAO Zedong der Retter Chinas sei. Niemals wird eine einzelne Person China retten können. Aber es ist nicht zu leugnen, dass von ihm eine schicksalsverändernde Macht ausgeht. Eine starke und fundamentale Kraft. Er hat die unergründliche Eigenschaft, die ärgsten Forderungen der Millionen von Chinesen, vor allem die der Bauern, zum Ausdruck zu bringen. Diese Bauern sind arm, unterernährt, ausgebeutet und ungebildet und trotzdem sanftmütig, großzügig, mutig und mittlerweile sehr rebellisch. Sie bilden die Mehrheit des chinesischen Volkes. Falls diese Forderungen und Bewegung, die sie antreibt, die Kraft für den Aufstieg Chinas werden sollten, hat in diesem tieferen Sinne MAO Zedong das Potenzial, ein großer Mann Chinas zu werden."

MAO Zedong war innerhalb der Partei der Erste, der die große Kraft der Bauern erkannte. Im Juni 1926 auf dem III. Parteitag stellte MAO Zedong die Probleme der Bauern in den Fokus der ganzen Partei.

Um auf die Kritik von inner- und außerhalb der Partei bezüglich des revolutionären Kampfes der Bauern zu reagieren, besuchte MAO Zedong für 32 Tage die Provinz Hunan, um die Lage näher zu begutachten. Er schrieb daraufhin den „Untersuchungsbericht über die Bauernbewegung in Hunan", in dem er unmissverständlich den revolutionären Kampf der Bauern unterstützte.

Am 3. August 1965 traf MAO Zedong den französischen Minister für kulturelle Angelegenheiten André Malraux. Malraux fragte ihn: „Ich glaube nicht, dass es vor Ihnen bereits jemanden gegeben hat, der die Revolution der Bauern zum Sieg führen konnte. Wie ist es Ihnen gelungen, die Bauern zu inspirieren, so mutig zu sein?"

Daraufhin antwortete MAO Zedong: „Diese Frage ist leicht zu beantworten. Wir essen das gleiche Essen wie das Volk und tragen die gleiche Kleidung wie sie, sodass die Soldaten uns als einen von ihnen ansehen. Wir untersuchten die Klassenverhältnisse auf dem Lande, konfiszierten das Land von Großgrundbesitzern und verteilten es an die Bauern."

Sein ganzes Leben fokussierte sich MAO auf die Mehrheit, glaubte an sie und verließ sich auf sie. Berühmt ist sein Spruch: „Die Niederen sind die Weisesten, die Betuchten die Dümmsten." Wie ist diese Aussage zu verstehen?

Auf einer Besprechung des Buches „Lehrbuch der politischen Ökonomie der Sowjetunion" im Jahre 1962 sagte MAO Zedong: „Kultur und Intelligenz sind nicht dasselbe. In der alten Feudalgesellschaft galt, dass die Unterdrückten wenig Kultur hatten, weshalb ihnen auch ein niedriges Maß an Wissen nachgesagt wurde. In Wirklichkeit jedoch waren sie schlauer, da sie an der produktiven Arbeit und dem gesellschaftlichen Leben teilnahmen, weshalb sie viel Wissen über das soziale Leben hatten. Die Unterdrückenden jedoch hatten ein hohes Maß an Kultur, waren belesen, weshalb gesagt wurde, dass sie viel Wissen hatten. In Wirklichkeit waren sie jedoch dümmer, da sie sich von der produktiven Arbeit und dem gesellschaftlichen Leben abgekoppelt hatten. Der

Grund, dass LIU Bang den General XIANG Yu besiegen konnte, war, dass LIU Bang im Gegensatz zum adligen XIANG Yu mit dem gesellschaftlichen Leben und dem Volk vertraut war. [...] In der Gesellschaft des Sozialismus liegt die Situation anders. Die Kinder unserer Parteikader stehen üblicherweise den Kindern von Nicht-Parteikinder nach. Sie behandeln andere herablassend und finden sich überlegen, aber haben keine Erfahrungen in der Produktion oder Gesellschaft. Dies ist ein Problem, das wir frühestmöglich angehen sollten, dann können wir es lösen."

MAO Zedong legte das grundlegende Ziel der Partei fest, mit ganzem Herzen dem Volk zu dienen sowie den Grundsatz von den Massen zu kommen, zu ihnen zu gehen, an sie zu glauben und sich auf sie zu verlassen. Weiterhin definierte er mehrere grundlegende Ansichten zum Volk, wie „Das Volk ist die treibende Kraft der Geschichte der Welt", „Die Massen sind die wahren Helden, wir selber sind nur lächerlich" und „Die Massen sind die Quelle der Kraft der Partei und der Grund

MAO Zedong 1939 bei einer Unterhaltung mit einem Bauern in Yan'an.

für den Sieg." Ebenfalls schuf er die theoretische und politische Basis der Partei, die enge Beziehung zum Volk aufrechtzuerhalten.

ZHOU Enlai sagte einmal auf sehr anschauliche Weise: „Wer den Berg hinabsteigt, vergisst ihn nicht. Wer in die Stadt geht, vergisst nicht das Land." Was er ergänzte mit: „Wer dies vergisst, vergisst seine Herkunft." Mit „Herkunft" meint ZHOU Enlai die Massen. Ebenfalls sagte er: „Wir kommen aus der Mitte des Volkes, unseren Sieg haben wir mit der Unterstützung der Massen errungen. Wir dürfen unsere Herkunft nicht vergessen. [...] Wenn wir uns von den Massen entfernen, verlieren wir unsere Grundlage." ZHOU Enlai sah sich immer als „Staatsdiener" des Volkes. Er setzte die Interessen des Volkes an oberste Stelle und war dem Volk und den Massen eng verbunden. Er kümmerte sich um die Sorgen des Volkes und löste sie und sobald es um die Sicherheit des Volkes ging, war er immer sehr fürsorglich. Die Leiden und Freuden des Volkes waren wie seine eigenen; er teilte sich mit dem Volk ein Schicksal und kämpfte mit ihm gemeinsam.

In den frühen 1950ern war der Wohnraum in Shanghai knapp. Um die Wohnungsnot der Shanghaier besser zu verstehen, ging ZHOU Enlai selber in den Bezirk Zhaojiabang im Gebiet Xujiahui in Shanghai. Er durchquerte die stinkenden Abwässer, besuchte die Häuser der sich schlängelnden Gassen, redete mit Anwohnern, Rikschafahrern und örtlichen Verkäufern und erkundigte sich nach ihrem Wohlbefinden, um auf diese Weise Informationen aus erster Hand zu erhalten. Zu den Parteimitgliedern, die ihn begleiteten, sagte er: „Es liegt noch viel Arbeit vor uns. Was wir tun, ist noch nicht genug. Wir müssen erkennen, dass das Land immer noch rückständig und arm ist." Nach dieser Untersuchung hatte er eine persönliche Unterredung mit den Verantwortlichen Shanghais darüber, wie die Wohnbedingungen der Bewohner verbessert werden könnte, um die Hygiene der Stadt in den Griff zu bekommen und zu verbessern.

Nach der Gründung der Volksrepublik arbeitete er üblicherweise täglich über 12, manchmal sogar über 16 Stunden. Insbesondere während der Kulturrevolution war er beschäftigt und arbeitete Tag und Nacht, sodass er manchmal nur zwei bis drei Stunden schlief, selbst wenn er schwer krank war. Für ZHOU Enlai gab es kein Wochenende oder

Feiertage, selbst das Chinesische Neujahr verbrachte er meist arbeitend. Von 1950 bis zu seinem Tod im Jahr 1976, häuften sich in seinem Büro über zwei Dutzend Kalender an, in die er detailliert auf jede Seite seinen Arbeitsplan notierte.

Im März 1974 hatte ZHOU Enlai den folgenden Arbeitsplan:
26.03, 15:00 Aufstehen
16:00 Treffen mit Nyerere, Präsident Tansanias
19:00 Abendessen mit Nyerere
22:00 Sitzung des Politbüros

27.03, 02:30 Treffen mit der Zivilluftfahrtbehörde
07:00 Büroarbeit erledigen im Hotel Diaoyutai
12:00 Fahrt zum Flughafen in den östlichen Vororten, um König Sihanouk und die Königin in Empfang zu nehmen
14:00 Ausruhen

Von 15:00 am 26.03 bis 14:00 am 27.03 arbeitete ZHOU Enlai ununterbrochen für 23 Stunden. Eine solch intensive und belastende Arbeit war für ihn alltäglich. Er sagte dazu: „Da ich Teil der Geschichte bin, muss ich auch historische Aufgaben erfüllen." ZHOU Enlai sagte auch einmal: „Ich habe keine Angst vor dem Tod. Wie die Menschen früher gerne sagten, gibt es nur wenige, die über 70 Jahre alt werden. Ich aber bin bereits 77 Jahre alt, sodass ich ein langes Leben hinter mir habe. In den letzten zwanzig Jahren hätte ich das Land besser aufbauen und das Leben des Volkes weiter verbessern sollen. Nur so könnte ich beruhigt Marx entgegentreten, um ihm von meinen Taten zu berichten. So, wie die Situation momentan liegt, werde ich mich schuldig und beschämt fühlen." ZHOU Enlai hat bis zu seinem Tode wirklich sein Bestes gegeben.

LIU Shaoqi hat immer darauf bestanden, die Partei für das Allgemeinwohl aufzubauen und für das Volk zu regieren. Dem Volk mit ganzem Herzen ein treuer Diener zu sein, war LIU Shaoqis Maxime.

Egal ob im Krieg, in der sozialistischen Revolution oder während des Aufbaus des Sozialismus, er behielt seinen Kampfgeist und seine Treue zum Volk. In seinem Buch „Über die Erziehung von Mitgliedern der

Kommunistischen Partei" kritisierte er eigennützige Absichten, die persönliche Interessen über die der Partei und des Volkes stellen.

LIU Shaoqi verabscheute Prahlerei, Extravaganz und Amtsmissbrauch und betonte, dass diese Dinge nicht toleriert werden könnten. Er sagte: „Schon von Anfang an wurde unsere Partei gegründet, um dem Volk zu dienen. Jedes Opfer und jeder Kampf unserer Mitglieder war einzig und allein für das Wohl und die Befreiung der Massen und nichts anderes. Das ist die ruhmreichste Sache, über die wir stolz sein dürfen."

Während seiner Arbeit in den von der Kuomintang besetzten Gebieten verwaltete er Zehntausende Yuan an Parteigeldern, aber nie rührte er auch nur einen Pfennig an und gab sich mit einigen Rüben und geschmorten Brötchen zum Leben zufrieden. Dazu sagte er: „Wir müssen weiterhin hart kämpfen. Wir sollten uns nicht um persönliche und momentane Interessen kümmern und dabei die des Landes und die langfristigen außer Acht lassen." Täglich arbeitete er über 10 Stunden. Dem Volk so schnell wie möglich ein „Leben mit Wohlstand und Kultur" ermöglichen zu wollen, daran hielt er immer fest. Dazu sagte er: „Ein gutes Parteimitglied und ein guter Anführer zeichnen sich dadurch aus,

Ehemaliger Sitz des Nationalen Gewerkschaftsbunds, wo LIU Shaoqi und CHEN Yun einst arbeiteten.

dass sie mit den Lebens- und Arbeitsbedingungen des Volkes vertraut sind, sich um ihre Sorgen kümmern und das Volk verstehen." Ebenfalls sagte er, dass der Staatspräsident ein Diener des Volkes sei und es in der revolutionären Arbeit keine hohen oder niedrigen Ränge gebe. In jedem Amt müsse mit ganzem Herzen dem Volk gedient werden. Er hielt daran fest, immer im Interesse des Volkes zu handeln und sich seine Sicherheit ans Herz zu legen.

Einmal, bei einem Besuch der Kailuan-Kohlemine, ging er selber die Schächte hinunter, um die Produktionsbedingungen und Sicherheit der Arbeiter zu inspizieren und sich selber ein Bild von ihrem Arbeitsumfeld zu machen. Bei einem Besuch eines Ölfelds in der Stadt Daqing forderte er die Kader auf, sich um die Nöte der Arbeiter zu kümmern und ihre Sorgen zu lösen. In die Dörfer der Provinz Hebei ging er, um die realen Bedürfnisse der Bauern zu verstehen. Daraufhin schickte er ihnen Filmprojektoren zu, um ihr kulturelles Leben zu bereichern. Im Nordosten Chinas sah er die entbehrliche Arbeit derer, die draußen in den Wäldern arbeiteten. Daraufhin stellte er ihnen Schutzkleidung wie Baumwollkleidung und Gummihandschuhe zur Verfügung.

In der Periode der Anpassung der Volkswirtschaft ging er in die Dörfer Hunans, um dort Untersuchungen anzustellen. Dafür legte er sich auf Stroh, schlief auf Türschwellen, lebte über 20 Tage in einem einfachen und düsteren Bauernhaus, ging zu Bauernfamilien und fragte nach ihrem Wohlbefinden, wodurch die Fürsorge der Partei und des Landes sich bis in die Bauernhäuser erstreckte. Ebenfalls entwickelte er eine tiefe Verbundenheit mit den einfachen Leuten wie mit SHI Chuanxiang, dem Kanalreiniger, der ein mustergültiges Beispiel von einem Arbeiter landesweit wurde. Daher nannte das Volk ihn auch liebevoll „Genosse Shaoqi". LIU Shaoqi war immer um das Volk bedacht und stellte das Wohl der Menschen zu jeder Zeit an erste Stelle. Häufig sagte er: „Wir sind eins mit dem Volk." In Zeiten, wenn das Volk einer Krise gegenüberstand, lag ihm deren Sicherheit immer am Herzen und er stand an dessen Seite.

Im März 1960 begab sich LIU Shaoqi auf eine Inspektionsreise nach Hubei. Eines Tages nahm er ein Passagierschiff und nachdem er die Baustelle der Gezhouba-Talsperre inspiziert hatte, fuhr er den Fluss weiter runter. Abends, nachdem das Schiff gerade die Stadt Yichang passiert hatte, wurde es plötzlich von einem Tornado getroffen, der das Schiff heftig zum Wanken brachte. Die Besatzung an Bord des Schiffes entdeckte daraufhin im Licht eines Scheinwerfers des Schiffs vor sich im Fluss einige kleine Holzboote. Die Menschen auf ihnen schrien ununterbrochen nach Hilfe, einige von ihnen fielen ins Wasser. Ein Teil der Besatzung fand, dass den Menschen geholfen werden müsse. Ein anderer Teil jedoch war der Ansicht, dass ihre Aufgabe darin bestand, die Sicherheit des Präsidenten des Landes zu gewährleisten, und ein Abkommen vom Kurs zu gefährlich wäre. Nachdem LIU Shaoqi davon erfuhr, der zu dem Zeitpunkt dabei war, Telegramme und Dokumente zu lesen und zu genehmigen, sagte er, ohne zu zögern: „Gerade weil es das Schiff ist, auf dem der Präsident sitzt, sollte es als erstes das Volk retten." Daraufhin gab LIU Shaoqi den Befehl, die kleinen Boote vor dem Wind zu schützen. Die Besatzung positionierte das Schiff quer in

LIU Shaoqi empfängt den Kanalreiniger SHI Chuanxiang.

der Mitte des Flusses, band die Holzboote mit Seilen am Schiff fest und rettete die Menschen aus dem Wasser. Am nächsten Morgen hörten Regen und Wind auf, der Fluss legte sich wieder und auch die Boote kamen wieder zur Ruhe. Zwei von denen, die ins Wasser gefallen waren, schüttelten daraufhin dem Kapitän und den Matrosen aufgeregt die Hände mit Tränen in den Augen, um ihre Dankbarkeit auszudrücken. Als Präsident ging es LIU Shaoqi nicht um seine persönliche Sicherheit, sondern stellte das Überleben des Volkes an oberste Stelle. Dieses aufrechte Verhalten des großen Revolutionärs verdient wahrlich Respekt.

Seinen Kindern brachte er bei, dass sie sich nicht absondern und nicht von den Massen abwenden sollten. Von seinen Mitarbeitern in seinem Umfeld verlangte er, dass sie keine Gäste einladen und empfangen, und anderen, keine Bitten zu stellen oder Geschenke anzunehmen. Zu seinen Kindern sagte er: „Euer Papa ist ein Kind des Volkes. Auch ihr solltet daher Kinder des Volkes sein. Folgt immer der Partei und dient immer dem Volk." Diese kleinen, alltäglichen Dinge spiegeln den wahren Charakter eines Mitglieds der Kommunistischen Partei wider, der mit harter Arbeit und Integrität dem Volke diente. Mit seinen Taten hat er sich einen Platz in den Herzen des Volkes verdient.

DENG Xiaoping schrieb einmal: „Ich bin ein Sohn des chinesischen Volkes. Ich liebe mein Land und Volk zutiefst." DENG Xiaopings Zuneigung zum Volk erstreckte sich bis zur Partei und Land. Er sagte einmal: „Mein Leben gehört der Partei und dem Land." Der Stellung und der Funktion der Massen maß er viel Bedeutung zu und betonte: „Die Massen sind die Quelle unserer Stärke und die Massenlinie und Meinung der Massen unser Erbe. Parteiorganisationen, -mitglieder und -kader müssen eins mit den Massen werden und dürfen sich niemals ihnen entgegenstellen. Wenn sich eine Parteiorganisation ernsthaft von den Massen abkoppelt und dies nicht entschlossen richtigstellt, wird sie die Quelle ihrer Kraft verlieren, scheitern, und die Menschen werden sich von ihr abwenden."

Sein ganzes Leben lang, egal ob in einem hohen Amt oder in Krisenzeiten, teilte er die Sorgen des Volkes und bemühte sich darum, Partei und Land von Sorgen zu befreien. DENG Xiaopings Bestreben bestand darin, für den steigenden Wohlstand des Volkes zu arbeiten. Mehrfach wiederholte er: „Armut ist kein Sozialismus, der Sozialismus will Armut beseitigen. Werden die Produktivität und der Lebensstandard der Menschen nicht verbessert, kann nicht gesagt werden, dass die Prinzipien des Sozialismus erfüllt sind."

Er führte die Reform- und Öffnungspolitik und den Aufbau des Sozialismus im Hinblick auf die große Mehrheit des Volkes durch. DENG Xiaoping bestand darauf, die historischen Aktivitäten des Volkes als geistige Quelle und Kraft für den Fortschritt zu nutzen. So sagte er: „Viele Aspekte der Reform- und Öffnungspolitik kommen aus dem Tun der Massen." Und: „Niemals können so viele Ideen dem Gehirn einer einzelnen Person entspringen." Sowie: „Dies ist die Weisheit der Massen, die Weisheit des Kollektivs." Immer wieder betonte er, dass der Ausgangspunkt jeder politischen Entscheidung die Zustimmung, das Wohlgefallen und das Einverständnis des Volkes sein müsse. Die Interessen des Volkes betrachtete er stets als wichtigsten Bezugspunkt während seiner Arbeit als Führungsperson.

Sich immer für das Volk einzusetzen, war eine wichtige politische Eigenschaft CHEN Yuns. Der Verbindung der Partei zu dem Volk und den Massen hat CHEN Yun stets viel Bedeutung zugeschrieben. So sagte er: „Für eine Partei an der Macht ist es einfach, von den Massen etwas zu verlangen, und dann zu vergessen, ihnen auch etwas zurückzugeben. Sollte dies der Fall sein, werden die Massen uns als Befehlsmacht betrachten, die mit Zwang arbeitet und zuteilt. Daher sollten wir nicht nur verstehen, wie man von den Massen etwas verlangt, sondern noch viel mehr darauf achten, für das Wohl des Volks zu arbeiten. [...] Sollte die Partei sich von den Massen entfernen, würde sie nur noch ein Schatten ihrer selbst werden. Eine solche Partei kann nicht bestehen."

Für CHEN Yun sind die Massen der Hauptteil der Gesellschaft und die wahren Helden der Geschichte. Nur mit der Unterstützung der Massen gelangten die Revolution und der Aufbau. Für ihn war die Meinung der Massen die Grundlage der Partei, die Massenlinie der Weg der Partei und die praktischen Erfahrungen der Massen die Quelle der Einsicht und des Wissens der Partei. Bei Problemen sollten die Massen zurate gezogen werden, mit ihnen diskutiert und bei ihnen Lösungen gesucht werden. Nur wer zu den Massen geht, kann die beste Lösung für ein Problem finden. Wer sich von denen Massen entfernt, wird seinen engsten Vertrauten verlieren. Mitglieder der Kommunistischen Partei Chinas müssen eine sogenannte „Dienstmentalität" haben, was bedeutet, dass sie der Allgemeinheit, dem Volk und den Massen dienen sollten. Es wird gesagt, dass die Kommunistische Partei China ein gutes Beispiel für einen Nachkommen der chinesischen Nation sei. Um zu sagen, ob jemand seine Verantwortung gegenüber dem Volk wahrnimmt oder nicht, schaut man, ob jemand ein guter oder undankbarer Nachkomme ist.

CHEN Yun war der Meinung, dass die wirtschaftliche Arbeit immer zuallererst das Leben des Volkes im Blick haben sollte. Nach der Zerschlagung der sogenannten „Viererbande" (vier Berater MAOs, die maßgeblich für die Fehler der Kulturrevolution verantwortlich waren) beschloss das Zentralkomitee der Partei, den Aufbau der Wirtschaft in den Fokus zu stellen, was eine strategische Verlagerung des Schwerpunkts der Parteiarbeit darstellte. Doch worauf sollte das Augenmerk gelegt werden? CHEN Yun schlug vor, zunächst das Leben der Bauern in den Griff zu bekommen. Er sagte, dass das Neue China bereits seit 30 Jahren existiere und trotzdem einige Bauern hungern müssten. Es wäre unentschuldbar, wenn dies nach weiteren 10 oder 20 Jahren immer noch der Fall wäre.

Während seiner Zeit als Leiter der Finanzen und Wirtschaft des Landes hörten seine Mitarbeiter ihn häufig zwei Dinge sagen. Das eine war: „Für das Volk ist das Essen der Himmel, und am wichtigsten davon das Getreide." Und das andere: „Sieben Dinge, die man täglich braucht: Brennholz, Reis, Öl, Salz, Soja, Essig und Tee." Wenn er über seine Arbeit redete, sagte er häufig im Scherz, dass sie sich hauptsächlich um Essen und Kleidung drehe. Bezüglich der Beziehung des Lebens des Volkes zum wirtschaftlichen Aufbau, plädierte CHEN Yun stets dafür, ersteres über den Aufbau von Produktionseinrichtungen zu stellen. Er vertrat den Grundsatz, dass man zuerst essen sollte, bevor man aufbaut. Während seiner Arbeit als Leiter in Wirtschaftsfragen legte er besonders viel Aufmerksamkeit auf das Lösen jener Probleme, die mit dem täglichen Leben der Menschen in Verbindung standen wie ausreichende Nahrung und Kleidung. Daher war vor allem die Produktion und Versorgung kleiner Gebrauchsgegenstände eines seiner wichtigsten Anliegen. Zu solchen kleinen Gebrauchsgegenständen gehören z. B. Töpfe, Schüsseln, Wannen, Löffel, Haarspangen, Schnuller, Nadeln, Fäden, Nägel bis zu Werkzeugen für die Bearbeitung von Holz und Ziegeln, die alle für das Leben der Massen unentbehrlich waren. CHEN Yun ermahnte jene, die sich darum kümmerten, diese Angelegenheit ernst zu nehmen, denn obwohl diese Dinge klein waren und damit nicht viel Geld zu verdienen war, waren sie sehr wichtig, da sie den Alltag von Millionen Familien betrafen. Zum Beispiel Nähnadeln benötigen Tausende Tonnen Stahl pro Jahr, doch wenn es an ihnen fehlt, können die Massen keine Kleidung mehr herstellen.

Die Produktion von Schnullern für das Füttern von Babys benötigt ebenfalls Hunderte Tonnen Latex, doch wenn die Massen diese nicht

MAO Zedong, CHEN Yun und ZHOU Enlai auf einer Versammlung des Staatsrats.

kaufen können, beeinflusst dies die Ernährung von Babys. Darüber hinaus werden für Rundnägel und Draht pro Jahr mehrere Hunderttausend Tonnen Walzdraht benötigt und auch für Tischler- und Maurerwerkzeuge sowie kleine landwirtschaftliche Geräte wird Stahl gebraucht. Wenn für wenig angebaute Erzeugnisse wie Sichuan-Pfeffer, Sternanis, Frühlingszwiebeln oder Ingwer keine entsprechenden Vorkehrungen getroffen werden, könnte es auf dem Markt zu einem Engpass an Gewürzen kommen. Ein Mangel all dieser Dinge würde Einfluss auf das Leben und die Produktion haben.

Während der großen Hungersnot in den Jahren 1959-1961 konzentrierte sich CHEN Yun nicht nur auf Fragen, wie die Produktionsproportionen in der Volkswirtschaft aussehen könnten und wie die Landwirtschaft sich schnell wieder erholen könne, sondern auch damit, welche Notfallmaßnahmen ergriffen werden können, um die Schwierigkeiten in der städtischen Lebensmittelversorgung zu lösen. Zu der Zeit mangelte es der städtischen Bevölkerung an Getreidewaren, Fleisch und Eiern, sodass diese unterernährt war und an Ödemen litt. CHEN Yun schenkte diesem Problem viel Aufmerksamkeit und berief Ernährungsexperten ein, um zu beraten, wie dieses Problem zu lösen sei.

Nach einigen Forschungen stellte er fest, dass Soja am besten geeignet war, das Problem der Ödeme zu lösen. 100 g Soja enthält 36,3 g Eiweiß, 18,4 g Fett, 25,3 g Kohlenhydrate und 412 Kilokalorien. Dazu ist es reich an Kalzium, Phosphor, Eisen und anderen Spurenelementen. Nach Konsultation mit verschiedenen Quellen verstand er, dass ein Mensch pro Tag 70 g Eiweiß benötigt. Hierbei sind in einem halben Kilo Getreide bereits 45 g und in einem halben Kilo Gemüse bereits 5 g Eiweiß enthalten. Demnach würden noch 20 g Eiweiß fehlen, was etwa 1-2 Sojabohnen entspricht. Daher sagte er auf einer Sitzung des Zentralkomitees im Februar 1962: „Die Menschen in der Stadt können momentan kein Fleisch essen, da zu wenig Getreide für die Mästung von Schweinen zur Verfügung steht, sodass sie kein Fett ansetzen, wodurch die Schlachtrate gesunken ist. Womit könnte der Körper dies ausgleichen? Ich denke, mit Sojabohnen." Er rechnete alles durch, und obwohl die Produktionsrate von Sojabohnen gesunken war, waren immer noch 6 Milliarden Kilogramm vorhanden, von denen 1,5 Milliarden für die Städte verwendet werden konnten. Er sagte, da Sojabohnen 18 % Öl enthalten, erhöhe sich durch das Essen von 2,5 Kilo Sojabohnen die Aufnahme von Fett um knapp 250 g. Daher schlug er vor, jeden Stadtbewohner monatlich mit 1,5 Kilogramm Sojabohnen zu versorgen. Für ihn hatte diese Sache sehr viel mit dem Leben der Stadtbewohner zu tun. Daraufhin mobilisierte CHEN Yun alle Kräfte, um Sojabohnen zu transportieren und durch den Zoll zu bringen und diese an alle Provinzen und Städte des Landes zu verteilen. Die Stadtbewohner, die zuvor drei Jahre Hungersnot durchlitten hatten, werden niemals vergessen, welche Bedeutung diese 1,5 Kilogramm Sojabohnen für sie hatten.

Kapitel 4

Konsequentes Lernen und Streben

Große Persönlichkeiten entstehen nicht über Nacht, sondern durch langfristiges Lernen, Abhärten und Kampf. In der traditionellen chinesischen Kultur gibt es ein politisches Ideal: Zuerst sich selbst zu kultivieren, dann eine Familie zu gründen, daraufhin das Land gut zu führen und schlussendlich eine friedliche Welt zu gestalten. Im Chinesischen gibt es dazu ein Sprichwort: Schöne Jade entsteht durch unzähliges Polieren. Durch schwierige Umstände und harte Kämpfe wird man zu einem Menschen mit Weitsicht und einem großen Herzen, denn wer aufhört, zu kämpfen, hört auf, zu leben. So wird man ein Mensch mit einem Verständnis für die eigene Bestimmung, ohne Scheu, sich selbst zu opfern; ein Mensch von hoher Moral und Ehre.

MAO Zedong hatte eine große Leidenschaft fürs Lesen und las sein Leben lang viele Bücher – bis zu seinem letzten Atemzug. Sein weiter Horizont, tiefer Gedankengang, reiches Wissen und aktives Denken brachten ihn dazu, sich ständig selbst zu erweitern und zu verbessern. Für ihn waren das Lesen und Lernen wie Arbeit und ein essenzieller Teil seines Lebens. Von MAO Zedong gibt es viele berühmte Aussagen zum Lesen, so sagte er einmal: „Ich kann einen Tag ohne zu essen und zu schlafen verbringen, aber nicht ohne zu lesen." Diese Aussage spiegelt seine Eigenart wider, dauernd und ununterbrochen zu lesen, egal ob bei Tag oder bei Nacht.

In der Jugend MAO Zedongs florierten in China jegliche intellektuellen Strömungen, was ihm deutlich machte, dass intellektueller Fortschritt die Grundlage für jedweden Fortschritt im Leben sei. Weiterhin fand er, dass die einzige Möglichkeit für den Fortschritt des Intellekts das Studium des Lernens sei. Nach der Xinhai-Revolution 1911 hörte MAO Zedong auf den Aufruf an Studenten, der Armee beizutreten, woraufhin er ein halbes Jahr als Soldat diente. Der Sold für seinen Dienst waren damals 7 Yuan pro Monat. Abgesehen von 2 Yuan für Essen gab er den Rest für den Kauf von Zeitungen aus. MAO Zedong studierte einst in der Mittelschule Nr. 1 der Stadt Changsha in der Provinz Hunan, aber aufgrund des begrenzten Lehrplans der Schule brach er die Schule nach sechs Monaten ab. MAO Zedong entwarf daraufhin einen Lernplan für sich selbst. Daher ging er jeden Tag in die Provinzbibliothek Hunans, um zu lesen. Sobald die Tür der Bibliothek morgens aufging, trat er hinein und machte nur mittags Pause, um sich Reiskuchen zu kaufen. Erst wenn die Bibliothek spät abends schloss, hörte er mit dem Lesen auf. In dieser Zeit las er viele Bücher, wie „Wohlstand der Nationen" von Adam Smith, „Über die Entstehung der Arten" von Charles Darwin, „Die Logik" von Herbert Spencer und die Werke von John Mill, Jean-Jaques Rousseau, Montesquieu und anderen. Ebenfalls lernte er die Geografie und Geschichte der Welt, wodurch er ein aufgeklärtes Verständnis der westlichen Kultur erhielt.

Danach studierte MAO Zedong fünf Jahre an der Normalschule Nr. 1, ebenfalls in Changsha. Er sagte: „Während meiner Jahre an der Normalschule in Changsha habe ich insgesamt nur 160 Yuan ausgegeben, einschließlich der zahlreichen Anmeldegebühren. Bestimmt ein Drittel davon habe ich für Zeitungen ausgegeben, denn diese kosteten circa einen Yuan pro Monat. Ich kaufte oft am Zeitungskiosk Bücher und Zeitschriften. Mein Vater hat oft mit mir geschimpft, weil er fand, dass dies Verschwendung von Geld für nutzlose Papiere sei. Aber ich habe mich daran gewöhnt, Zeitung zu lesen. Zwischen 1911 und 1927, bis ich ins Jinggang-Gebirge ging, habe ich regelmäßig die Tageszeitungen aus Beijing, Shanghai und Hunan gelesen."

Nach seinem Abschluss wurde MAO Zedong allmählich von der chinesischen neuen Kulturbewegung des 4. Mais beeinflusst. Zwei Mal ging er nach Peking, wo er mit Personen dieser Bewegung in Kontakt trat und mit verschiedenen neuen Ideen konfrontiert wurde. Darunter besuchte er auch prominente Vertreter der neuen Kulturbewegung wie CHEN Duxiu, HU Shi und CAI Yuanpei, um mit ihnen verschiedene Fragen im Zusammenhang mit diesen neuen Ideen zu diskutieren. Während dieser Zeit las er Bücher und Zeitschriften, die den Marxismus verbreiteten, sowie viele Artikel über die russische Oktoberrevolution. Später erinnerte MAO Zedong sich daran, wie er durch das Lesen von „Das Kommunistische Manifest" von Marx und Engels, „Das Erfurter Programm" in seinem grundsätzlichen Teil erläutert von Karl Kautsky und „Die Geschichte des Sozialismus" von Thomas Kirkup seinen Glauben an den Marxismus festigte.

Während der harten Jahre der Revolution ließ er niemals vom Lernen ab. Selbst auf dem Langen Marsch, als er krank auf einer Trage lag, las er Bücher über den Marxismus. LIU Ying, der seinerzeit zusammen mit ihm an dem Langen Marsch teilnahm, sah mit eigenen Augen diese bewegende Szene des lesenden MAO Zedongs. LIU Ying sagte später: „Der Präsident MAO las während des Langen Marsches mit großem Eifer marxistisch-leninistische Bücher. Wenn er las, durfte ihn niemand stören. Er war still, konzentrierte sich vollkommen auf seine Lektüre und unterstrich wichtige Stellen im Buch. Manchmal las er die ganze Nacht hindurch. Als die Rote Armee in Mao'ergai [ein Gebiet in der Provinz Sichuan] ankam, gab es nichts zu essen. Alle waren hungrig, aber er las weiterhin marxistisch-leninistische Bücher, darunter „Zwei Taktiken der Sozialdemokratie in der demokratischen Revolution", Der „Linke Radikalismus", die „Kinderkrankheit im Kommunismus" und „Staat und Revolution". Einmal sagte der Präsident zu mir: „LIU Ying, ich bin hungrig, brate mir bitte ein paar Weizenkörner zum Essen." Daraufhin legte er sich hin und las ein Buch, während er sich Weizenkörner aus der Tasche holte."

Nach der Ankunft im Norden Shaanxis kaufte MAO Zedong sich auf verschiedenste Art und Weise Bücher und Zeitschriften aus den von der Kuomintang (KMT) kontrollierten Gebieten zum Lesen. In der Stadt Yan'an im Norden Shaanxis sammelten sich allmählich viele Bücher von ihm an und er richtete eine Bibliothek ein, die von einer speziell dafür beauftragten Person verwaltet wurde. Als man 1947 aus Yan'an abzog, hinterließ er viele Dinge. Aber seine Bücher, abgesehen von ein paar von ihm vergrabenen, wurden zum größten Teil mit Mühe nach Peking gebracht, insbesondere die Bücher, die er mit Kommentaren versehen hatte. Es wird geschätzt, dass MAO Zedongs um die 10 000 Bücher etwa 100 000 Bände enthielten, was einer mittelgroßen Bibliothek entspricht. Darunter sind sowohl klassische Werke des Marxismus wie „Das Kapital", als auch Sammlungen wie die „24 Dynastiegeschichten" (eines der grundlegenden Werke der chinesischen Historiografie) und „Alte und Neue literarische Werke" (eine Enzyklopädie des alten Chinas) sowie chinesische und ausländische literarische Werke wie „Die vollständigen Werke" von LU Xun und „Die Kameliendame". Auch Kalligrafien, geografische Karten und Comics waren dabei. Henry Kissinger, der ehemalige US-Außenminister, besuchte China mehrmals und erinnerte sich an MAO Zedongs Büro, indem er empfangen wurde: „Es sah eher aus wie der Rückzugsort eines Gelehrten als wie ein Empfangsraum für den Anführer der bevölkerungsreichsten Nation der Welt." Ab 1949 bat MAO Zedong seinen Sekretär, regelmäßig für ihn Bücher aus der Stadtbibliothek Pekings auszuleihen. Als die Bibliothek 1958 neue Bibliotheksausweise ausstellte, bat Mao seine Mitarbeiter explizit darum, auch für ihn einen zu beantragen. Schließlich erhielt er den Bibliotheksausweis mit der Nummer 1.

MAO Zedong sagte immer: „Man lernt, solange man lebt." Das sagte er und tat es auch. In seinen späten Jahren alterte MAO Zedong und seine Sehkraft ließ nach, aber seine Leidenschaft für das Lesen und sein Streben nach Wissen waren ungebrochen. Im Jahr 1975, nachdem sich seine Sehkraft etwas erholt hatte, las er erneut die „24 Dynastiegeschichten" und einige der verschiedenen Essays von LU Xun sowie akademische Zeitschriften wie „Acta Archaeologica Sinica", „Historical Research" und „Dialectics of Nature" und bat darum, ihm die Zeitschriften „Fossils" und „Chinese Journal of Zoology" in Großdruck zu drucken. Bis ins Jahr 1976 wollte er auch die Reihe „Science and Civilisation" in China von Joseph Needham lesen. Aufzeichnungen zufolge war das letzte Buch, um das MAO Zedong bat, „Spontane Aufsätze aus dem Studio der Nachsicht", einer Sammlung von Aufsätzen, um das er am 26. August 1976 bat. Das letzte Mal las er ein Buch am 8. September 1976 um 17:50 Uhr, einen Tag vor seinem Tod. Er las es sieben Minuten lang, während die Ärzte versuchten, ihn zu retten. Damit erfüllte er das Versprechen, dass er so viele Jahre zuvor gab.

Zeit seines Lebens las MAO Zedong ein breites Spektrum an Büchern – von marxistischen Schriften bis zu westlichen Werken, von der Antike bis zur Moderne, chinesische und ausländische, darunter Bücher über Philosophie, Wirtschaft, Politik, Militär, Literatur, Geschichte, Geografie, Naturwissenschaften und Technik. Die Bücher, die den größten Einfluss auf MAO Zedong ausübten, waren vor allem die Klassiker des Marxismus und jene, die den Kanon der chinesischen Geschichte und Kultur bildeten.

Sein ganzes Leben lang studierte MAO Zedong unermüdlich die Werke des Marxismus und wandte diesen konsequent auf China an, indem er ihn, angepasst an die chinesische Realität, weiterentwickelte und erneuerte. Vom Glauben, dem Lesen, dem Studium, bis hin zur Anwendung und der Weiterentwicklung hat MAO Zedong den Marxismus jahrzehntelang unermüdlich verfolgt und praktiziert.

Das „Kommunistische Manifest" war MAO Zedongs Lieblingslektüre und der marxistische Klassiker, den er zeit seines Lebens am häufigsten las. Er las das Buch zum ersten Mal im Jahr 1920. In den folgenden 56 Jahren ging er es immer wieder durch, sodass er einige der aufschlussreichsten Aussagen fast auswendig konnte. Nach der Gründung der Volksrepublik China studierte MAO Zedong „Das Kommunistische Manifest" viele Male, las es aufmerksam, dachte darüber nach und kritzelte darin. Während der gesamten Zeit des sozialistischen Aufbaus hörte Mao nie auf, das Werk zu studieren. 1963 schlug er vor, 30 Werke von Marx als Kanon festzulegen, darunter „Das Kommunistische Manifest", und wies an, dass alle Bücher in großen Buchstaben veröffentlicht werden sollten, damit auch ältere Genossen sie lesen können. Das „Kommunistische Manifest" wurde nicht nur in Großdruck, sondern auch in einer Fassung mit vertikaler Zeilenanordnung veröffentlicht. Im April 1965 berief er fünf Experten, darunter AI Siqi, nach Changsha, um zusammen mit ihm selbst ein Vorwort zu den chinesischen Ausgaben von Werken wie „Das Kommunistische Manifest" und weiteren fünf marxistischen Klassikern zu schreiben. MAO Zedong meldete sich freiwillig, um ein Vorwort für „Das Kommunistische Manifest" zu schreiben. Mehrfach betonte er, dass es auch notwendig sei, das Buch mit Anmerkungen zu den Erfahrungen der chinesischen Revolution zu versehen. Dieser Wunsch ging leider nicht in Erfüllung. 1970 rief MAO Zedong erneut die Kader und die Massen inner- und außerhalb der Partei auf, die sechs Bücher des Marxismus-Leninismus zu studieren, von denen „Das Kommunistische Manifest" die höchste Stellung innehatte.

MAO Zedong studierte sorgfältig die politische Wirtschaft im Marxismus. 1920 kam MAO Zedong mit LI Hanjuns Übersetzung von Einführung in „Das Kapital" von Marx in Berührung. Während der Yan'an-Periode konzentrierte sich MAO Zedong auf die Lektüre marxistisch-leninistischer Bücher, darunter „Das Kapital". Bei einem Treffen von Kadern in Yan'an sagte er: „Das Kapital ist nicht sehr lang, lesen Sie es einfach!" Er glaubte, dass, solange man beharrlich lernt, ein jeder in der Lage sein wird, zu verstehen und zu begreifen. Ebenfalls plädierte er für die Integration von Theorie und Praxis, z. B. „Das Kapital" anhand der Probleme der Währungsausgabe in den befreiten Grenzgebieten zu untersuchen. Nach der Gründung der Volksrepublik China las MAO Zedong „Das Kapital" und Klassiker wie „Kritik der politischen Ökonomie" und Lenins dreizehn Abhandlungen über die politische Ökonomie, um den Anforderungen für einen groß angelegten wirtschaftlichen Aufbau gerecht zu werden. Nach 1954 las MAO Zedong wiederholt „Das Kapital" und machte viele Anmerkungen. In den 1970ern bewahrte MAO Zedong in dem Studierzimmer, in dem er ausländische Gäste traf, eine Ausgabe des Buchs im Großdruck auf.

Von seiner Jugend bis zu seinem Tod studierte MAO Zedong chinesische Geschichte. Sein Ziel war es, so die Besonderheiten Chinas zu verstehen, den Marxismus in China zu konkretisieren, ihn zu erneuern, weiterzuentwickeln und damit die chinesische Revolution zu leiten. MAO Zedong sagte: „Über einen Marxismus ohne chinesische Prägung zu sprechen, ist wie über einen abstrakten und leeren Marxismus zu sprechen. Wie der Marxismus in China zu konkretisieren ist, also wie er die besonderen chinesischen Umstände ausdrückt und auf diese angewandt werden kann, ist eine Frage, die die gesamte Partei verstehen und lösen muss." Ausgehend von diesem Ziel sagte er auch: „Die chinesischen Kommunisten müssen die chinesische Geschichte studieren, von Konfuzius bis Sun Yat-sen, um sie wissenschaftlich anzugehen und so dieses kostbare Erbe weiterzutragen."

Wenn MAO Zedong über chinesische Geschichte las, verknüpfte er die Vergangenheit mit der Gegenwart und gewann so wertvolle Einsichten aus der chinesischen traditionellen Kultur, die auf heute angewandt werden können. Zum Beispiel erwähnte er mehrmals das bekannte Werk „Strategien für gute Regierungsführung und Sicherheit" des politischen Theoretikers JIA Yi der frühen Westlichen Han-Dynastie und forderte auch andere Parteikader auf, dies mehrfach zu lesen. JIA Yi erkannte, dass die Gesellschaft der frühen Han-Dynastie von Verschwendung und Konkurrenz geprägt war und dass die Reichen und Starken die Menschen ausplünderten. Dies führte zu einem Gegensatz zwischen den „Geächteten" und den „Angesehenen" der Gesellschaft. Daher riet er dem Kaiser Wendi der Han-Dynastie: „Der Friede und die Gefahren eines Landes kommen nicht an einem Tag zustande, sondern sind ein langwieriger Prozess. Dessen müssen wir uns bewusst sein." Er sprach sich dafür aus, dass jeder im Staatsapparat, vom Kaiser bis zum einfachen Beamten, ausschließlich im öffentlichen Interesse handeln solle. Gleichzeitig solle die Landwirtschaft als Basis der Gesellschaft nicht außer Acht gelassen werden, um die Stabilität des Landes zu gewährleisten. „Mit ausreichend Nahrung und stabilen Finanzen im Land, so wird jeder Angriff gelingen, jede Verteidigung schützen und jeder Kampf gewonnen werden." Für MAO Zedong nahmen die Integrität der Beamten, die Landwirtschaft als Fundament von Gesellschaft und

MAO Zedong beim Schreiben von „Über den langwierigen Krieg".

Wirtschaft und die Souveränität des Volkes weiterhin eine große Rolle im neuen China ein.

MAO Zedong wandte den historischen Materialismus an, um Aspekte der traditionellen chinesischen Kultur zu fördern und andere abzuschaffen, sodass er ihr neuen Glanz verlieh. Ein gutes Beispiel ist ein Brief aus dem Jahre 1939 an ZHANG Wentian, den ehemaligen Generalsekretär der Kommunistischen Partei Chinas, in dem MAO Zedong die Idee des „goldenen Mittelmaß", ohne Übertreibung oder unzureichende Aspekte, von Konfuzius analysierte und bekräftigte. Im 11. Kapitel des Werks „Analekten des Konfuzius", in dem Schüler von Konfuzius einige seiner Gespräche aufgezeichnet hatten, heißt es, dass sein Schüler Zigong einmal fragte, wer von Zizhang und Zixia tugendhafter sei. Darauf antwortete Konfuzius, dass Zizhang häufig übertreibe, während Zixia nicht genug tue. Konfuzius verlangte von seinen Schülern, anhand des „goldenen Mittelmaßes" Dinge zu verstehen, umzusetzen und ein Verständnis für Moral zu kultivieren. Wenn man Konfuzius Aussage aus erkenntnistheoretischer Sicht betrachtet, ist für ihn die Qualität von der Quantität einer Sache abhängig. Daher plädierte er dafür, dass es für alles, sei es Reden oder Tun, eine bestimmte Grenze gebe. Wer diese nicht erkennt und darüber hinausgeht oder diese nicht erreicht, dem fehle es an moralischem Charakter. An diesem Beispiel ist zu sehen, wie Konfuzius Erkenntnistheorie mit der Kultivierung von Moral verband und die Menschen dazu aufforderte, sich um die Einheit von beidem zu bemühen. Es ist offensichtlich, dass Konfuzius' Idee vom „goldenen Mittelmaß" eine theoretische Zusammenfassung der Denkweise im antiken China ist. MAO Zedong interpretierte dieses Konzept neu und sagte: „Das „goldene Mittelmaß" ist eine Entdeckung und Errungenschaft von Konfuzius und ein wichtiger Bestandteil philosophischen Denkens." Ausgehend von dieser Idee von Konfuzius leitete MAO Zedong ab, dass auch die Menschen im politischen Leben und der Revolution an zwei Fronten kämpfen müssten, und Fehler, wie zu viel oder zu wenig dafür zu tun, vermieden und überwunden werden müssten.

Der Amerikaner Stuart R. Schram, der vor allem für seine Studien zum Leben MAO Zedongs bekannt wurde, sagte dazu auf äußerst zutreffende Weise: „Ein besonderer Bestandteil der intellektuellen Entwicklung MAO Zedongs war, dass er versuchte, den Marxismus bzw. Marxismus-Leninismus auf die sozialen und wirtschaftlichen Begebenheiten eines rückständigen Agrarlandes und das historische Erbe Chinas anzuwenden. Für MAO Zedong war dieses Erbe noch sehr lebendig. Die historischen Errungenschaften Chinas bestärkten ihn nur noch weiter in seinem Nationalstolz. Weiterhin war sein Ziel sehr deutlich. Mit dem intellektuellen Reichtum der chinesischen Tradition wollte er den Marxismus bereichern, ihn zur stärksten Triebkraft der revolutionären Veränderung machen und damit zuletzt auch der Verwestlichung. Auf diese Weise entstand nicht irgendeine neue Neodogmatik, die unter dem Deckmantel des Marxismus die traditionelle Kultur Chinas ersetzen würde."

Abgesehen von seinem hohen Verständnis für marxistische Theorien und Sozialwissenschaften wie Geschichte und Kultur interessierte MAO Zedong sich auch sehr für Naturwissenschaften und leistete einen großen Beitrag zu ihrer Entwicklung. MAO Zedong sagte einmal: „Die Naturwissenschaft ist eine Waffe für die Menschen, um Freiheit zu erlangen. Um Freiheit in der Gesellschaft zu erlangen, nutzen sie die Sozialwissenschaften, um die Gesellschaft zu verstehen, sie zu verändern und zur Revolution zu führen. Um im Bereich der Natur Freiheit zu erlangen, müssen die Menschen mithilfe der Naturwissenschaft die Natur verstehen, sie überwinden, verändern, und aus ihr Freiheit erlangen." Und: „Der Marxismus schließt die Naturwissenschaft mit ein. Jeder sollte die Naturwissenschaften studieren, ansonsten gibt es auf der Welt viele Dinge, die man nicht versteht und kann kein guter Revolutionär sein."

Im August 1963 veröffentlichte die Zeitschrift „Journal of Dialectics of Nature", herausgegeben von der Forschungsgruppe für Dialektik der Natur am Institut für Philosophie der Chinesischen Akademie für Wissenschaften, den Artikel „Toward a New Concept of Elementary Particles" des japanischen Physikers SAKATA Shōichi. Der Artikel erläuterte allgemeine Methoden und Prinzipien in der Untersuchung von Elementarteilchen. Der Forscher vertrat hierbei den Standpunkt der materialistischen Dialektik zur unendlichen Teilbarkeit von Materie. Schon bald erregte der Artikel die Aufmerksamkeit MAO Zedongs, der 1964 bei mehreren Gelegenheiten über das Thema sprach. Bei einem

Treffen am 18. August von Philosophen im Bezirk Beidaihe der Stadt Qinhuangdao sprach MAO Zedong direkt von seiner Bewunderung für SAKATA Shōichi und nannten ihn einen „dialektischen Materialisten". Daraufhin zitierte MAO Zedong aus dem 33. Kapitel des Buches „Zhuangzi", einem der Hauptwerke des Daoismus: „Ein Stab, täglich um die Hälfte gekürzt, ist unerschöpflich." Damit wollte er deutlich machen, dass auch Elementarteilchen nicht unteilbar sind. Am 24. August lud MAO Zedong auch die Wissenschaftler YU Guangyuan und ZHOU Peiyuan nach Zhongnanhai, dem Hauptsitz der Kommunistischen Partei Chinas, in seine Schlafräume ein, um eine persönliche Diskussion über den Artikel SAKATA Shōichi zu unterhalten und einige seiner Ansichten über die Dialektik der Natur zu erörtern. Er sprach über die Unendlichkeit des Universums, den Ursprung von Zellen, die Zukunft

MAO Zedong empfängt 1964 den Wissenschaftler QIAN Xuesen und den Bauernvertreter CHEN Yonggui.

der Erde und der Menschheit sowie die Werkzeuge von Erkenntnis und diese selbst und darüber, dass Philosophie eine Erkenntnistheorie sei. Zu der Zeit fand in Peking eine Diskussion von Wissenschaftlern statt, an dem SAKATA Shōichi als Vorsitz der japanischen Delegation teilnahm. Als MAO Zedong am 23. August die Wissenschaftler verschiedenster Länder in Empfang nahm und begrüßte, schüttelte er SAKATA Shōichi die Hand und erzählte diesem, seinen Artikel gelesen zu haben. Dies überraschte den Wissenschaftler sehr, aber freute ihn auch. Zu dieser Zeit hatte China eine Reihe theoretischer Physiker, die sich mit der Erforschung von Elementarteilchen auseinandersetzten. MAO Zedong betonte mehrmals die Trennbarkeit von Elementarteilchen, was diese Gruppe von Physikern dazu ermutigte, ernsthaft nach jenen Teilchen zu suchen, aus denen Elementarteilchen bestehen. Heutzutage ist in der Physik weit anerkannt, dass Elementarteilchen aus einer weiteren Unterstruktur bestehen. Auf der 7. Konferenz für Teilchenphysik blickte der Nobelpreisträger Sheldon Lee Glashow auf die Geschichte der schrittweisen Durchdringung der Struktur von Materie zurück und sagte: „Ich schlage vor, alle diese hypothetischen Teile der Struktur von Materie „Maon" zu nennen, um dem verstorbenen MAO Zedong zu gedenken, der stets für eine noch tiefere Dimension in der Natur plädierte."

Ebenfalls legte MAO Zedong großen Wert auf das Lesen von Lokalgeschichte. Nachdem die Rote Armee 1929 den Landkreis Xingguo eingenommen hatte, setzte MAO Zedong sich in die Kreisbibliothek und las konzentriert in den Chroniken von Xingguo. Auch als er im Kreis Ruijin war, nahm MAO Zedong die achtbändige Chronik des Ortes zur Hand, die zuletzt während der Qing-Dynastie aktualisiert wurde, und las in ihr wie in einem kostbaren Schmöker. Sogar auf dem Langen Marsch legte MAO Zedong trotz der Widrigkeiten, dem Hunger und der zahlreichen Kämpfe die Lektüren über lokale Geschichte nicht aus der Hand. Einmal, nachdem die Rote Armee einen wichtigen Sieg errungen hatte und über Nacht die Zelte aufschlug, besuchte MAO Zedong seinen Sekretär und fragte, ob es irgendwelche nennenswerte Kriegsbeute gebe. Daraufhin reichte der Sekretär ihm eine Zigarette, woraufhin MAO Zedong entgegnete, dass er nicht so etwas meinte, was der Sekretär im ersten Moment nicht verstand. Als MAO Zedong die Miene des Sekretärs erblickte, sagte er lachend: „Es tut mir leid, ich habe mich anscheinend nicht klar genug ausgedrückt. Was ich meine, sind Bücher, zum Beispiel über die Provinz- oder Kreisgeschichte." Daraufhin verstand der Sekretär, dass MAO Zedong mit Kriegsbeute Bücher über Lokalgeschichte meinte.

Nach der Gründung der Volksrepublik unternahm MAO Zedong viele Reisen. Jedes Mal, wenn er einen Ort erreichte, machte er sich eine Liste von Büchern, auf denen niemals welche zur lokalen Geschichte fehlten. Im März 1958 reiste MAO Zedong das erste Mal in die Stadt Chengdu in der Provinz Sichuan, um ein Treffen des Zentralkomitees abzuhalten. Sobald er nachmittags am 4. März in der Stadt ankam, fing er sofort an, Bücher über die Provinzgeschichte Sichuans zu lesen sowie in den Chroniken von Shu (einem historischen Staat auf dem heutigen Gebiet Sichuans) und den Chroniken von Huayang (ein anderer Name für die Region Sichuans) zu stöbern. Später bat er auch um die historischen Aufzeichnungen zum Bewässerungssystem von Dujiangyan, einer Stauwehranlage mit 2300-jähriger Geschichte, sowie um die Chroniken des Kreises Guan und las sogar die historischen Aufzeichnungen des Tempels Wuhou in der Stadt Chengdu. In den Büchern machte er dazu noch Anmerkungen, zeichnete, kreiste ein und markierte wichtige Stellen.

Auf diesem Treffen in Chengdu berichtete der Sekretär TAO Lujia der Provinz Shanxi an MAO Zedong gerichtet: „Die Provinzen Shanxi und Peking haben miteinander diskutiert und beschlossen, mit Ehrgeiz das Problem der Wasserknappheit in der Landwirtschaft und der Industrie angehen. Wir wollen einen Teil des Wassers des Gelben Fluss aus der Flussgabelung im Kreis Qingshuihe der Inneren Mongolei umleiten, wovon die eine Hälfte über den Fluss Sanggan in den Guanting-Stausee und die andere Hälfte in den Fluss Fen umgeleitet werden sollen. Die zuständigen technischen Experten haben bereits eine Untersuchung durchgeführt und einen vorläufigen Plan entwickelt." MAO Zedong drückte seine Zustimmung aus und sagte mit einem Lächeln: „Wo kann man bei eurem Plan von Ehrgeiz reden! Ihr führt nur das Erbe unserer Vorfahren weiter. Schaut mal in dem Kapitel im Buch der Han von BAN Gu über die Aufzeichnungen zur Wasserwirtschaft nach, bereits zur Zeit von Kaiser Wu der Han-Dynastie gab es jemanden, der vorschlug, Wasser vom Gelben Fluss aus der Nähe der Stadt Baotou durch

Peking nach Osten ins Meer zu leiten." Diese Erwähnung ist tatsächlich in dem Buch an genannter Stelle zu finden. In dem Gespräch mit MAO Zedong sagte TAO Lujia auch: „Dabei hatten wir auch im Blick, dass durch die Umleitung des Gelben Flusses in den Fluss Fen dieser nicht nur die Wasserversorgung der Stadt Taiyuan sicherstellen würde, sondern auch der Bewässerung und Schifffahrt dienlich wäre." Daraufhin fragte MAO Zedong: „In Shanxi gibt es einen Kreis namens Wenxi [lit.: eine freudige Nachricht hören]. Wissen Sie, wo dieser Name herkommt?" Woraufhin TAO Lujia kopfschüttelnd meinte: „Nein, weiß ich nicht." MAO Zedong sagte dann: „Als Kaiser Wu auf einem Schiff diesen Ort erreichte, wurde ihm von einem großen Sieg der Armee in Vietnam berichtet. Daraufhin taufte er diesen Ort Wenxi." Die Geschichte des Kreises Wenxi ist, genau wie MAO Zedong sagte, im Buch der Han verzeichnet. Daran ist zu erkennen, wie sorgfältig er Geschichte studierte und wie ausgeprägt sein Gedächtnis für Geschichte und Geografie war.

MAO Zedong eignete sich ein breites Wissen in Sozial- und Naturwissenschaften an, wobei er einen besonderen Fokus auf die Philosophie legte. Er las nicht nur über die Grundlagen und Geschichte der aus- und inländischen Philosophie, sondern auch über die Lehre von der Logik, Ästhetik, Religion, Philosophie usw.. Seiner Ansicht nach lag das Ziel im Studium der Philosophie darin, ideologische Werkzeuge und die Quelle für das Wiederaufleben Chinas zu finden. Deshalb betonte er: „Man sollte den Marxismus, und dies ist kein großes Geheimnis, als Werkzeug betrachten, da er einen Zweck erfüllt, was andere Werkzeuge nicht können. Nur der marxistische Materialismus, also der dialektische Materialismus, kann auf gesellschaftliche Probleme angewandt der historische Materialismus werden. Der bürgerliche Materialismus erfüllt diesen Zweck nicht. Marx hat viele Lehren begründet, wie die von der Partei, der Nation, des Klassenkampfs, der Diktatur des Proletariats und die Literatur- und Kunsttheorie, die ebenfalls als Werkzeuge betrachtet werden sollten." Darüber hinaus rief MAO Zedong die Kader und Massen dazu auf, die marxistische Philosophie gewissenhaft zu studieren: „Um gute Arbeit zu leisten, sollten die Parteikomitees auf allen Ebenen das Studium der marxistischen Erkenntnistheorie fördern und den Massen zugänglich machen, damit sie von den Kadern und dem Volk verstanden werden. Befreit die Philosophie aus den Klassenzimmern der Philosophen und aus den Büchern, sodass sie eine scharfe Waffe in den Händen der Masse wird!"

Das Buch Herrn Eugen Dührings „Umwälzung der Wissenschaft", kurz Anti-Dühring, ist ein Klassiker des Marxismus. Anhand der falschen Ansichten Dührings führt Engels eine tiefgehende Kritik durch und erläutert den Monismus und die Reflexionstheorie des Materialismus sowie die Konzepte der materialistischen Dialektik zu Zeit und Raum, Bewegung und dem Leben. Ebenfalls legt er den Gegensatz der materialistischen Dialektik und der Metaphysik dar und führt eine detaillierte Analyse und Beweisführung zu den drei Hauptgesetzen der materialistischen Dialektik durch. Dazu leistet er eine gründliche Beschreibung von Gesellschaftsgeschichte, Moral und Recht durch Anwendung des historischen Materialismus. Anti-Dühring ist das erste Werk, das die marxistische Philosophie systematisch aufbereitet und als strukturiertes Lehrwerk dieser dient. MAO Zedong hat zeit seines Lebens mehrfach das Buch gelesen. In seinen selbst verfassten Aufsätzen zitierte er nur selten aus marxistischen Werken, doch in seinem Meisterwerk der Philosophie „Über den Widerspruch" lassen sich eine ganze Reihe von Zitaten zur Dialektik aus Anti-Dühring wiederfinden. Bei einem Blick in die Leseprotokolle MAO Zedongs kann man sehen, dass er in den 1960ern und 1970ern mehrmals dieses Buch las. Wenn er sich auf Inspektionsreisen begab, wies er seine Mitarbeiter an, Anti-Dühring mitzunehmen. Aus den Büchern, die er las, lässt sich feststellen, dass sich zwischen ihnen Anti-Dühring als gebundene Ausgabe, als Taschenbuch, in Großdruck und als Sonderdruck befanden.

Ebenfalls das Werk „Philosophie für die Massen" des chinesischen Theoretikers AI Siqi schätzte MAO Zedong sehr und las es mehrfach. In einem Brief vom 22. Oktober 1936 an YE Jianying, dem späteren Verteidigungsminister, der sich zu der Zeit in der Stadt Xi'an aufhielt, schrieb er: „Wir sollten etwas Volksliteratur aus den Sozialwissenschaften, Naturwissenschaften und der Philosophie kaufen. [...] Dabei sollten wir jene auswählen, die wirklich volkstümlich und von Wert sind, z. B. „Philosophie für die Massen" von AI Siqi oder „Das Reden in den Straßen" von LIU Shi." Genauso tat MAO Zedong es mit Erklärung von „Über die Praxis" von dem chinesischen Philosophen LI Da. In einem Brief vom 27. März 1951 an LI Da schrieb er: „Diese Erklärung ist wirklich gut, sie ist von großem Nutzen, um die Theorie des Materialismus in volkstümlicher Sprache zu verbreiten. […] In der Vergangenheit wurde zu wenig getan, um den dialektischen Materialismus volkstümlich zu machen. Dabei wird dieser von der Mehrheit der Kader und jungen Studenten dringend benötigt. Ich hoffe, dass Sie noch mehr Abhandlungen zu dem Thema verfassen." In einem weiteren Brief an LI Da vom 28. Dezember 1954 schrieb er: „Ihre Abhandlungen sind leicht zu verstehen, was sehr gut ist. Wenn Sie noch weitere schreiben, empfehle ich Ihnen, an passenden Stellen grundlegende Konzepte der Philosophie mit einer Erklärung zu versehen, damit alle Kader sie verstehen können. Wir sollten diese Gelegenheit nutzen, um den Millionen Kadern inner- und außerhalb der Partei, die Philosophie nicht verstehen, etwas marxistische Philosophie näherzubringen." MAO Zedong legte großen Wert darauf, die Philosophie massentauglich zu machen, und betonte, dass diese in den Händen der Massen eine scharfe Waffe werden solle. Er sagte: „Ich rate allen Genossen, über die Philosophie zu lernen. Es gibt eine ganze Menge, die kein Interesse für Philosophie hegen und deswegen nicht die Gewohnheit haben, diese zu lernen. Man kann mit kleinen Heftchen und kurzen Artikeln anfangen, um ihr Interesse zu wecken. Daraufhin kann man beginnen, Bücher mit 70 000-80 000 Wörtern zu lesen und dann solche mit mehreren Hunderttausend. Der Marxismus hat mehrere Aspekte: marxistische Philosophie, Wirtschaft, Sozialismus – die Lehre vom Klassenkampf. Aber das Grundlegende ist die marxistische Philosophie. Wenn wir diese nicht von Grund auf lernen, haben wir keine gemeinsame Sprache, kein gemeinsames Vorgehen und werden sinnlos diskutieren, ohne daraus einen Sinn zu ziehen. Mit dem dialektischen Materialismus können eine Menge Probleme erspart bleiben und eine Reihe von Fehlern vermieden werden."

MAO Zedong war besonders gut darin, philosophische Prinzipien in Denkweisen und Arbeits- und Führungsmethoden umzuwandeln. Dies war eine bemerkenswerte Eigenschaft seines philosophischen Denkens und ein wichtiger Beitrag dazu, die marxistische Philosophie massentauglich zu machen. Für ihn war die marxistische Philosophie eine Methodik, die Welt zu verstehen und zu verändern, sowie die Verbindung von Weltanschauung und Methodik selbst. Die Welt an sich als physische Erscheinung von Entwicklung ist die Weltanschauung. Mit dieser Weltanschauung die Welt zu begreifen, Probleme zu studieren, eine Revolution anzuführen, sich in der Produktion zu betätigen, Schlachten zu befehligen und die Stärken und Schwächen anderer zu diskutieren, ist die Methodik. Während MAO Zedong die chinesische Revolution und den Aufbau anführte, legte er großen Wert auf die Frage der Methodik. Auf kreative Weise wandte er die marxistische Philosophie auf die Praxis an und stellte dabei eine Reihe wissenschaftlicher Denkweisen, Arbeits- und Führungsmethoden auf. Dazu gehören: eine pragmatische Herangehensweise; die Massenlinie; die Unabhängigkeit und Selbstbestimmung; die Einheit des Einzelnen und der Allgemeinheit; die Einheit von Führung und den Massen; aus den Massen zu kommen und sich an sie zu wenden; das Wesen der Dinge eingehend zu untersuchen; von den Erfolgen anderer zu lernen; ein tiefgehendes Verständnis der Dinge zu besitzen; die strategische Diversifizierung der Wirtschaft; die effektive Mobilisierung von Kadern; eine klare Arbeitsverteilung; eventuelle Fehler rückgängig machen zu können; das Aufstellen von Plänen und Treffen von guten Entscheidungen; sich in Schüben zu entwickeln etc. Diese Methoden sind den Kadern und den Massen gut bekannt und spielen in der Praxis einen wichtigen Nutzen.

MAO Zedong lernte aus der Philosophie und nutzte sie. Seine Abhandlungen und Reden zeigen zwischen den Zeilen einen tiefgehenden und lebendigen Umgang mit philosophischen Prinzipien. Diese Aspekte, wie die Einheit von Gegensätzen, seine pragmatische Herangehensweise und Betonung von schubartiger Entwicklung, sind einige der Hauptgründe dafür, dass MAO Zedongs philosophische Schriften und Reden so faszinierend waren und den Menschen ein Gefühl von Nähe und Natürlichkeit gaben. Um seine Ansicht, dass äußere Ursachen die Bedingung und innere Ursachen die Grundlage für Veränderung bilden, zu erklären, führte MAO Zedong ein anschauliches Beispiel an, als er „Über den Widerspruch" redete. Ein Hühnerei kann sich bei richtigen Temperaturbedingungen in ein Küken verwandeln, während einem Stein dies unter denselben Bedingungen nicht gelingt. Auch als er über das Werk „Über die Praxis" redete, führte er das Beispiel an, dass man eine Birne selber essen muss, um ihren Geschmack zu kennen, um die Bedeutung von Praxis zu verdeutlichen.

Zwischen 1964 und 1965 schrieb er Aufsätze, wie „Die Praxis der Massen um Rat bitten", „Die Menschheit muss stets aus ihren Erfahrungen lernen", „Fehler sind die Wegbereiter des Richtigen" und „Der Kern der Dialektik ist das Gesetz von der Einheit der Gegensätze". Obwohl diese nicht besonders lang waren, strotzen sie vor intellektuellem Inhalt. Diese Aufsätze behandelten auf prägnante Weise wichtige theoretische Fragen der marxistischen Philosophie. Sie standen repräsentativ für MAO Zedongs Stil, mit knappen und einfachen Worten einen tiefgründigen Sinn auszudrücken.

Während seines langen Lernprozesses entwickelte MAO Zedong eine besondere und höchsteffiziente Lernmethode, die aus folgenden Punkten bestand:

Einer davon war die Lesemethode des Beamten SU Dongpo aus der Song-Dynastie. SU Dongpo sagte: „Bücher sind reich wie das Meer, alles Mögliche gibt es in ihnen. Der menschliche Geist jedoch kann nicht alles davon aufnehmen, aber der Mensch kann darin finden, was er sucht. Daher hoffe ich, dass jeder, der liest, jedes Mal etwas dabei sucht. Wer nach den Gründen für den Aufstieg und Fall der Menschen der Vergangenheit oder nach den Regierungspraktiken der alten Weisen sucht, der sollte mit ausschließlich dieser Absicht suchen und sich nicht abbringen lassen. Genauso geht der vor, wer ein anderes Mal nach historischen Leistungen, Ereignissen und Dingen sucht. Dies gilt auch für alles andere. Obwohl diese Art zu lernen sehr stumpfsinnig sein mag, wird der, der es weit im Leben bringt, mit jeder Situation fertig, im Gegensatz zu jenen, die oberflächlich viele Bücher lasen." SU Dongpo selber nutzte diese Methode zum Lesen. So sagte er: „Als ich einmal die Dynastiegeschichte der Han las, ging ich diese viele Male durch, bevor ich anfing, sie zu verstehen. Jedes Mal untersuchte ich sie nach einem einzigen Aspekt, so etwa nach dem Regieren, nach Persönlichkeiten, Geografie, Bürokratie, Militärkunst, Finanzen, etc.. So las ich das Werk mehrere Male und verstand in ihm jede Einzelheit." MAO Zedong empfand gegenüber dieser Lesemethode SU Dongpos große Bewunderung und sagte: „SU Dongpo nutzte seine Methode, um Geschichte und die Song-Dynastie zu studieren, und hatte dabei recht. Wenn wir heute die chinesische Gesellschaft untersuchen wollen, sollten wir es ihm gleichtun und diese nach den Aspekten Politik, Wirtschaft, Kultur und Militär unterteilen und so zu einer Schlussfolgerung für die chinesische Revolution gelangen."

Der zweite Punkt war, sich für eine bestimmte Zeit auf ein einziges Thema zu konzentrieren und sich so genügend Informationen anzueignen. Der Dramatiker LUO Maodeng der Ming-Dynastie schrieb einmal das Gesangtheaterstück „Aufzeichnungen von Xiangshan". MAO Zedong war tief beeindruckt von den ersten Zeilen des Stücks, das begann mit: „Wir besingen weder den Himmel noch die Erde, sondern singen nur die „Aufzeichnungen von Xiangshan"." MAO Zedong bekräftigte, dass diese Herangehensweise weit verwendet werden solle. Er selber nutzte diese Herangehensweise, um zu lernen, wie daran zu sehen ist, wie MAO Zedong das Buch „Gesänge aus Chu" las, einem Sammelband von Liedern. Die „Gesänge aus Chu" waren ein Werk, das MAO Zedong bereits zu seiner Jugend gerne gelesen hatte. Auch in der Zeit in Yan'an gehörte das Buch zu einer seiner meistgelesenen Lektüre. Während der Verhandlungen von Chongqing zwischen dem 29. August bis zum 10. Oktober 1945 widmete der Poet LIU Yazi mehrere Male MAO Zedong Gedichte. Am 7. Oktober revanchierte MAO Zedong sich mit dem Gedicht „Schnee. Zur Melodie von Frühling in Qinyuan", das dieser eigenhändig geschrieben hatte und später in der Zeitung „Xinhua Daily" in Chongqing veröffentlicht wurde. Eine Zeile des Gedichts lautete: „Den Kaisern Tang Taizong und Song Taizu mangelte es an literarischem Talent." Diese bezieht sich auf Stellen aus dem Buch der Lieder und Gesänge aus Chu. Im Dezember 1957 bat er einige Parteimitglieder in seinem Umfeld, für ihn verschiedene Ausgabe der Gesänge aus Chu zu sammeln sowie Werke über das Buch und dessen Autoren QU Yuan. Nach über zwei Monaten kamen über 50 Werke zusammen, die MAO Zedong daraufhin konzentriert las. Die Gesänge aus Chu waren in den späten Jahren MAO Zedongs ein häufiger Begleiter auf seinen Reisen. Als der japanische Premierminister TANAKA Kakuei im Jahre 1972 das erste Mal China aufsuchte, war das Geschenk MAO Zedongs an ihn eine besonders schöne Auflage einer kommentierten Ausgabe der Gesänge aus Chu mit Fadenbindung.

Der dritte Punkt war wiederholtes Lesen. MAO Zedong gab ein gutes Buch niemals aus der Hand und wurde trotz mehrfachen Studiums nicht müde, dieses zu lesen. Laut Berichten von Leuten aus seinem Umfeld hat MAO Zedong die „24 Dynastiegeschichten" vier Mal gelesen, „Zizhi Tongjian" 17-Mal und „Der Traum der Roten Kammer" über fünf Mal. MAO Zedong sagte einmal selber: „Ich habe „Das Kommunistische Manifest" über 100-Mal gelesen, wenn ich auf ein Problem stoße, schlage ich das Buch auf, lese manchmal ein bis zwei Abschnitte, manchmal komplett. Jedes Mal, wenn ich es lese, bekomme ich einen neuen Denkanstoß. Auch als ich „Über die neue Demokratie" schrieb, schlug ich „Das Kommunistische Manifest" mehrmals auf." Über LI Das Werke sagte er: „LI Da hat mir eine Ausgabe von „Elemente der Soziologie" zukommen lassen, ich habe es bereits über zehn Mal gelesen."

Der vierte Punkt war, sich selbst auf hohem Niveau zu übertreffen, mit anderen gemeinsam nachzudenken und diskussionsbasiert zu lesen. Wenn MAO Zedong zu einem bestimmten Thema mehr erfahren wollte, suchte er häufig Experten dieses Gebiets auf, um mit diesen zu diskutieren und von ihnen zu lernen. Zum Beispiel traf er sich einmal mit dem sowjetischen Philosophen und Chefredakteur des Buchs „Wörterbuch der Philosophie", Pawel F. Judin, um mit ihm über philosophische Fragen zu diskutieren. Laut dem Übersetzer SHI Zhe, der Anfang der 1950er für MAO Zedong arbeitete und verantwortlich für die Übersetzung des Buchs „Ausgewählte Werke" von MAO Zedong ins Russische verantwortlich war, erinnerte sich, dass MAO Zedong ihm sagte, um 16 Uhr bei Judins Haus vorbeizukommen. Jedoch als die Zeit gekommen war, um loszugehen, war MAO Zedong noch in einer Parlamentsversammlung, die zu dem Zeitpunkt noch in vollem Gange war. Als er jedoch SHI Zhe entdeckte, der ihn abholen kam, verließ MAO Zedong die Veranstaltung und sie gingen in eine Seitenstraße des Viertels Jingshan in Peking zu Judin nach Hause. Dort diskutierten sie biologische und physikalische Phänomene aus der Sicht der philosophischen Dialektik. Ebenfalls diskutierte MAO Zedong mit Leuten wie ZHOU Gucheng, WANG Fangming, JIN Yuelin, FENG Youlan, ZHENG Xin, HE Lin, FEI Xiaotong, LU Dingyi, HU Qiaomu, HU Juan, TIAN Jiaying über die Fragen der Logik; mit LIU Dajie über die Schriften von HAN Yu und LI Shangyin; mit YUAN Shuipai und ZANG Kejia über die Gedichte der Ming-Dynastie; mit XIAO San und HE Qifang über die Geschichtensammlung „Liaozhai Zhiyi"; mit WU Han über Geschichte; mit LI Siguang, ZHU Kezhen, QIAN Xuesen, YANG Zhenning und LI Zhengdao über Naturwissenschaften; mit MAO Guangsheng über poetische Metrik; und mit AI Qing, XIAO Jun und LUO Feng über Literatur und Kunst.

Der fünfte Punkt war MAO Zedongs Vorliebe, Bücher mit Markierungen und Anmerkungen zu versehen. Schon als MAO Zedong jung war, hatte er die Angewohnheit, in die Bücher, die er las, Anmerkungen hinzuzufügen. Zwischen 1917 und 1918, als er die Hunan-Normalschule Nr. 1 besuchte, las er das Buch „System der Ethik" des deutschen Philosophen Friedrich Paulsen, in das er Anmerkungen von über 10 000 Zeichen schrieb. Während der Zeit in Yan'an kommentierte MAO Zedong eine große Anzahl an aus- und inländischer Literatur über Philosophie. Das erschienene Buch „Gesammelte Anmerkungen" MAO Zedongs zur Philosophie enthält Anmerkungen von über 23 000 Zeichen. Diese waren ursprünglich an oberen, unteren und seitlichen Seitenrändern, am Ende von Absätzen und zwischen Zeilen zu finden und spiegeln seine Überlegungen zu verschiedenen Fragen während seines Studiums wider. Dazu zeichnete er eine Reihe von Symbolen beim Lesen in die Bücher, darunter waren △, o, -, ×, √, diagonale, vertikale und gewellte Linien, Kästchen, ein-, zwei- und dreifache Unterstreichungen sowie Fragezeichen. Diese Anmerkungen und Symbole schrieb er mit Bleistift und Pinsel. Viele Stellen waren dicht gedrückt mit Kreisen und Kästchen, hatten lange unterstrichene Absätze und lange Sätze; Kreise über Kreisen, Balken über Balken und Zeichen über Zeichen. Der General GUO Huaruo erinnerte sich: „Einmal war ich im Büro MAO Zedongs und entdeckte auf seinem Schreibtisch eine Ausgabe von „Ein Kurs in dialektischem Materialismus". Als ich es aufschlug, waren an allen Rändern schwarze Notizen in kleinen Buchstaben zu finden. Sie alle hatten Lehren aus dem Kampf des Wegs der chinesischen Revolution zum Thema. Dies gab mir ein erstes Gefühl dafür, wie MAO Zedong die Positionen, Ansichten und Methoden des Marxismus verwendete, um die Probleme der chinesischen Revolution zu analysieren. Dazu erhob diese gemachten Erfahrungen aus der Revolution auf ein neues, theoretisches Niveau, welche so den Marxismus bereicherten und weiterentwickelten. Diese Randnotizen würden sich später schrittweise zu seinem Meisterwerk „Über die Praxis" entwickeln."

Der sechste Punkt waren gründliche Nachforschungen. Als LIU Shaoqi 1957 zu einer Inspektion in den Süden reiste, erörterte er mehrfach mit örtlichen Kadern die Probleme, die bei der Umsetzung der Massenlinie auftraten. Zu der Zeit lebten einige Arbeiter getrennt von ihren Familien und es existierten viele Probleme, die für das Land nur schwer zu lösen waren. Probleme wie Unterkünfte für Familien und urbane Infrastruktur konnten nicht binnen kurzer Zeit gelöst werden. Daher betonte LIU Shaoqi, dass der Geist der Revolution weitergetragen werden müsse, und rief die Arbeiter auf, dem Land zu helfen, diese Schwierigkeiten zu überwinden. Als er dieses Thema ansprach, zitierte er aus dem Gedicht „Über die Rückkehr in die Heimat" des Tang-Poeten HE Zhizhang. Er erklärte, dass Figuren wie HE Zhizhang auch damals in der Tang-Dynastie ohne ihre Familienangehörigen in die Hauptstadt gingen, um als Beamte zu arbeiten, dass dies schon im antiken China üblich war und dass es nicht einfach wäre, Familienangehörige auf einen Schlag in die Städte zu bringen. Nachdem LIU Shaoqi nach Peking zurückgekehrt war, erzählte er MAO Zedong davon. Dieser fand, dass es nicht ausreiche, nur anhand eines Gedichts von HE Zhizhang rückzuschließen, dass Beamte nicht ihre Familien mitgenommen hatten. Um seine Meinung zu belegen, suchte MAO Zedong in relevanten Werken und Sammlungen zu HE Zhizhang wie in Anmerkungen zu Gedichten der Tang-Dynastie und biografischen Aufzeichnungen, doch nirgends war geschrieben, dass der Dichter nicht seine Familie mitgenommen hatte. Daher schrieb MAO Zedong am 10. Februar 1958 einen Brief an LIU Shaoqi, um ihm von seiner Suche zu erzählen. Dies zeigt seine gewissenhafte Einstellung zum Lesen und Studieren.

ZHOU Enlai ist einer der wenigen Menschen der Geschichte, die beständig in ihrem Glauben, Integrität, Verhalten und Auftreten waren. Die Autorin BING Xin sagte einst, dass er der vollkommenste Mensch unter den eine Milliarden Chinesen sei. Die Ärztin LIN Qiaozhi meinte, dass sie in ZHOU Enlai eine wahrhaft großherzige und selbstlose Persönlichkeit sehe. Und auch der Geologe LI Siguang sagte, dass ZHOU Enlai eine bemerkenswerte Persönlichkeit war mit einem großen Herzen, nicht nachtragend, viele Freunde hatte, die Menschen gut verstand und fürsorglich und rücksichtsvoll war, dem es gelang, eine große Anzahl Menschen unter der Kommunistischen Partei Chinas zu vereinen.

Am 23. März 1949 verließen MAO Zedong, ZHU De, LIU Shaoqi, ZHOU Enlai und REN Bishi mit den Einrichtungen des Zentralkomitees die damalige Parteibasis im Dorf Xibaipo im Kreis Pingshan der Provinz Hebei in Richtung Peking. Vor ihrer Abreise hatten ZHOU

Enlai und MAO Zedong ein berühmtes Gespräch über diesen „Prüfungstag", der die gesamte Kommunistische Partei auf die Probe stellte, an dem sie zeigen müsse, dass sie so nah an ihrem Sieg nicht ihren Willen verliere. ZHOU Enlai sagte zu MAO Zedong: „Es wäre gut, sich noch etwas auszuruhen. Auch eine Reise im Auto kann sehr anstrengend sein." Woraufhin dieser antwortete: „Heute kommen wir in die Hauptstadt. Auch ohne zu schlafen, bin ich glücklich. Heute geht es zur Prüfung in die Hauptstadt!" ZHOU Enlai sagte lächelnd: „Wir sollten alle bestehen und nicht wieder zurückkehren müssen." MAO Zedong sagte darauf hin: „Zurückkehren zu müssen, würde einer Niederlage gleichkommen. Wir sollten nicht wie LI Zicheng werden, wir müssen alle hoffen, eine gute Note zu bekommen." LI Zicheng war ein Rebell des 17. Jahrhunderts, der es schaffte, Peking einzunehmen, aber kurz danach aufgrund seines brutalen Regimes wieder stürzte. Dieses Gespräch und MAO Zedongs Grundsatz, sich auch nach dem Sieg nicht auszuruhen, nicht überheblich zu werden und weiterhin hart zu arbeiten, haben ZHOU Enlai ein Leben lang beeinflusst. Bis zu seinem Tod blieb ZHOU Enlai ein bescheidener, geduldiger und besonnener Mensch, der immer hart arbeitete. Damit bestand er diese „Prüfung" der Partei und des Volks und wurde ein Vorbild für jedes Mitglied der Kommunistischen Partei.

ZHOU Enlai war ein mustergültiges Beispiel für intellektuelle Kultivierung, besonnene Machtausübung, Selbstdisziplin und dem Einhalten der Regeln der Partei. Stets respektierte er die politische Parteidisziplin, schützte die Autorität des Zentralkomitees und war stets bemüht, mit dem Komitee einheitlich zu handeln. Ebenfalls schützte er die organisatorische Disziplin und die Einheit der Partei, bildete niemals kleine, abgesonderte Gruppen, arbeitete mit ganzer Kraft auf jeder Position, die ihm die Partei zuteilte, und dachte dabei niemals an seinen eigenen Profit. Auch hielt er sich stets an die Arbeitsmoral der Partei, bat bei großen Problemen um Anweisungen, erstattete Bericht und handelte dabei niemals außerhalb seiner Befugnisse. Bei seiner Teilnahme an Konferenzen im Ausland erstattete er jeden Tag dem Zentralkomitee Bericht und bat um weitere Anweisungen, egal wie spät. Auch hielt er sich stets an die Schweigepflicht der Partei und ließ selbst zu engen Freunden kein Wort durchsickern. Kurz vor seinem Tod sagte er zu seiner Ehefrau DENG Yingchao: „Ich habe viele Dinge, die ich dir nicht gesagt habe."

ZHOU Enlai hat für die Partei und das Volk wertvolle Verdienste erbracht und je bedeutender diese waren, desto bescheidener und vorsichtiger blieb er. So sagte er: „Jeder Einzelne von uns, egal welche Arbeit er oder sie in der Vergangenheit verrichtete oder heute innehat, ohne die Partei und das Volk gäbe es die Erfolge der Vergangenheit und die Pflichten, die wir heute tragen, nicht. Die Partei und das Volk sind groß, wir als Einzelne sind klein." ZHOU Enlai führte ein sparsames und einfaches Leben. Er gilt als der erste nahbare Premierminister der chinesischen Geschichte und der nahbarste der Welt. Um sparsam zu bleiben, legte er oft ein graues Stoffhemd auf die Rückenlehne seines Bürostuhls und zog, sobald er im Büro ankam, dieses Hemd an und trug manchmal noch zwei Überärmel dazu. Seine Hemden, Pyjamas und Socken ließ er immer wieder aufs Neue flicken. Über 20 Jahre trug er ein Paar Lederschuhe oder Sandalen. Sogar die Holzteller, auf denen seine Mahlzeiten serviert wurden, hatten zwei Kerben. Nachdem die Uhrenmarke Shanghai in der gleichnamigen Stadt anfing zu produzieren, trug er ein Exemplar davon bis zu seinem Tod. Sein Essen bestand aus Reis, Hirse, Mehl, Mais, Kohl und Taro oder Sonstigem, was vorhanden war. Zu seinen Lieblingsspeisen gehörten geschmortes Fleisch und Fleischklöße. Sein Frühstück bestand normalerweise aus einer Tasse Sojamilch und einem Ei. Mittag- und Abendessen bestanden aus zwei Gängen und einer Suppe. Er sagte: „Man sollte selbstmotiviert und streng mit sich selbst sein und anderen gegenüber tolerant. Sei streng mit dir selbst, sei nachsichtig mit anderen." Er ermahnte die führenden Kader oft, ein beispielhaftes ideologisches, politisches, soziales und familiäres Leben zu führen, und bewahrte stets die politische Integrität und Vorbildfunktion der Mitglieder der Kommunistischen Partei.

ZHOU Enlai hatte lange Zeit hohe Ämter inne und dabei große Leistungen erbracht, aber er hat sich nie damit gebrüstet oder abgesondert. Was er von den Massen verlangte, zu tun, hat er zuerst selbst getan. Er sagte: „Was den spirituellen Aspekt des Lebens betrifft, sollten wir unseren ganzen Körper und Geist der kommunistischen Sache widmen, mit der Not des Volkes als unserem Anliegen und der Zukunft der Welt im Hinterkopf. Auf diese Weise wird unser Sinn für politische Verantwortung gestärkt und unser Geist edel sein. Was den materiellen Aspekt des Lebens betrifft, sollten unsere führenden Kader zufrieden sein und das Gefühl haben, dass sie ausreichend versorgt sind oder sogar zu viel zu haben, und es besser wäre, weniger zu haben. Wenn die Leute uns mehr Ressourcen zuteilen, sollten wir uns schuldig fühlen. Harte Arbeit und Einfachheit müssen unsere Tugenden sein." ZHOU Enlai hatte keine eigenen Kinder, aber adoptierte während der Zeit in Yan'an viele von jenen, die für die Revolution gestorben waren. Seine Ehefrau DENG Yingchao und er waren einander treu, respektierten und liebten einander und waren ein Vorbild für eine Familie und die Beziehung zwischen Ehepartnern. Zu Hause war er streng und stellte insgesamt zehn Regeln auf, an die sich jedes Familienmitglied zu halten hatte. Als das Land in wirtschaftlichen Schwierigkeiten steckte, erlaubte er nicht den Bau von weiteren Regierungsgebäuden und der sogenannten Xihua-Halle, die er später bewohnen sollte. Spezialitäten, die ihm Leute aus seiner Heimat zuschickten, sandte er wieder zurück und legte meist ein Papier mit der Regel des Zentralkomitees dazu, das die Annahme von Einladungen und Geschenken verbot. Niemals nutzte er seine Macht aus, um für sich selbst oder Verwandte und Freunde Vorteile zu erlangen. Er hinterließ keinen persönlichen Besitz und alle Ersparnisse, die er und DENG Yingchao aus ihrem Gehalt erzielt hatten, übergab er der Partei. Er sagte: „Wir und die Menschen von heute zahlen in diesem Leben einen etwas höheren Preis, damit künftige Generationen mehr vom sozialistischen Glück haben."

ZHOU Enlai arbeitete akribisch und war äußerst verantwortungsbewusst gegenüber den Leuten in seinem Umfeld. Der ehemalige Ministerpräsident LI Peng erinnerte sich an die Yan'an-Periode mit den Worten: „Es gab zwei Dinge, die mich an ZHOU Enlai tief beeindruckt haben. Die erste Sache ist, als ich einmal zu ZHOU Enlai nach Hause ging, kurz nachdem er selbst gerade zurückgekehrt war und dabei war, seine Bücher auszusortieren. Ich entdeckte das bekannte Werk „Don Quijote" aus Spanien, nahm es in die Hand und las es eine Weile, um es dann wieder ins Regal zu stellen. Als ich erneut auf ZHOU Enlai traf, fragte er mich plötzlich: „Hast du das Buch mitgenommen?" Worauf ich sagte: „Nein, ich habe es nicht mitgenommen." Als er meinen gekränkten Blick sah, sagte er nichts mehr. Einige Zeit später ging ich erneut zu ZHOU Enlai. Er sagte mir: „Es tut mir leid, ich habe das Buch wiedergefunden." Und nach einer kurzen Pause fügte er hinzu: „Aber ich muss dich trotzdem dafür kritisieren, dass du das Buch nicht an seinen ursprünglichen Platz zurückgestellt hast, weswegen ich es so lange nicht wiederfinden konnte." Dieser Vorfall hinterließ einen tiefen Eindruck bei mir, ZHOU Enlai war so streng und ordentlich in seiner Arbeit. Diese akribische Art und Weise von ihm hat mein ganzes Leben beeinflusst. Die zweite Sache ist, wenn ich später erneut zu ZHOU Enlai ging, sah ich jedes Mal, wie er Besucher empfing, eventuell Mitglieder der Parteikontrolle. Zu diesem Zeitpunkt war die Bewegung zur Kontrolle von Kadern in Yan'an noch nicht beendet. ZHOU Enlai war mit der Situation innerhalb der Partei so vertraut, dass viele Genossen mit ihm zusammenarbeiteten oder Kontakt mit ihm hatten. Diese Genossen standen gerade unter Verdacht und wurden untersucht. Jedes Mal konnte ich sehen, dass er die Genossen sehr herzlich empfing. Zuerst bat er sie, sich hinzusetzen, und hörte dann aufmerksam ihren Problemen zu. Mit seinem verwundeten Arm, den er nicht gerade ausstrecken konnte, macht er sich sorgfältig Notizen. Den Besuchern und Mitgliedern der Parteikontrolle erklärte er daraufhin nach bestem Wissen die Situation. Seine gewissenhafte, verantwortungsbewusste und pragmatische Einstellung beim Arbeiten haben dazu beigetragen, dass viele Verdächtige freigelassen und viele unrechte Verurteilungen aufgehoben werden konnten."

In der Nacht des 9. Septembers 1973 erlitt ein ausländisches Zivilflugzeug kurz nach dem Start vom Flughafen Pekings einen Triebwerksausfall und bat darum, wieder zurückzufliegen. Aufgrund der Anweisungen aller Kommandoebenen verharrte das Flugzeug in der Luft für weitere 33 Minuten. Am 10. September berief ZHOU Enlai am frühen Morgen von 1:00 Uhr bis 4:30 Uhr eine Sitzung mit den Verantwortlichen ein, um die Angelegenheit zu besprechen. Ernsthaft erkundigte er sich nach jedem Glied und jeder Ebene der Führungskette. Er überprüfte jede Unterhaltung im persönlichen Gespräch und stellte fest, dass über 13 Anweisungen verschiedenster Kommandoebenen nicht rechtzeitig bearbeitet wurden. Mit ernster Miene sagte er: „Das ist Bürokratie! Unverantwortliche Bürokratie! Es geht hier nicht nur um eine Frage der Flugsicherheit, sondern auch um eine von internationaler Tragweite! Selbst eine Verzögerung von 3 Minuten, ganz zu schweigen von 33 Minuten, kann unvorstellbar schwerwiegende Folgen nach sich ziehen." Während der über drei Stunden dauernden Sitzung hörten sich alle beschämend die Worte ZHOU Enlais an und lernten damit eine Lektion, die sie nur schwer wieder vergessen würden.

ZHOU Enlai hatte sein ganzes Leben stets hohe Anforderungen an sich selbst. Ende Juni 1935 erreichte die Rote Armee die Gegend Lianghekou. Dort führte die Parteiorganisation eine Neuwahl durch und der Wachmann WEI Guolu wurde zum Leiter der Parteigruppe gewählt, in der sich auch ZHOU Enlai befand. Dieser fragte WEI Guolu, warum jener für lange Zeit keine Gruppensitzung einberief, woraufhin dieser antwortete, dass bereits eine einberufen wurde, aber da der Vorsteher sehr beschäftigt gewesen sei, wurde keine Benachrichtigung herausgegeben. Mit einer bei ZHOU Enlai selten anzutreffenden Ernsthaftigkeit kritisierte er: „Wie kann das sein? Ich bin Parteimitglied und sollte auch an der Organisation teilhaben. In unserer Partei ist jeder ein einfaches Parteimitglied und jeder sollte an der Organisation teilnehmen. Dies ist eine Frage des Parteicharakters!"

Im Januar 1958 ging ZHOU Enlai für eine Inspektion nach Hangzhou und nahm dabei seinen Kissenbezug, eine Unterlage aus Baumwolle, ein Laken und eine Decke mit. Die Decke hatte er bereits zur Zeit des Befreiungskriegs in Meiyuan benutzt und sie war bereits ausgebleicht vom vielen Waschen. Den Kissenbezug hatte er immer wieder verwendet, sodass der mittlere Teil bereits zerrissen war. Den zerrissenen Teil schnitt ZHOU Enlai mit einer Schere aus und nähte die beiden Enden wieder zusammen, sodass der Bezug weiter benutzt werden konnte. Die Kollegen des Sicherheitsbüros der Provinz Zhejiang konnten den Anblick nicht ertragen. Als ZHOU Enlai sich zu einer Sitzung begab, nutzten sie die Gelegenheit, um den Bezug mit einem neuen aus der Logistikabteilung zu ersetzen. Als ZHOU Enlai nach seiner Rückkehr von der Sitzung den neuen Kissenbezug entdeckte, sagte er schwermütig zu den Kollegen des Sicherheitsbüros: „Unser Land ist noch nicht wohlhabend. Wir müssen die Tradition der harten Arbeit aufrechterhalten. Selbst wenn wir später wohlhabend werden sollten, dürfen diese ruhmreiche Tradition nicht verlieren." Daraufhin sagte er offenherzig: „Dem Ministerpräsidenten von über 600 Millionen Chinesen, egal wie arm das Land ist, mangelt es nicht an neuer Kleidung. Dies ist jedoch keine Frage von mangelnder Kleidung. Das, was ich tue, ist nicht nur meine persönliche Sache. Damit möchte ich mich für Sparsamkeit einsetzen und gegen Vergnügen und stehe auch für den Charakter der Kommunistischen Partei, dass jeder seine harte Arbeit aufrechterhält."

In den 1950ern hörte ZHOU Enlai auf den Ruf der Partei und ging beispielhaft voran, um die Gräber mehrerer Generationen der Verwandten in seiner Heimat Huai'an einzuebnen, damit das Land voll ausgenutzt werden konnte. Nachdrücklich lehrte er der nachfolgenden Generation, dass die vetternwirtschaftlichen Beziehungen des Feudalismus abgelehnt werden sollten und man, statt auf Beziehungen zu vertrauen, mit Glauben und Vertrauen in sich selbst der Vorreiter seines eigenen Weges werden sollte. Besonders nachdrücklich forderte er sie auf, anderen gegenüber nicht ihre Beziehung zu ihm offenzulegen. Sie sollten nicht versuchen, sich als Angehörige des Ministerpräsidenten persönliche Vorteile zu erschleichen.

ZHU De widmete sich sein ganzes Leben lang dem Militär und dem Aufbau der Partei und der Armee. Sowohl in seiner Jugend, als er studierte, als auch im hohen Alter legte er viel Wert auf das Lesen. Meist las er Klassiker sowie fortschrittliche und nützliche Bücher.

Klassiker lesen und die Weisheit der Geschichte begreifen. Bereits als Kind zeigte ZHU De einen hohen Grad an Intelligenz und erhielt eine gute Ausbildung in einer Privatschule. Unter Leitung der Lehrer las er die sogenannten „Vier Bücher und Fünf Klassiker" des Konfuzianismus, „Tongjian", die „24 Dynastiegeschichten" und weitere Werke. Von da an stöberte er sein Leben lang in der Welt der Bücher und las vor allem Werke über Geschichte. Während seines Aufenthalts in der Stadt Luzhou in der Provinz Sichuan hatte ZHU De etwas mehr Zeit, um Bücher zu lesen. Seine Ehefrau richtete ihm ein exquisites Studierzimmer ein und kaufte ihm Klassiker wie „Das Buch der Lieder", „Die Räuber vom Liang Schan Moor", „Der Traum der roten Kammer", „Geschichte der drei Reiche" und „Die Kunst des Krieges". Darunter waren auch Ausgaben mit Gravuren aus der Qing-Dynastie. Später wurden einige Bücher davon von der Bibliothek gesammelt, sodass einige Anmerkungen von ZHU De beim Lesen noch erhalten sind. In einem Gespräch mit der amerikanischen Schriftstellerin Anna Louise Strong in 1939 sagte er: „Durch das Lesen von „Geschichte der Drei Reiche" habe ich viel Kampferfahrung erhalten."

Zum Beispiel geht aus den Randnotizen von ZHU De in „Geschichte der Drei Reiche" die Idee hervor, einen revolutionären Stützpunkt durch Sammeln von Kräften, Aufstellung und Einsetzen von Truppen, strategisches Ausruhen und Entwicklung aufzubauen. In den „Chroniken der Drei Reiche" aus den „24 Dynastiegeschichten" kommentierte er den Eintrag zum Kaiser Wu im Kapitel zum Land Wei mit: „(General CAO Cao) setzte einen hohen Beamten des Kreises Yangzhou ein, um das Quebei-Bewässerungsprojekt mithilfe von Soldaten, die zu der Zeit in Gruppen Wüstland landwirtschaftlich erschlossen, in Gang zu setzen." Diese Methode sah er als gute Idee von CAO Cao, um das Problem der Ernährung der Truppen zu lösen. Auch als er den Satz: „(Im Jahr 193) bekam General SUN Ce von Kaiser Yuan Shu den Auftrag, den Fluss zu überqueren. Nach einigen Jahren kontrollierten sie das Gebiet östlich des Flusses", las, kommentierte er dies mit: „In unruhigen Zeiten sind meist die mit Willen, aber ohne Macht, weit weg vom Geschehen. Dort sammeln sie ihre Kräfte und werden später erfolgreich." Damit bekräftigte ZHU De die Praktik von SUN Ce und dessen Bruder SUN Quan, zuerst Kraft zu sammeln und sich zu entwickeln. Im Geschichtsbuch „Shiji" von SIMA Qian aus der frühen Han-Dynastie steht im Abschnitt zum Land Yue geschrieben, dass, nachdem der enge Berater FAN Li des Königs von Yue namens Goujian Erfolg und Ruhm erlang, seinen Posten aufgab und ging. Dies kommentierte ZHU De mit: „FAN Li, ein merkwürdiger Mann. Obwohl er seine Stellung und den Reichtum aufgab, folgten sie ihm auf Schritt und Tritt. Jene in der Welt, die drängend auf Ruhm und Profit aus sind, schaden sich am Ende selbst. Sie wissen nicht, dass sie sich FAN Li als Vorbild nehmen sollten."

Fortschrittliche Bücher lesen und den Geist der Zeit begreifen. Nach der russischen Oktoberrevolution und vor allem nach der Bewegung des 4. Mais war der Marxismus weit verbreitet und begann, sich mit der Arbeiterbewegung zu verbinden. Obwohl er zu der Zeit in der weit entfernten Stadt Luzhou war, erkannte ZHU De die Kraft, die der Sozialismus entfalten könnte. Er suchte nach Büchern und Heften zu Themen wie die Oktoberrevolution und die Erklärung über die Gleichberechtigung aller Ethnien Chinas. Außerdem bestellte er die Zeitschriften „Neue Jugend" und „Renaissance" und las Werke wie „Evolution und Ethik" von Aldous Huxley und „Vom Gesellschaftsvertrag oder Prinzipien des Staatsrechtes" von Jean-Jaques Rousseau. Ebenfalls diskutierte er häufig die Strömungen der Zeit wie den Anarchismus und den Kommunismus. Besonders die Praxis „Wer nicht arbeitet, soll nicht essen", die zu der Zeit in der Sowjetunion umgesetzt wurde, befürwortete er. Auch danach führte er sein Studium des Marxismus fort und las Werke wie „Das Kommunistische Manifest", „Die Entwicklung des Sozialismus von der Utopie zur Wissenschaft", „Das ABC des Kommunismus" und die Briefwechsel von Marx und Engels.

Ebenfalls las er andere Texte und Veröffentlichungen bezüglich der aus- und inländischen Situation der Revolution wie die Parteizeitung „Führung, „Die Internationale" und Internationale Kommunikation". Man kann sagen, dass genau diese revolutionären Texte ZHU De die Richtung von Chinas Zukunft zeigten und vom Kommunismus überzeugten.

Praktische Bücher lesen und die Notwendigkeit zu lernen. In seiner Anfangszeit in Deutschland war die größte Schwierigkeit für ZHU De die Sprachbarriere. Zu der Zeit war er bereits 36 Jahre alt und das Erlernen einer neuen Fremdsprache ist in diesem Alter nicht leicht. ZHU

ZHU De und PENG Dehuai an der Front im Widerstandskrieg gegen Japan in Shanxi.

Des Art zu lernen, war einzigartig. Anstatt sich in seinem Zimmer einzuschließen, um sich an Büchern abzumühen, kaufte er sich einen Stadtplan Berlins und beschriftete darauf jede Straße auf Chinesisch. Mit diesem Plan spazierte er täglich durch die Stadt. Nach einigen Monaten kannte er bereits so ziemlich jede Ecke Berlins. Er schaute sich alles an, worauf er unterwegs stieß, egal ob Museum, Schule, Galerie, Bierladen oder eine Fabrik, die es ihm erlaubten, hereinzukommen. Ebenfalls besuchte er Kirchen und öffentliche Parks, ging ins Parlamentsgebäude, zu einfachen Leuten nach Hause, auf Konzerte und in die Oper. Auf diese Weise war nach einigen Monaten sein Deutsch gut genug, um einkaufen zu gehen, zu reisen und öffentliche Verkehrsmittel zu nehmen. „Dann war alles etwas einfacher", wie er später sagte.

Auch nach der Gründung der Volksrepublik China legte ZHU De trotz seines hohen Alters und seiner Verantwortung in Staatsangelegenheiten weiterhin viel Wert auf das Lesen, besonders solcher Bücher, die nützlich für den Aufbau des Sozialismus des Neuen Chinas waren. Im Oktober des Jahres 1955 verfasste er einen Brief an CHEN Yun bezüglich der Reformen in der Landwirtschaft, dem Handwerk und der Industrie, die zu schnell und unbedacht umgesetzt wurden. Er schlug vor, dass Kader des Finanzwesens wirtschaftliche Theorien studieren sollten, insbesondere auf ihre Relevanz für Chinas Realität, um so einige Probleme der Wirtschaftspolitik in dieser Übergangsphase zu lösen.

ZHU De hielt sein ganzes Leben daran fest, stets zu lernen und sich zu verbessern. Er durchlebte die altdemokratische, die neudemokratische und die sozialistische Revolution sowie den Aufbau des Sozialismus und immer stand er dabei an der Spitze der Zeit. Häufig spornte er sich an mit den Worten: „Revolution bis ins hohe Alter, lernen bis ins hohe Alter und Reform bis ins hohe Alter" und ermutigte jene in seinem Umkreis mit: „Lange leben, lange lernen, und trotzdem ist dies noch nicht genug." Ebenfalls betonte er stets: „Wer nicht lernt, fällt zurück und kann nicht gemeinsam mit der Gesellschaft voranschreiten." Um die Parteikader zum Lernen anzuregen, ernannte das Zentralkomitee während ihrer Zeit in Yan'an den 5. Mai, den Geburtstag von Karl Marx, zum „Tag des Lernens der Kader". ZHU De wurde als erster „Musterschüler" für sein Lernen ausgezeichnet.

Selbst in der Mitte der 1960er, im hohen Alter von 80 Jahren, studierte ZHU De die 32 Werke des Marxismus, die das Zentralkomitee zum Lernen vorschrieb. Auch wenn er viel Wert auf das Lernen von Wissen aus Büchern legte, war ihm das praktische Lernen von den Massen noch wichtiger. So sagte er: „Die Essenz des Marxismus-Leninismus ist die Verbindung zu den Massen und von ihnen zu lernen." Und: „Die erste Voraussetzung für das Studium des Marxismus-Leninismus ist es, die objektive Realität und die Welt zu verstehen. [...] Die zweite Voraussetzung ist die Einheit von Theorie und Praxis. Die Theorien müssen angewandt werden, um die Welt zu verändern. Diese Veränderungen wiederum bereichern den Inhalt der Theorie."

Im selben Jahr schrieb ZHU De ein Gedicht, in dem er die Parteiführung lobte, dass man in den befreiten Gebieten „nur Staatsdiener, keine Beamten" sehe. Er selbst ist ein gutes Beispiel eines Dieners des Volkes gewesen. Nach dem Ausbruch des Widerstandskrieges gegen Japan schrieb er in einem Brief an seine Verwandten: „Obwohl ich bereits 52 Jahre alt bin, ist mein Körper noch gesund. Für das Überleben des Lands und der Nation bin ich bereit, alles aufzugeben und den Feind zu besiegen. [...] Diejenigen, die Macht und Reichtum suchen, brauchen nicht zu mir zu kommen. Aber jene, die bereit sind, sich für ihr Land zu opfern und Strapazen auf sich zu nehmen, sind immer willkommen." Seine Mutter, über 80 Jahre alt in der weit entfernten Provinz Sichuan, lebte in großer Armut. Daher kam er nicht umhin, in einem Brief seinen alten Klassenkameraden um Hilfe zu bitten: „Dutzende Jahre lebte ich ohne einen Pfennig und werde dies auch in Zukunft tun. Als guter Freund bitte ich dich um 20 000 Yuan." Der im Kampf so erfolgreiche Befehlshaber der 8. Marscharmee lebte ein bescheidenes Leben und war doch unbestechlich, wofür ihm viel Respekt gezollt werden sollte.

Als Anführer der Partei und des Landes hörte er immer auf die Partei und machte, was sie ihn anwies, zu tun. Als Vater einer Familie hatte er an seine Kinder hohe Anforderungen. Bei ihm zu Hause gab es drei Regeln: Kein Mitfahren in seinem Auto; kein Betteln bei Freunden oder Verwandten; kein vornehmes Essen, Kleidung, Wohnen oder Ausgehen. Häufig sagte er: „Ein einfaches Essen, satt zu werden genügt, und saubere Kleidung, sich warm anzuziehen, reicht aus. Andernfalls kann man nicht zu den Arbeitern gehen. Die Kinder der Parteikader denken häufig, sie wären besser als andere. Das geht nicht." Sparsamkeit und harte Arbeit waren die Tugenden der Familie Zhu. Als ZHU De noch ein Kind war, waren die Umstände seiner Familie sehr schwierig. Doch dank seiner Mutter, die er als „klug und kompetent" beschrieb, schafften sie es gerade so über die Runden. „Klug und kompetent" bedeutet hier, dass sie sich sorgfältig um den Haushalt kümmerte und sehr sparsam war.

1944 sagte ZHU De einmal liebevoll in Erinnerung an seine Mutter: „Diese fleißigen und sparsamen Angewohnheiten meiner Mutter und ihre Güte und Zärtlichkeit haben in mir einen tiefen Eindruck hinterlassen." Er sagte auch, dass es seine Mutter war, die ihm das Wissen über Produktion und den Willen zur Revolution beigebracht habe genauso wie das Durchleben von Schwierigkeiten im Kampf. Aufgrund dieses Einflusses war ZHU De immer hart arbeitend und führte ein einfaches Leben. In den Kriegsjahren war er ein normaler Soldat, ein aufrichtiger Koch und einfacher Landwirt. Er war genauso, wie der britische Journalist Gunther Stein ihn beschrieben hatte: „Der Befehlshaber der 8. Marscharmee, ZHU De, dieser 60 Jahre alte Bauer, wurde von Generälen und Soldaten wie ein Vater verehrt. Sein Gesicht strahlte eine unwiderstehliche Wärme und Zuversicht aus und sein kräftiger Händedruck weckte Vertrauen in den Menschen. Ich habe bemerkt, dass die Liebe und das Vertrauen, die die Soldaten und das Volk von überall ihm entgegenbringen, auf einer Ebene mit MAO Zedong sind. Genauso wie MAO Zedong lief auch ZHU De ohne jegliche Abzeichen in der gleichen Militäruniform wie jeder andere rum, egal wohin, ohne Wächter oder Sekretäre."

Auch in der Zeit des Friedens blieb er hart arbeitend und sparsam, obwohl er nun eine hohe Position innehatte, sodass er seiner Herkunft als Arbeiter treu blieb. Auch von seinen Kindern verlangte er, ein einfaches Leben zu führen, hart zu arbeiten und sparsam zu sein. Streng kontrollierte er die alltäglichen Ausgaben der Familie wie die Kosten für Verpflegung, Strom, Bücher und Zeitungen, Kleidung und was sonst so anfiel und ging dabei äußerst akribisch vor. Selbst wenn seine Kinder nur die allernötigste Kleidung und allernötigsten Gegenstände kaufen wollten, mussten sie dafür um Erlaubnis bitten und er führte über jede einzelne Ausgabe Buch. Aufgrund seiner Anforderungen waren auch seine Kinder sehr sparsam. Die Kleidung der Älteren wurde später erneut von den Jüngeren getragen. War sie zerrissen, wurde sie geflickt und weitergetragen. Es wurden meist gebrauchte Schuhe von der Logistikabteilung der Armee gekauft, die Soldaten abgegeben hatten. Jedes Mal, wenn die Kinder zurück nach Hause kamen, bat er sie darum, Aufgaben des Dienstpersonals zu übernehmen. Ebenfalls nahm er sie häufig mit zur Feldarbeit, um ihnen zu zeigen, wie man Erde umgräbt, säht, düngt und bewirtschaftet. Er sagte: „Ihr seid die Kinder des arbeitenden Volkes. Wenn ihr nicht gerne und hart arbeitet, wie könnt ihr dann dem Volk dienen?" Am 26. Dezember 1963 gab ZHU De seinem Sohn und dessen Ehefrau den Segen: „Mit Fleiß und Sparsamkeit das Land aufbauen, den Haushalt führen und auch sonst jede Sache tun."

DENG Xiaoping hatte einen Blick auf die Welt, die Zukunft und auch was direkt vor ihm lag und alles andere. Er war scharfsinnig, mit Weitsicht, machte treffende Entscheidungen und konzentrierte sich auf das Wesentliche. Stets betrachtete er die Verflechtungen der in- und ausländischen Lage, um die Entwicklung Chinas und der Welt zu beurteilen. DENG Xiaoping verstand es, Probleme von der Gesamtlage aus

ZHU De hält eine Rede bei einem Besuch der Militärakademie der Volksbefreiungsarmee.

anzugehen und in wichtigen Momenten strategische Entscheidungen zu treffen. Zu Beginn der Reform- und Öffnungspolitik traf er anhand seines Verständnisses in- und ausländischer Entwicklungen viele solcher Entscheidungen, die mit dem langfristigen Fortschritt der Partei und des Landes sowie der Zukunft des Sozialismus im Zusammenhang standen. Dennoch sah DENG Xiaoping sich immer als ein Teil der Arbeiter. Stets hielt er sich an die Vorgaben der Kommunistischen Partei Chinas, gab angesichts von Schwierigkeiten nicht auf und war anderen Parteimitgliedern immer liebevoll und aufrichtig gegenüber. Permanent übte er strenge Selbstdisziplin und war immer bescheiden und vorsichtig. All diese Eigenschaften machten ihn zu einem musterhaften Beispiel für parteiliche Bildung. Für ihn standen die Zukunft und das Schicksal der Partei und des Landes immer an erster Stelle und er hatte niemals persönliche Vorteile im Sinn. Er sagte: „Seitdem ich mit 18 Jahren den revolutionären Truppen beigetreten bin, hatte ich nichts anderes mehr im Sinn, als die Revolution zum Erfolg zu führen." In seinem Leben musste er viele Verluste hinnehmen. So ist er insgesamt drei Mal fälschlicherweise in die Kritik geraten und verlor daraufhin sein Amt, aber er schaffte es immer wieder, sich hochzuarbeiten. Dies lag daran, dass er immer an der Wahrheit festhielt und seine Fehler ausbesserte, sodass er jedes Mal, nachdem er öffentlich kritisiert und gestürzt wurde, seinen Optimismus nicht verlor und auf ruhige und bestimmte Art voller Hoffnung blieb. Jedes Mal, wenn er nach einem politischen Sturz sein Amt wiederbekam, blieb er selbst- und furchtlos. Mit festem Willen verhinderte er jede Art von Einmischung und trieb unbeirrt die Entwicklung und Ausführung seiner richtigen Politik voran.

Nach dem Ende der Kulturrevolution ging DENG Xiaoping erneut an die Arbeit und sagte ausdrücklich: „Als Mitglied der Kommunistischen Partei Chinas bin ich von großer Freude erfüllt, da ich nun noch für ein paar Jahre mehr der Partei, dem Land und Volk mit aller Kraft dienen kann. Wenn ich mich an die Arbeit mache, könnte ich mit zwei verschiedenen Einstellungen daran gehen: Entweder bin ich ein einfacher Beamter oder ich könnte echte Arbeit erledigen. Ich überlegte und dachte: Wer hat dich gebeten, ein Mitglied der Partei zu werden? Da ich eines geworden bin, reicht es nicht nur, ein Beamter zu sein und nur an mich selbst zu denken; es gab keine andere Wahl."

DENG Xiaoping war im Umgang mit der Geschichte der Partei, anderen Mitgliedern und sich selbst immer objektiv und gerecht. Er blieb immer bescheiden, gelassen und war gut darin, mit anderen zu kooperieren. Während des revolutionären Krieges arbeitete er 13 Jahre mit LIU Bocheng zusammen, mit dem ihn eine enge Freundschaft verband. Er verstand es, jene zu vereinen, die eine andere Meinung als er selber hatten, und mit diesen zusammenzuarbeiten. Niemals ließ er zu, dass sich Groll seiner Arbeit oder dem Umgang mit anderen in den Weg stellten. Er sagte: „Wir müssen unseren Groll beiseitestellen, wenn wir jene auswählen, mit denen wir arbeiten. Wir müssen auch jene einsetzen, die sich uns widersetzt haben." DENG Xiaoping lehnte jede Art von Privilegen und Korruption entschieden ab und blieb diesbezüglich seinen Verwandten und Mitarbeitern streng gegenüber.

Zu keiner Zeit brüstete er sich mit seinen Leistungen. Er sagte mehrmals: „Niemals möchte ich als Person hervorstechen. Meine Handlungen spiegeln lediglich die Wünsche der Partei und des Volkes wider." Er betrachtete die Frage vom Tod im Geiste des Materialismus und sagte zu seiner Familie: „Es spielt keine Rolle, wann ich diese Welt verlasse. Die Gesetze der Natur können nicht gebrochen werden; denkt darüber mal nach."

CHEN Yun stammte aus ärmlichen Verhältnissen. Obwohl er nur die Grundschule besucht hatte, lernte er während seiner langen Zeit beständig und unaufhörlich, wodurch er ein hohes Maß an ideologischem Denken und Problemlösungsfähigkeiten erwarb. Er betonte: „Lernen ist die Verantwortung eines jeden Mitglieds der Kommunistischen Partei." Und: „Wer den ganzen Tag arbeitet, ohne zu lernen, und Arbeit und Lernen nicht miteinander verbindet, dann ist die Bedeutung seiner Arbeit nicht vollkommen und sie kann sich nicht mehr weiterentwickeln."

Stets betonte er, dass die Kader Philosophie lernen sollten. Für ihn war dies der Schlüssel, um Mitgliedern der Partei die richtige Denk- und Arbeitsweise nahezubringen, um Fehler einzudämmen. Er sagte: „Um die Partei und das Land richtig anzuführen, müssen die führenden Kader die richtige Denkweise haben. Das bedeutet, dass sie marxistische Philosophie lernen müssen." Und: „Das Studium der Philosophie klärt die Menschen auf. Es ist ein Leben lang nützlich." Bei CHEN Yun sind Lernen und Innovation eng miteinander verbunden. Nach der Reform und Öffnung erinnerte er immer wieder an die Lösung des Problems mit der Innovation und sagte: „Jetzt ist das Ausmaß des wirtschaftlichen Aufbaus viel größer und komplizierter als in der Vergangenheit. Vorher setzten wir einige nützliche Praktiken um, aber in dieser neuen Situation der Reform und Öffnung können viele davon nicht mehr angewandt werden. Daher müssen wir uns bemühen, neue Dinge zu lernen und ständig neue Probleme zu erforschen und zu lösen."

Während der Zeit in Yan'an waren „Die Interessen der Revolution über alles", „Einhalten der Disziplin der Partei und striktes Wahren ihrer Geheimnisse" und „Unbeirrtes Ausführen von Entscheidungen" für CHEN Yun der Maßstab für ein gutes Mitglied der Kommunistischen Partei. So sagte er: „Die strikte Einhaltung der Parteidisziplin ist die höchste Verantwortung eines jeden Parteimitglieds auf allen Ebenen." Nach der 3. Plenartagung des XI. Zentralkomitees übernahm er neun Jahre lang das Amt als Erster Sekretär der Zentralen Disziplinarkommission der Kommunistischen Partei Chinas. Unter der Forderung nach einer strengen Parteiführung suchte er nach effektiven Wegen, um die parteiliche Bildung in der neuen Situation der Reform und Öffnung zu stärken. Er wies darauf hin: „Politische Standards müssen strikt durchgesetzt werden", „Das Problem ist nicht, dass die Prinzipien und Disziplin der Partei von ihren Fesseln befreit werden müsse." Und: „Wir müssen uns dafür einsetzen, dass Prinzipien befolgt werden und für die Einstellung, dass nur, was richtig ist, auch richtig ist, und was falsch ist, falsch ist."

CHEN Yun betrachtete sich selbst als einfaches Parteimitglied. Für die Partei und das Volk leistete er herausragende Beiträge, aber rechnete diese Verdienste immer der Partei und dem Volk selbst zu. Er sagte: „Die glücklichste Sache eines Menschen ist, an der Revolution teilzunehmen und für das Volk zu kämpfen." „Wie sind die Verdienste von jemandem zu bewerten, der unter der Führung der Partei gute Arbeit leistet? Ich denke, diese Verdienste setzen sich aus drei Faktoren zusammen: Zuallererst aus der Kraft des Volkes, dann der Führung der Partei und zuletzt einem selbst. Könnte man diese Reihenfolge nicht umdrehen, also zuerst man selbst, dann die Partei und schließlich das

Volk? Ich denke nicht, dass man dies kann." Und: „Jeder Einzelne hat einen Nutzen, aber dieser darf nicht zu hoch eingeschätzt werden. Jeder, der sich von dem Volk und der Partei entfernt, wird nichts erreichen können." Genauso sagte er: „Wir, als Mitglieder der Kommunistischen Partei, haben unter der Führung der Partei etwas den Bedürfnissen des Volkes Entsprechendes erreicht. Nichts mehr als das. Da gibt es nichts, worauf man stolz sein muss."

Ebenfalls hat CHEN Yun einmal gesagt: „Häufig begehen die Menschen bei einem Sieg aufgrund von Nachlässigkeit und Stolz einen Fehler." Und: „Ein Mensch kann auf zwei Weisen auf Applaus reagieren. Entweder mit Vorsicht oder mit Taumeln. Und der, der taumelt, ist jemand, der bald zu Boden fällt." CHEN Yun hatte ein hohes Maß an Selbstdisziplin und war nicht bestechlich. Er war gegen Privilegien und Korruption und behandelte seine Kameraden gerecht und fair. Häufig sagte er: „Ruhm und Reichtum sind fad wie Wasser, die Sache der Partei jedoch groß wie ein Berg."

LIU Shaoqi war ein hervorragender marxistischer Theoretiker der Partei. Er betonte stets die Forderungen der Kommunistischen Partei Chinas an ihre Mitglieder, dass diese das Klassenwesen der Partei mit ihren höchsten Idealen und den aktuellen Aufgaben verbinden. In der Revolution sollten sie ihr Denken, ihre Moral und ihre Arbeitsweise weiter kultivieren. Genauso sollen die Mitglieder bei der Veränderung der objektiven Welt auch bewusst ihre subjektive Welt verändern, dabei die marxistische Weltanschauung mit dem Denken und der Moral der chinesischen Nation verbinden und stets ihre ideologischen und politischen Veranlagungen auf ein neues Niveau bringen.

Er sagte: „Wenn ein Mensch Fortschritt machen will, muss er zuerst hart und gewissenhaft an sich selbst arbeiten." Und: „Der Zweck dessen, an sich selbst zu arbeiten, ist einzig und allein das Volk und die Revolution." Genauso betonte er: „Das Üben und Kultivieren des Parteicharakters eines Mitglieds ist die Veränderung seines Wesens." Und: „Alle Parteimitglieder müssen die Politik und die Entscheidungen der Partei mittragen und aktiv an der von der Partei geführten Revolutionsbewegung teilnehmen. Genauso müssen sie sich an die Parteidisziplin halten und gegen jegliche inner- und außerparteilichen Erscheinungen kämpfen, die ihren Interessen entgegen liegen." Diese Ideen waren von langfristiger und richtungsweisender Bedeutung. Gegen den Stolz nach dem Sieg der Revolution gerichtet und jenen, die fälschlicherweise dachten, dass sie Kreis- oder Bezirkssekretäre werden könnten, ohne ein marxistisches Buch gelesen zu haben, sagte er: „Es ist nicht so, dass der Marxismus nach dem Sieg nicht mehr studiert werden müsse. Ganz im Gegenteil, gerade nach dem Sieg müssen wir mehr theoretische Werke lesen und uns mit den Theorien vertraut machen. Andernfalls werden uns noch mehr Gefahren durch das komplizierte Umfeld in den Weg stellen."

LIU Shaoqi war gut darin, aus Büchern und praktischen Erfahrungen zu lernen. Noch besser verstand er es aber, diese miteinander zu verbinden. Er legte großen Wert darauf, die grundlegenden Prinzipien des Marxismus mit den realen Begebenheiten der Revolution und des Aufbaus in China zu verbinden. Ebenfalls analysierte er viele Fragen zur Theorie und Praxis und stellte Nachforschungen an, wobei er seine eigene Meinung einbrachte. Er war gut darin, Erfahrungen aus der Praxis auf eine theoretische Ebene anzuheben und so die Praxis selbst zu bereichern. Probleme beobachtete er gründlich und analysierte die Dinge bis ins Detail. Scharfsinnig deckte er Widersprüche auf und zeigte damit den noblen Charakter eines marxistischen Theoretikers. LIU Shaoqi hat die historischen Erfahrungen der Partei in der Führung der Revolution, des Aufbaus, der Partei selbst und des Landes zusammengefasst und verfeinert und damit einen wertvollen Beitrag zur Entstehung und Entwicklung der Ideen MAO Zedongs geleistet.

Kapitel 5

Mutig Verantwortung übernehmen und sich Herausforderungen stellen

Große Persönlichkeiten sind jene mit einem weiten Horizont und vielen Fähigkeiten. Es sind die gemeinsamen Eigenschaften aller großen Persönlichkeiten, ausgezeichnete Führungsfähigkeiten und ausgezeichnete Führungsgeschick zu besitzen, das große Ganze und das Wesentliche der Dinge zu erfassen und es zu wagen, sich schweren Fragen und Herausforderungen zu stellen.

Als großer Revolutionär, Stratege und Theoretiker begründete MAO Zedong das strategische Denken der chinesischen Kommunisten. Während der Leitung der chinesischen Revolution und des Aufbaus war MAO Zedong verantwortlich für eine Reihe wichtiger strategischer Entscheidungen, Theorien und Pläne.

MAO Zedong wies darauf hin, dass China nach den Opiumkriegen um 1840 und der auf den Mukden-Zwischenfall folgenden bewaffneten Invasion des japanischen Kaiserreichs schrittweise zu einer kolonialen, halbkolonialen und -feudalen Gesellschaft wurde. Außerdem betonte er, dass das Verständnis der realen Umstände Chinas die Grundlage für das Verständnis aller revolutionären Frage sei.

MAO Zedong stellte die zugrunde liegende Strategie der chinesischen Revolution auf, die sogenannte „Zwei-Schritte-Strategie". Er wies darauf hin, dass angesichts der kolonialen, halbkolonialen und -feudalen Natur der chinesischen Gesellschaft die chinesische Revolution in zwei Schritte ablaufen müsse. Der erste Schritt war, die Gesellschaft unabhängig und demokratisch zu machen. Darauffolgend im zweiten Schritt sollte die Revolution weiter vorangetrieben und eine sozialistische Gesellschaft aufgebaut werden. MAO Zedong sah die neudemokratische

Revolution und die sozialistische Revolution als zwei Kapitel eines Buches. Er sagte: „Zwei Kapitel, ein erstes und ein folgendes; nur wenn das vordere gut anfängt, kann das folgende gut geschrieben werden."

Ebenfalls begründete MAO Zedong die strategische Idee, die der neudemokratischen Revolution Chinas zugrunde lag. Er sagte: „Die vom Proletariat angeführte Revolution der Volksmassen gegen den Imperialismus, Feudalismus und bürokratischen Kapitalismus ist Chinas neudemokratische Revolution und die Linie und Politik der Kommunistischen Partei Chinas in der Gegenwart." Während der neudemokratischen Revolution hatte er stets die grundlegenden Bedingungen Chinas im Blick und passte den strategischen Schwerpunkt dieser entsprechend der Veränderungen im Verhältnis zwischen nationalen und klassenartigen Widersprüchen an. Damit gewährleistete er die richtige Umsetzung der Strategie der neudemokratischen Revolution.

Genauso stellte MAO Zedong die Strategie der neudemokratischen Revolution auf, nach der der revolutionäre Stützpunkt auf dem Land liegen solle, die Städte vom Land aus zu umzingeln seien und letztendlich bewaffnet die politische Macht zu übernehmen sei. Er führte den Herbsternteaufstand gegen die Kuomintang in der Stadt Changsha an und den Truppenvormarsch in das Jinggang-Gebirge, um so den ersten Stützpunkt der Revolution auf dem Land zu gründen. Dieses Vorgehen gilt als gutes Beispiel für die strategische Verbindung von Defensive mit Offensive. Der Rückzug aus den Städten aufs Land war defensiv, aber gleichzeitig auch ein neuer Angriff, da es die Arbeiter und Bauern dazu inspirierte, bewaffnet zu rebellieren. Gleichzeitig wurde damit die strategische Umzingelung der Städte vom Land aus und die bewaffnete Übernahme der politischen Macht begonnen.

Auch stellte MAO Zedong die Strategien der Einheitsfront, des bewaffneten Kampfs sowie des Parteiaufbaus vor. Im Oktober 1939 sagte er im Geleitwort der Kommunisten: „Die Erfahrungen der letzten 18 Jahre haben uns gelehrt, dass die Einheitsfront, der bewaffnete Kampf und der Parteiaufbau die drei wichtigsten Strategien der Kommunistischen Partei Chinas sind, um den Feind in der chinesischen Revolution zu besiegen. Sie sind große Errungenschaften der Kommunistischen Partei und der chinesischen Revolution.

Genauso MAO Zedong entwickelte die Strategien des Volkskriegs, des langwierigen Kriegs und des Guerillakriegs. Er verfasste mehrere militärische Werke, darunter „Über die Strategie gegen den japanischen Imperialismus", „Strategische Probleme des Revolutionären Krieges in China", „Über den langwierigen Krieg" und „Probleme des Krieges und der Strategie". Er beschäftigte sich eingehend mit den zugrunde liegenden Regeln und Merkmalen des revolutionären Kriegs in China und fasste die über diesen langen Zeitraum gemachten Erfahrungen zusammen. Auf diese Weise entstand die militär-strategische Ideologie chinesischer Prägung, einschließlich der Strategien des Volkskriegs, des langwierigen Kriegs und der Strategie des Guerillakrieges.

MAO Zedong hatte die Idee aufgestellt, den Feind strategisch zu verachten, aber ihm taktisch Bedeutung beizumessen, und machte die Aussage, dass der Imperialismus und alle Reaktionäre Papiertiger seien. Er wies darauf hin, dass langfristig gesehen nicht die Reaktionäre, sondern das Volk die wahre Macht haben werde.

Mao Zedong überarbeitet persönlich den ersten Entwurf der Verfassung des Neuen Chinas.

MAO Zedong führte persönlich den Widerstandskrieg gegen Japan, den Befreiungskrieg und den Widerstandskrieg gegen die USA zur Unterstützung Nordkoreas. Am Abend des 2. August 1973 traf MAO Zedong, der bereits 80 Jahre alt war, in Zhongnanhai den chinesisch-amerikanischen Wissenschaftler Dr. LI Zhenpian und dessen Ehefrau TANG Hanzhi. Dieser war ein Freund von MAO Zedong aus der Jugend und war nun Mitglied des Xinmin-Instituts. LI Zhenpian sagte: „Die Stellung der Chinesen steigt, und auch wir im Ausland denken, dass international nun mehr von uns gehalten wird." Darauf antwortete MAO Zedong: „Einer der Gründe ist, dass China den japanischen Imperialismus besiegt hat. Der zweite ist die Niederlage von CHIANG Kai-shek, dem Gefolgsmann der USA, der nach Taiwan geflohen ist. Dazu kommt, dass die Freiwilligenarmee in Korea die Amerikaner besiegt hat."

Im Jahre 1948 führte MAO Zedong persönlich die drei großen Schlachten von Liaoning-Shenyang, Huaihai und Peking-Tianjin an, die einen außergewöhnlichen Abschnitt der chinesischen und ausländischen Kriegsgeschichte darstellen und das strategische Talent MAO Zedongs zur Schau stellten.

Eine Entscheidungsschlacht ist der beste Prüfstein für die Weitsicht, Entschlossenheit und den Willen eines Feldherrn. MAO Zedong sagte: „Ich war ein Intellektueller und arbeitete als Grundschullehrer. Warum konnte ich ohne Militärausbildung Schlachten führen? Unter der Politik des Weißen Terrors der Kuomintang wurden Gewerkschaften und Bauernverbände zerstört. Eine große Menge an Kommunisten, bis zu 50 000, wurden getötet oder verhaftet. Deshalb haben wir zur Waffe gegriffen und Guerillakriege in den Bergen geführt." MAO Zedong lernte die Kriegsführung im Krieg – und aus kleinen Siegen wurden größere. Letztendlich wurde er ein erfolgreicher Feldherr und Stratege mit einem tiefen Verständnis für Geschichte und militärische Strategien, der mit Worten wie mit einer Waffe umgehen konnte. Mit umfassender Planung und Vorbereitung führte er Kriege Tausende Kilometer entfernt vom Geschehen zum Sieg.

MAO Zedong war vertraut mit den Gesetzen des Krieges und verstand es, diese einzusetzen. Er wusste die Gegner, die eigenen Leute und die Verbündeten einzuschätzen und wie sie sich im Krieg verhalten würden. Außerdem hatte MAO Zedong ein sensibles Gemüt und strotzte vor Kreativität und Einfallsreichtum. Er hatte einen Sinn dafür, das große Ganze zu begreifen, und legte viel Bedeutung auf den Einsatz von Strategien. Er wagte es, altbekannte Muster zu durchbrechen und auf ungewöhnliche Weise Siege zu erzielen. Niemals gab er die konkreten Handlungen der Generäle an der Front vor und konnte durch Koordination viele große Kämpfe zum Sieg führen. Es stellt sich die Frage, wie CHIANG Kai-shek trotz seiner günstigen politischen Stellung, umfangreichen Ressourcen und überlegenen Streitkräften und Ausrüstung so häufig besiegt werden konnte. LI Zongren sagte dazu: „Herr CHIANG war nicht gut darin, Soldaten und Generäle zu befehligen. Trotzdem saß er gerne im Hauptquartier und kommandierte per Telefon die Kämpfe an der Front."

„Sein Urteilsvermögen war mangelhaft und seine Ansichten unbeständig. Manchmal kam es vor, dass, wenn die Armee schon die Hälfte ihrer Strecke zurückgelegt hatte, er plötzlich seine Meinung änderte, was zu Unordnung an der Front führte." „Der Grund dafür war, dass er keinerlei praktische Erfahrungen auf dem Schlachtfeld hatte, da er nie als mittlerer oder unterer Offizier tätig war. Stattdessen agierte er ausschließlich als oberster Kommandeur und traf Entscheidungen nach Lust und Laune, wodurch die Befehlskette durcheinandergeriet."

„Jeder General im zentralen System wusste von den Eigenarten CHIANG Kai-sheks. Jeder war sich bewusst, dass das Befolgen der Anweisungen von ihm häufig zu einer Niederlage führen würde. Schlimmer war es jedoch, nicht auf ihn zu hören, da dann ein Chaos entstehen würde. Deshalb brachte niemand eigene Ideen ein und überließ dem Vorsitzenden des Ausschusses die direkte Befehlsgewalt, sodass der Oberbefehlshaber für die Niederlage verantwortlich war und nicht wir verantwortlich gemacht werden konnten. Befehlshaber von solch durchschnittlichem Talent können natürlich keine Schlachten gewinnen, Herr Chiang mochte jedoch solche Menschen." Dies war mitunter der wichtigste Punkt. Bis zum Herbst 1948 hatte sich die Volksbefreiungsarmee von 1,27 Millionen Menschen zu Kriegsbeginn auf 2,8 Millionen erhöht, wobei 1,49 Millionen davon Teil der Feldarmeen waren. Hinzu kam eine erhebliche Verbesserung der Ausrüstung.

Die Volksbefreiungsarmee baute starke Artillerie- und Pioniereinheiten auf, verbesserte die eigene Schlagkraft und sammelte Erfahrungen in Stellungskriegen. Sie führte eine Reformbewegung der Armee im neuen Stil durch, indem sie das arbeitende Volk von dem Leid befreite, das die alte Gesellschaft und Reaktionäre ihnen verursachte; regelmäßig die Klassen, die Arbeit und den Willen der Truppen kontrollierte; und die strukturelle Organisation, die Ideologie und die Verhaltensweise stetig neu ausrichtete. Auf diese Weise konnten politische Einheit und eine Verbesserung der Lebens- und Militärbedingungen erreicht werden und das politische Bewusstsein, die militärischen Techniken und die Effizienz im Kampf des Führungspersonals weiter erhöht werden.

Die befreiten Gebiete wurden sukzessive miteinander verbunden und wuchsen auf eine Fläche von 2,355 Millionen Quadratkilometer bzw. 24,5 Prozent der Gesamtfläche des Landes, mit einer Bevölkerung von 168 Millionen, bzw. 35,3 Prozent der Gesamtbevölkerung, an. Nachdem die chinesische Landreformbewegung in den befreiten Gebieten im Wesentlichen abgeschlossen war, wurde der Rückhalt der Volksbefreiungsarmee konsolidiert. Zu diesem Zeitpunkt hatte die Gesamtstärke der Armee der Kuomintang, die zu Beginn des Krieges 4,3 Millionen Menschen betrug, weiter abgenommen und lag nun bei 3,65 Millionen. Da eine große Anzahl an Soldaten im Wachdienst war, standen davon nur 1,74 Millionen Soldaten für den Fronteinsatz zur Verfügung, welche jedoch demoralisiert waren und wenig Kampfeskraft hatten.

Angesichts der überlegenen Offensive der Volksbefreiungsarmee musste die Armee der Kuomintang militärisch die Totalverteidigung aufgeben und sich auf die Verteidigung von Schlüsselpositionen konzentrieren.

Die fünf strategischen Einheiten der Kuomintang-Generäle HU Zongnan, BAI Chongxi, LIU Zhi, FU Zuoyi und WEI Lihuang wurden von der Volksbefreiungsarmee bereits auf fünf Schlachtfelder aufgeteilt: Nordwestchina, Zentralebene, Ostchina, Nordchina und Nordostchina. Diese konnten die fünf Einheiten der Kuomintang nur schwer aufeinander abstimmen, sodass sie sich auf die Verteidigung strategisch wichtiger Punkte und Verkehrsknoten konzentrieren mussten. Ihre Truppen waren kaum in der Lage, strategische Manöver durchzuführen.

Die Kuomintang hatte keine geschlossene Front mehr und ihre Herrschaft stand kurz vor dem Zusammenbruch. Die Situation auf beiden Seiten deutete darauf hin, dass die Zeit für die entscheidende Schlacht gekommen war. In Anbetracht dieser Umstände stellte sich für MAO Zedong die drängende Frage, ob es sinnvoll wäre, eine entscheidende Schlacht von nie da gewesenem Ausmaß zu wagen, um wichtige, vom Feind besetzte Städte zu erobern, die feindlichen Truppen zu besiegen und wie die nächste strategische Entscheidung aussehen solle.

Es waren die Monate Juli und August 1948, in denen das strategische Konzept der entscheidenden Schlacht in MAOs Kopf Gestalt annahm. Der Angriff und die Bekämpfung von Verstärkungen, auf die sich MAO Zedong gründlich vorbereitet hatte, bildeten den Schwerpunkt des Krieges. Er warb in der gesamten Armee für XU Xiangqians Methode, die Stadt Linfen durch Grubensprengungen anzugreifen und damit die Verteidigung der Kuomintang zu kontern. MAO Zedong betonte die Notwendigkeit, sowohl die Stärke der Armee gegen die angreifenden und verstärkenden Truppen des Feindes anzupassen, und wies die Generäle an der Front an, sich auf die verstärkenden Truppen des Feindes zu konzentrieren.

Die Schlacht von Jinan markierte den Auftakt der Schlacht von Liaoning-Shenyang. MAO Zedong stellte klar, dass die Verantwortung für den Angriff auf Jinan bei XU Shiyou und die Befehlsgewalt über die gesamte Armee bei SU Yu liegen solle. MAO Zedong befahl XU Shiyou sich auf den Angriff auf die Verstärkung der feindlichen Armee zu konzentrieren, die dieser mit 200 000 Soldaten durchführte, während etwas über 100 000 Soldaten Jinan angriffen. Nach sorgfältiger Aufklärungsarbeit und Vorbereitung begann die Schlacht von Jinan am 16. September 1948. Nach einem gerade mal acht Tage andauernden Kampf wurde die gesamte Armee der Kuomintang, die aus knapp 100 000 Soldaten bestand, vollkommen besiegt (darunter stachelte der Kommandeur der 96. Armee der Kuomintang, WU Huawen, einen Aufstand von 20 000 Soldaten für die Seite der Kommunistischen Partei während der Schlacht an), sodass Jinan erobert werden konnte. Dieser Sieg sorgte weltweit für großes Aufsehen. DU Yuming, ein berühmter General der Armee CHIANGs, kommentierte einmal, dass der Durchbruch der Verteidigung Jinans als wichtiger Sieg gegen CHIANG Kai-sheks Plan zur Verteidigung von Schlüsselpositionen gesehen werden kann. Der Kommentar der amerikanischen Nachrichtenagentur Associated Press vom 26. September lautete: „Von nun an, egal wo die Kommunistische Partei hingeht und was sie angreift, wird sie nichts mehr aufhalten können."

Eine strategische Entscheidungsschlacht erfordert sowohl eine gute Gelegenheit als auch eine richtige strategische Ausrichtung. Zuerst die strategische Entscheidungsschlacht im Nordosten zu führen, war ein wichtiger Entschluss, den MAO Zedong nach reiflicher Überlegung traf. YE Jianying erinnerte sich später: „MAO Zedong hat eine gute Gelegenheit genutzt und gleichzeitig die richtige strategische Ausrichtung gewählt. Damals war die Lage auf den Schlachtfeldern des Landes mehr oder weniger günstig für die Volksbefreiungsarmee. Aber strategisch versuchte der Feind, einige konzentrierte Orte im Nordosten so lange wie möglich zu verteidigen, um die Volksbefreiungsarmee dort aufzuhalten, damit sie nicht zum Kampf bei dem Pass Shanhai vordringen konnte. Gleichzeitig bereiteten die feindlichen Armeen vor, sich aus dem Nordosten nach Zentralchina zurückzuziehen und die Verteidigung dort zu verstärken. Wenn wir uns unter diesen Umständen dazu entschieden hätten, die entscheidende Schlacht in Nordchina zu führen, hätten unsere Truppen von zwei Seiten aus, nämlich Nordchina und dem Nordosten, den gesammelten feindlichen Truppen entgegengestanden und wäre in eine passive Position gedrängt worden. Wäre die entscheidende Schlacht in Ostchina geführt worden, hätte der Feind sich aus dem Nordosten schnell zurückgezogen und sich erfolgreich strategisch verkleinert. Daher war der Nordosten als Schlachtfeld des Krieges die entscheidende Entwicklung. Zu dem Zeitpunkt war die Lage im Nordosten für die Volksbefreiungsarmee besonders günstig. Die feindliche Armee war isoliert und verstreut auf einem kleinen Gebiet und die Versorgung war schwierig. Die Stadt Changchun in Hand des Feindes war belagert und konnte nicht befreit werden. Der Feind war unsicher, ob er sich zurückziehen oder weiter verteidigen sollte. Unsere Armeen hingegen hatte eine hohe militärische Streitkraft und gute Ausrüstung und kontrollierten ein ausgedehntes, verbundenes Gebiet. Ebenfalls war das Hinterland nach der Durchführung der Bodenreform gut gesichert und konnte von allen Gebieten hinter dem Shanhai-Pass gut unterstützt werden. Nachdem die Volksbefreiungsarmee im Nordosten die feindlichen Truppen besiegt hatte, konnte sie den Feind am strategischen Rückzug hindern, was sich auch positiv auf die Manöver in Nordchina und dem Nordosten auswirken würde. Dann könnte auch der Krieg im ganzen Land mit der Industrie im Nordosten unterstützt werden und die Volksbefreiungsarmee hätte einen strategischen Rückzugsraum."

„Die damalige Situation im Nordosten war: Changchun lag im Osten, Jinzhou im Westen. In Shenyang waren die feindlichen Verteidigungstruppen am größten. Welcher Ort zuerst angegriffen werden solle, war eine schwierige Frage. Eine Möglichkeit war, zuerst Changchun anzugreifen. In Changchun hatte die Armee CHIANG Kai-sheks etwa 100 000 Soldaten, war weit vom Shanhai-Pass entfernt und lag abgesondert im Norden. Die Stadt wurde bereits seit fünf Monaten von unseren Truppen belagert, konnte nur schwierig versorgt werden und der Stützpunkt der Volksbefreiungsarmee in der Nordmandschurei lag in der Nähe. Ein Sieg wäre alles andere als bedeutungslos, war nicht besonders riskant und hatte gute Erfolgsaussichten. Andererseits könnte auch zuerst Jinzhou angegriffen werden. Die Stadt war nicht nur der Knotenpunkt für die Verbindung des Nordostens mit Nordchina über die Peking-Shenyang-Eisenbahnlinie (damals verlief die Linie noch von Jinzhou bis zum Shanhai-Pass), sondern war auch ein wichtiger Stützpunkt für die Luftversorgung von CHIANGs Truppen in Changchun und Shenyang und damit sehr wichtig. Für die Volksbefreiungsarmee jedoch war die Lage eher ungünstig, da sie weit von dem Stützpunkt in der Nordmandschurei entfernt lag, wo die Hauptstreitkräfte versammelt waren. Damit wäre ein langer Marsch dorthin notwendig sowie eine lange Versorgungslinie. Sollte Jinzhou nicht schnell eingenommen werden, würde die Volksbefreiungsarmee von CHIANGs Truppen von zwei Seiten aus angegriffen werden, nämlich von Shenyang und von Nordchina aus. Dies hätte die Volksbefreiungsarmee in eine äußerst gefährliche Lage gebracht."

MAO Zedong und die Zentrale Militärkommission wägten die Vor- und Nachteile ab und entschieden schließlich, dass es am günstigsten wäre, zuerst Jinzhou einzunehmen, um die Verbindung zwischen CHIANGs Armee im Nordosten und dem Inneren des Shanhai-Passes abzuschneiden. So würden die feindlichen Truppen innerhalb der eigenen Gebiete angegriffen und geschlagen werden können. Zudem war diese

Strategie durchaus realistisch umsetzbar, solange mit großer Entschlossenheit und genügend Vorbereitung vorgegangen würde. Bereits am 7. Februar 1948, als MAO Zedong sich noch im Norden der Provinz Shaanxi befand, übermittelte er der Nordöstlichen Feldarmee den Plan, „...die Armee von CHIANG Kai-shek im Nordosten abzuschotten und in jeder Hinsicht zu vernichten." In dem Telegramm hieß es: „Die Menschen sollten darauf vorbereitet sein, dass sich der Feind aus dem Nordosten in Richtung Nordchina zurückziehen wird. Schon einmal hatte CHIANG Kai-shek diesen Rückzug erwogen, ihn später aber wieder verworfen. Das liegt vor allem daran, dass unsere Truppen im Süden den Jangtse-Fluss noch nicht überquert haben und im Norden den Truppen von CHIANG noch keinen größeren Schlag versetzt haben."

Sowohl MAO Zedong als auch Chiang Kai-shek wussten um die strategische Bedeutung von Jinzhou. Chiang Kai-shek verstand jedoch nicht die Strategie MAO Zedongs. Da sich zu der Zeit die Hauptstreitkräfte und Stützpunkte der Feldarmee im Norden der Mandschurei befanden, glaubte er irrigerweise, dass die Volksbefreiungsarmee Richtung Changchun angreifen würde. Erst als diese den Kreis Yi in der Nähe Jinzhous umzingelte und den Landweg zum Inneren des Shanhai-Passes abschnitt, reagierte er und stellte die Stellungen gemäß der nun chaotischen Situation neu auf. MAO Zedong bat den General LIN Biao um dessen Meinung, ob zuerst Jinzhou angegriffen werden solle, erteilte aber noch nicht den endgültigen Befehl. LIN Biao ging im Krieg äußerst vorsichtig vor. Dieser war besorgt darüber, dass, falls der Angriff auf Jinzhou zu lange braucht, die Truppen CHIANG Kai-sheks aus dem Norden und vom Meer aus Verstärkung rufen könnten und sich die Volksbefreiungsarmee dann in einer passiven Lage befinden würde. Daher schlug er MAO Zedong wiederholt vor, zuerst Changchun anzugreifen und erstattete am 18. April der Zentralen Militärkommission Bericht, indem er die günstigen Bedingungen dieses Angriffs darlegte und sagte, dass er plane, „den gesamten Krieg in circa zehn Tagen bis zu einem halben Monat zu beenden." LIN Biao wählte einen Ansatz mit wenig Risiko, bei dem in kleinen Schritten vorgegangen wird. Am 22. April erklärte MAO Zedong sich einverstanden damit, zuerst Changchun anzugreifen, aber betonte dabei auch: „Wir sind damit einverstanden, zuerst Changchun anzugreifen. Der Grund ist, dass dies günstiger wäre, als woanders anzugreifen, aber nicht, weil ein Angriff woanders ungünstig wäre oder unüberwindbare Hindernisse hätte." Ende Mai entsandte LIN Biao zwei Marschkolonnen aus, um Changchun anzugreifen. Er stellte jedoch fest, dass dies nicht so einfach zu erreichen war, wie vorhergesehen. Daher ging er dazu über, die Stadt im Rahmen einer engen Belagerung anzugreifen.

Erst nachdem der Angriff auf Changchun erfolglos war, erklärte LIN Biao sich mit dem Plan einverstanden, Jinzhou Richtung Süden anzugreifen. In der Zwischenzeit wechselte LIN Biao mehrfach seine Ansicht, aber MAO Zedong ging damit geduldig um und übernahm dessen Denkarbeit. Nach mehrfacher Verständigung mit LIN Biao und dem Marschall LUO Ronghuan wurde die Strategie, zuerst Jinzhou anzugreifen, so den Feind zu umzingeln und zu besiegen, endgültig festgelegt und umgesetzt. Am 14. Oktober 1948 begann der Angriff der Nordöstlichen Feldarmee auf Jinzhou, welche nach 31 Stunden eingenommen wurde. Nach Erhalt dieser Nachricht rief MAO Zedong glücklich LIN Biao und LUO Ronghuan an und sagte, im Kampf gab es „…guten Truppengeist und Taktik. Sie haben die Truppen gebührlich angeführt. Ich bin äußerst zufrieden. Ich hoffe, Sie geben das Lob weiter." Die Einnahme Jinzhous bedeutete auch, den Nordosten abzuschotten. Auf diese Weise waren die strategisch wichtigen Truppen CHIANG Kai-sheks im Nordosten und Norden voneinander getrennt. Dies war von entscheidender Bedeutung für die Schlacht von Liaoning-Shenyang. Der General FAN Hanjie der später besiegten Truppen kommentierte nach seiner Gefangennahme: „Dieser Zug konnte nur von einem Mann mit großem, strategischem Talent gefunden werden. Jinzhou kann mit einer Stange verglichen werden, die an einem Ende den Nordosten und an dem anderen den Norden trug. Nun ist sie in der Mitte durchbrochen."

„Gewinne die Herzen der Menschen und das Land gedeiht; verliere sie und das Land geht unter." Dieses Prinzip galt zu jedem Zeitpunkt der Geschichte und überall auf der Welt. Nur durch den Einsatz eines jeden Talents können große Erfolge erzielt werden. Dies trifft vor allem auf entscheidende, geschichtsträchtige Wendepunkte zu. MAO Zedong war ein brillanter Stratege, der es verstand, Menschen anhand ihrer Moral und Fähigkeiten in wichtige Positionen zu berufen, insbesondere wenn es um militärische Führungskräfte ging. Zahlreiche Talente, die von MAO Zedong persönlich ausgewählt und gefördert wurden, von Soldaten bis hin zu Generälen, von Bürgern bis zu jenen, die Verantwortung für das Land tragen, zeugen davon.

Nach dem Scheitern des chinesischen Bürgerkriegs im Jahr 1927 organisierte MAO Zedong den Herbsternteaufstand, an dem auch LUO Ronghuan teilnahm, der gerade die Universität verlassen hatte. LUO Ronghuan war ein ehrlicher Mensch, der während seines Studiums an der Zhongshan-Universität in der Stadt Wuhan der Kommunistischen Partei Chinas beitrat und nebenbei als Buchhalter tätig war. Während des Herbsternteaufstands, bei dem er die bäuerliche Selbstverteidigungsarmee anführte, wurde er von zwei moralosen Soldaten um eine Kassette mit Geld betrogen. Dennoch wurde MAO Zedong zu diesem Zeitpunkt auf diesen „Gelehrten" mit einem ausgeprägt starken revolutionären Willen aufmerksam und ernannte ihn zum Parteivertreter der Kompanie für spezielle Aufgaben.

Bei der Gründung des Stützpunkts im Jinggang-Gebirge entdeckte MAO Zedong viele wertvolle Eigenschaften LUO Ronghuans: Alles, was er von den Soldaten verlangte, setzte er zuerst selber um; beim Angriff stürmte er vorne und beim Rückzug gab er Deckung; auf Märschen trug er die Waffen für die Kranken, während der Nachtruhe der Truppe in dem Lager überprüfte er die Betten und während der Essenszeit übernahm er den Wachdienst gemeinsam mit anderen Parteimitgliedern – auch wenn dies manchmal bedeutete, hungrig zu bleiben. Durch sein vorbildliches Verhalten wurde er ein vertrauter Freund der Soldaten und war bei ihnen sehr beliebt. Weniger als drei Jahre späte ernannte MAO Zedong LUO Ronghuan zum stellvertretenden Politkommissar der Vierten Roten Armee, wo er mit LIN Biao zusammenarbeitete. LIN Biao verstand die Kriegsführung, aber war schlecht in der ideologischen und politischen Arbeit. LUO Ronghuan hingegen hatte ein starkes politisches Bewusstsein und war talentiert im Umgang mit Menschen. Er arbeitete für eine lange Zeit mit LIN Biao zusammen und gemeinsam waren sie unbezwingbar, sei es im Jinggang-Gebirge bis zum Taihang-Gebirge oder beim Fluss Heilongjiang bis zur Insel Hainan.

MAO Zedong beurteilte LUO Ronghuan einmal mit: „Ronghuan ist ein ehrlicher Mensch, der seinen Prinzipien treu ist und einen Blick für das große Ganze hat. Immer ist er streng mit sich selbst und tolerant gegenüber anderen. Solche Kader benötigen wir für die politische Arbeit." In den mehreren Jahrzehnten des revolutionären Kampfes erfüllte LUO Ronghuan die hohen Erwartungen, die an ihn gestellt wurden, leistete unschätzbare Beiträge zu der Befreiung des chinesischen Volkes und wurde zu einem berühmten General seiner Generation.

MAO Zedong war geschickt darin, Führungspersönlichkeiten mit verschiedenen Führungsstilen aufeinander abzustimmen, sodass sie von den Stärken und Schwächen des anderen lernen konnten. LIN Biao und LUO Ronghuan sind ein Beispiel dafür, genauso wie LIU Bocheng und DENG Xiaoping.

Während des Befreiungskrieges wurden die „Truppen von LIU und DENG" sehr berühmt. LIU Bocheng und DENG Xiaoping waren in Wirklichkeit zwei Generäle mit sehr verschiedenen Führungsstilen. Der Führungsstil von LIU Bocheng bestand darin, sich auf Details zu konzentrieren und dabei vorsichtig und wachsam vorzugehen. DENG Xiaoping dagegen hatte einen Blick auf das große Ganze und war dabei mutig und entschlossen. MAO Zedong brachte diese beiden vollkommen unterschiedlichen Führungspersönlichkeiten zusammen, sodass diese sich einander ergänzten. DENG Xiaoping erinnerte sich in seinem Nachruf „Trauer um Bocheng" an die langjährige Zusammenarbeit und die lebenslange Freundschaft zwischen ihnen. MAO Zedong hatte eine hohe Meinung von DENG Xiaoping. Im Jahr 1938 sagte DENG Xiaoping: „Alles ist dialektisch, alles entwickelt und verändert sich." MAO Zedong schätzte diese Aussage sehr und hielt ihn für einen kraftvollen und philosophischen Menschen, da er das Wesen des Marxismus treffend erfasste. MAO Zedong betonte mehrmals, dass DENG Xiaoping fair, aufrichtig, talentiert, handlungsfähig und umsichtig bei der Wahrung des Gesamtinteresses war, bei der Lösung von Problemen gerecht vorging und eine seltene Führungspersönlichkeit mit einem starken politischen Willen gewesen war.

MAO Zedong kannte die Stärken eines Menschen und verstand es auch, diese einzusetzen. Zu Anfang des Widerstandskrieges gegen Japan war die Provinz Shandong voll von japanischen Invasoren, chinesischen Verrätern auf der Seite Japans sowie Banditen und Räubern;

es galt das Gesetz des Stärkeren. Es gab über 70 „Kommandeure" von Armeen unterschiedlichster Größe, was den Widerstand gegen Japan im Krieg stark behinderte. Daraufhin beauftragte MAO Zedong den General XU Shiyou damit, die Lage in Shandong in Vorbereitung auf den Krieg zu bereinigen. Sobald XU Shiyou Shandong betrat, sagte er: „Wenn es hier friedlich wäre, wäre ich nicht hier. Aber mit mir hier wird es auch nicht so schnell wieder friedlich werden." Mit XU Shiyous ganz eigenen, strengen Art war Shandong nach kurzer Zeit wieder befriedet. Daraufhin gab es in der Provinz nur noch einen einzigen „Kommandeur", nämlich XU Shiyou.

CHEN Yun war ein herausragender Anführer der Kommunistischen Partei Chinas in Wirtschaftsangelegenheiten. MAO Zedong lobte ihn einmal damit, dass sein schöpferischer Umgang mit der Wirtschaft nicht auf irgendeiner abstrusen Theorie basiere, sondern sich nach der chinesischen Realität richte. Nach der Befreiung Shanghais sagten einige Kapitalisten und skrupellose Geschäftsleute, dass sie die Politik der Kommunistischen Partei befürworten würden, aber nicht ihren Umgang mit der Wirtschaft. Daher schlossen sie sich zusammen, horteten Baumwolle, Reis und Kohle und trieben deren Preise in die Höhe, was für die neugewonnene Souveränität des Volkes eine ernsthafte Bedrohung darstellte.

Daher schickte MAO Zedong CHEN Yun nach Shanghai, der ein tiefes Verständnis von wirtschaftlichen Mechaniken und Strategien im wirtschaftlichen Kampf hatte. Dieser sollte den Kommandeur CHEN Yi an der Wirtschaftsfront in der Huaihai-Offensive unterstützen, die zu der Zeit in der Stadt Xuzhou im Gange war. Nach einigem Hin und Her wurden die Kapitalisten und skrupellosen Geschäftsleute besiegt und mussten aufgeben. ZHOU Enlai war allgemein bekannt für sein diplomatisches und verhandlungstechnisches Geschick. Der ehemalige Nationale Sicherheitsberater der Vereinigten Staaten von Amerika, Henry Kissinger, befand ZHOU Enlai als einen bestimmten und ruhigen Verhandlungsführer. Auch der amerikanische Präsident Nixon sagte mit tiefer Überzeugung, dass ZHOU Enlai ein politischer Kämpfer und geschickter Vermittler gewesen sei. MAO Zedong übertrug ZHOU Enlai für eine sehr lange Zeit die Führung der Einheitsfront und diplomatischer Angelegenheiten. Vor der Gründung der Volksrepublik leitete dieser das Amt für auswärtige Angelegenheiten des Zentralkomitees der Kommunistischen Partei Chinas. Seine Rolle im Zwischenfall von Xi'an, Zwischenfall von Süd-Anhui, den Verhandlungen von Chongqing, dem Aufbau eines militärischen Hauptquartiers in Beiping und der Durchführung der Pressekonferenz von Nanjing spiegeln alle die Leistungen ZHOU Enlais in der Diplomatie wider. MAO Zedong hatte großes Vertrauen in ZHOU Enlai. Auf der 2. Plenartagung des VII. Zentralkomitees entschied sich MAO Zedong für die Wahl ZHOU Enlais als Ministerpräsident. Dies war der Beginn einer 26 Jahre andauernden positiven Zusammenarbeit, welche ein bedeutendes Kapitel der politischen Geschichte Chinas werden sollte.

MAO Zedong schätzte besonders ein Zitat aus einem Gedicht des Gelehrten GONG Zizhen: „Ich appelliere an den Himmel, immer wieder neue Kraft zu schöpfen; halte dich an kein Muster, um Talente zu uns zu schicken." MAO Zedong traute sich Menschen gemäß ihren Talenten einzusetzen und sich dabei nicht an ein altbekanntes Muster zu halten. Schon früh im Widerstandskrieg gegen Japan bewies der Kommandeur SU Yu herausragende militärische Fähigkeiten. Die von ihm befehligten Truppen besiegten zwischen 1938 und 1943 über 100 000 japanische Besatzer.

In der Schlacht von Cheqiao 1944 vernichteten seine Truppen fast 1000 Soldaten auf einmal, was daraufhin feindliche Truppen im Norden Jiangsus in große Angst versetzte, als diese davon hörten. MAO Zedong glaubte daran, dass dieser Kommandeur, der einst ein einfacher Soldat war, auch eine Armee von 500 000 Soldaten befehligen könne. Nach dem Ende des Krieges war er Vizekommandeur der Militärregion Zentralchina und der Kommandeur der Feldarmee Zentralchinas.

Nach dem Ausbruch des Bürgerkriegs führte SU Yu eine Feldarmee von 30 000 Soldaten an, um eine Armee der Kuomintang anzugreifen, die aus fünf Divisionen bestand. Nach anderthalb Monaten und sieben gewonnenen Schlachten im Zentrum Jiangsus hat er über 50 000 Feinde besiegt. Nachdem SU Yu seine Truppen nach Shandong führte und mit denen von CHEN Yi vereinte, setzte MAO Zedong sich mit CHEN Yi und anderen in Verbindung und wies diese an, SU Yu das Kommando der Schlacht zu übergeben.

SU Yu erfüllte alle in ihn gesetzten Erwartungen, als er CHEN Yi half, innerhalb von drei Monaten die Schlachten von Subei, Süd-Shandong und Laiwu zum Sieg zu führen. Als die Kuomintang mehr als 60 Brigaden mit über 450 000 Soldaten zu einem Großangriff auf Shandong zusammenzog, versammelte SU Yu alle Kräfte und setzte sich mutig an deren Spitze, um die vorrückende 74. Einheit des Feindes ausfindig zu machen und anzugreifen. Dies führte zum Sieg in der Schlacht von Menglianggu und zwang die feindlichen Truppen, die auf dem Weg waren, Zentral-Shandong anzugreifen, sich an allen Fronten zurückzuziehen. SU Yu spielte eine bedeutende Rolle im Befreiungskrieg und wurde ein bedeutender General der Volksbefreiungsarmee, der für sie Hunderte Schlachten gewann. Dies zeigte den Mut MAO Zedongs, nicht auf altbekannte Muster zu vertrauen und vielversprechenden Nachwuchs gekonnt einzusetzen.

Den Kadern gegenüber zeigte MAO Zedong viel Strenge, besonders im Umgang mit Fragen von Grundsätzen, aber er war auch tolerant, wenn diese Fehler begingen und setzte sie niemals wegen kleiner Fehltritte ab.

Eines Tages, im Sommer 1937, empfing MAO Zedong XU Xiangqian, den ehemaligen Oberbefehlshaber der Westarmee der Roten Armee, der nach einer langen und beschwerlichen Reise von Yan'an zurückgekehrt war. Damals wurden XU Xiangqians Fähigkeiten aufgrund der Niederlagen der Westarmee von vielen angezweifelt. MAO Zedong jedoch wusste, dass kein General der Welt die Schlacht zum Sieg hätte führen können und die Niederlage auf die schwierigen Umstände zurückzuführen war, sodass XU Xiangqian keine Schuld zu Lasten gelegt werden könne. Auf Chinesisch gibt es das Sprichwort: „Tausend Soldaten sind leicht zu finden, ein fähiger General jedoch nur schwer." Freimütig sagte MAO Zedong zu XU Xiangqian: „Solange es noch Wälder gibt, braucht keiner Angst davor zu haben, dass es an Brennholz fehlt. Es ist gut, dass du zurückgekehrt bist. Wer das Huhn noch hat, muss sich doch keine Sorgen um Eier machen?" Diese Worte rührten XU Xiangqian zutiefst und minderten die Last seines Gewissens. Ein halbes Jahr später gab es gute Nachrichten an der antijapanischen Front. Unter LIU Bocheng, DENG Xiaoping und XU Xiangqian war die Zahl der Truppen im Taihang-Gebirge von einigen Tausend auf mehrere Zehntausend gestiegen. Im Befreiungskrieg führte XU Xiangqian dann über 60 000 Soldaten an, die kürzlich aus einigen Ortstruppen in einer Hauptstreitkraft zusammengeführt wurden, in die Stadt Jinzhong und besiegte innerhalb eines Monats die Elitestreitkräfte YAN Xishans von über 100 000 Soldaten. Dank der Weitsicht und dem Großmut MAO Zedongs schaffte es XU Xiangqian, zu einem der berühmtesten Generale seiner Generation zu werden.

PENG Dehuai war MAOs Mitstreiter, der direkt unter ihm arbeitete. Im revolutionären Krieg hatten die beiden eine lange Geschichte der Zusammenarbeit. Diesem mutigen und fähigen Militär vertraute MAO Zedong mit ganzem Herzen, egal wofür dieser ihn einsetzte. Im März 1947 griff HU Zongnan mit 230 000 Soldaten das befreite Gebiet im Norden der Provinz Shaanxi an. Zu diesem Zeitpunkt ergriff PENG Dehuai, der damalige Generalstabchef der Militärkommission, die Initiative und schlug vor, die Nordwestliche Feldarmee mit 20 000 Soldaten in den Kampf zu führen, bis der Kommandeur der Militärregion, HE Long, nach Yan'an zurückkehrte. MAO Zedong stimmte dem bereitwillig zu. In der Schlacht gegen den Feind führte PENG Dehuai den Krieg auf kühne und gewagte Art, was manchmal zwangsläufig zu Meinungsverschiedenheiten mit MAO Zedong führte. Dennoch vertraute MAO Zedong vollkommen den Führungsqualitäten PENG Dehuais und erlaubte diesem, bei Gegebenheit nach eigenem Ermessen zu handeln. Dieser führte die Nordwestliche Feldarmee bei drei Schlachten zu drei Siegen, was der Lage im Nordwesten einen erheblichen Umschwung brachte. Nach der Schlacht von Shajiadian verbesserte sich die Lage erheblich. Daraufhin schrieb er zum Ausdruck seiner Unterstützung und Wertschätzung für das Militär die Zeile: „Wer wagt, sich mit erhobenem Schwert dem Kampf zu stellen; wer, außer unserem General PENG Dehuai".

MAO Zedong war ein großer Revolutionär, Stratege und Theoretiker, aber auch ein großer Dichter und Kalligraf. Wenn die tiefgründigen Ideen MAO Zedongs die theoretische Grundlage der chinesischen Revolution ausdrücken, dann stellen seine zeitlosen Gedichte und Kalligrafien, die kulturelle dar. Die entbehrungsreichsten Jahre der chinesischen Revolution waren die fruchtbarsten für sein dichterisches Schaffen.

Im Februar 1936 reiste MAO Zedong nach Yuanjiagou im Landkreis Qingjian im Norden der Provinz Shaanxi im Lössplateau. Als er die Vorbereitungen für die Überquerung des Flusses inspizierte, kam ein schwerer Schneefall auf. Bei dem Anblick des Lössplateaus, mit seiner langen historischen und kulturellen Geschichte und den sanft tanzenden Schneeflocken, schrieb MAO Zedong das Ci-Gedicht „Schnee. Zur Melodie von Frühling in Qinyuan":

Szenerie im Norden des Landes

Hundert Meilen von Eis umschlossen,
tausend Meilen wirbelnder Schnee.
Beide Seiten der Großen Mauer,
eine einzige weiße Unendlichkeit.
Die schnelle Strömung des Gelben Flusses,
an beiden Enden verstummt.
Die Berge tanzen wie silberne Schlangen,
das Hochland erhebt sich wie wächserne Elefanten
und sie wetteifern mit dem Himmel um Beachtung.
An einem schönen Tag wird das Land,
in Weiß gekleidet, in Rot geschmückt,
immer bezaubernder.
Dieses Land, so reich an Schönheit,
zahllose Helden verneigten sich vor ihm.
Doch leider, Qin Shihuang und Han Wudi,
arm an literarischer Anmut;
Tang Taizong und Song Taizu
mit wenig Sinn für Poesie;
und Dschingis Khan, stolzer Sohn des Himmels einer Generation,
er kannte nur Adler zu erlegen mit ausgestrecktem Bogen.
Alle sind sie vergangen und fort!
Für wahrhaft große Männer,
schaut allein auf Heute.

MAO Zedong schrieb sein ganzes Leben lang hauptsächlich mit dem Pinsel. Er hinterließ eine große Anzahl von handschriftlich verfassten Gedichten von ihm und aus der chinesischen Geschichte, Texte, Manuskripte, Briefe, Anmerkungen und Notizen. Diese Handschriften sind von großem politischem, historischem, dokumentarischem und künstlerischem Wert. Sie sind ein wertvolles Erbe, das der Partei, dem Volk und der Nation hinterlassen wurde, und sie sind ein lebendiges Abbild davon, „wie die Größe gehärtet wurde". MAO Zedong liebte die Kalligrafie. Seine Kalligrafien hatten einen imposanten Stil und waren der Beginn eines neuen Stils der Kalligrafie für eine neue Generation und damit ein wichtiger Kulturschatz Chinas.

Für eine lange Zeit leitete ZHOU Enlai die Revolution und den Aufbau und entwickelte dabei in der Führung von Partei, Land und Armee einen einzigartigen Führungsstil, der ein wertvolles, ideologisches Gut der Kommunistischen Partei Chinas ist. Sein Führungsstil zeichnete sich dabei durch folgende Merkmale aus:

Erstens: Er ging sorgfältig vor mit einem Hang zu Details. Die Handhabung seines beschäftigten politischen Alltags ist ein perfektes Beispiel dafür. Anfang des Winters 1964 schrieb der berühmte konfuzianische Gelehrte MA Yifu in der Huainan-Halle im Regierungssitz Zhongnanhai mit Pinsel zwei Verspaare nieder und überreichte sie MAO Zedong und ZHOU Enlai.

ZHOU Enlai bei einem Besuch der Nationalen Baumwollfabrik Nr. 1 in Peking.

Jenes für MAO Zedong lautete: „Gäbe es Bohnen und Hirse wie Wasser und Feuer, wäre die Welt eine Familie." Das für ZHOU Enlai war: „Jene von Weisheit und Talent ausgewählt, vertrauensvoll und harmonisch, dann gelingt das Regieren des Volkes." Diese beiden Verse bringen die Bewunderung von MA Yifu für die beiden Anführer zum Ausdruck und zeigen gleichzeitig sein tiefes Verständnis der Beziehung der beiden zueinander. Der bekannte Autor GUO Moruo lobte einmal ZHOU Enlai für dessen methodisches Denken und den „blitzgescheiten Umgang mit Problemen." Damit MAO Zedong sich auf strategische und theoretische Probleme konzentrieren konnte, übernahm ZHOU Enlai größtenteils die Erledigung spezifischer Angelegenheiten und Probleme.

Nehmen wir ZHOU Enlais Bemühungen während der Großen Hungersnot von 1959-1961 als Beispiel. Laut seines Arbeitskalenders nahm er zwischen Juni 1960 und September 1962, einem Zeitraum von zwei Jahren und vier Monaten, an 115 Gesprächen über Probleme der Nahrungsmittelversorgung teil, davon 19 in der zweiten Hälfte 1960, 51 in 1961 und 45 in 1962. Um die Probleme anzugehen, überprüfte er zeitig die Berichte zu den Getreideabgaben, berechnete die Getreidelieferungen und besuchte mehrere Male Peking zur Inspektion der allgemeinen Situation. Von den Berichten, die ZHOU Enlais Büro an das Generalbüro des Ministeriums für Getreide und Ernährung zurückgeschickt hatte, sind noch 32 erhalten, die an über 994 Stellen ZHOU Enlais Handschrift aufweisen. Auf einer Tabelle, die eine Schätzung der Getreideproduktion und des -einkaufs für die Jahre 1962 und 1963 wiedergibt, hat ZHOU Enlai an über 145 Stellen mit rotem und blauem Stift Markierungen vorgenommen. An 40 Stellen hat er Korrekturen an Zahlen vorgenommen, 6 Berechnungen am Seitenrand gemacht und an 70 Stellen Zahlen und an 7 Stellen Text kommentiert, sodass die gesamte Tabelle dicht mit seiner Handschrift bedeckt ist. Diese Berichte sind wertvolle historische Artefakte, die von ZHOU Enlais hohem Maß an Verantwortungsbewusstsein und seinem sorgfältigen Führungsstil zeugen.

ZHOU Enlai hatte eine erstaunliche Aufmerksamkeitsgabe für Details. Sein Leben bestand aus einer langen Reihe historischer Augenblicke. Auf der Indochinakonferenz 1954 in Genf gab die chinesische

Delegation einen Filmempfang für ausländische Journalisten mit dem Ziel, der Welt das Neue China darzubringen. ZHOU Enlai wies seine Mitarbeiter an, einen guten Termin für die Filmvorführung zu wählen und Tage wie die Konferenzeröffnung oder das Wochenende zu vermeiden. Weiter bat er darum, die Einladungen in zwei Arten zu unterteilen – in namentliche und namenlose. Die namenlosen Einladungen sollten dann in den Unterkünften der Journalisten hinterlegt werden, um so auch taiwanische, südvietnamesische, südkoreanische und amerikanische Vertreter anzusprechen, die sonst nur schwer zu erreichen waren. Der Film wurde von einer chinesischen Erklärung und einer kurzen englischen Beschreibung über Lautsprecher begleitet. Um den Film Ausländern verständlich zu machen, planten die Mitglieder der Delegation, ein 15-seitiges Begleitheft auf Englisch zu verfassen und den ausländischen Journalisten zu schicken. Als ZHOU Enlai davon hörte, sagte er sofort: „Ein Begleitheft mit einem Dutzend Seiten? Wer würde sich das anschauen? Wäre ich Journalist, würde ich es nicht." Daraufhin bereitete er den Vorschlag auf jede Einladung zu schreiben: „Genießen Sie diesen prächtigen Opernfilm – das chinesische Romeo und Julia'". Ebenfalls ordnete er an, dass es vor dem Film eine dreiminütige Erklärung auf Englisch mit einer knappen Einführung in die Handlung geben solle. Diese solle ruhig etwas poetisch und tragisch sein, um die Zuschauer in den Film hineinzuversetzen, ohne weitere Erklärungen. Der Film wurde ein großer Erfolg und von viel Applaus begleitet. Die Zuschauer empfanden den Film als sehr schön und fast noch rührender als Shakespeares „Romeo und Julia". Er wurde gelobt mit: „Eine subtile Aufführung im asiatischen Stil." ZHOU Enlai bat die Beteiligten auch darum, den Film Charlie Chaplin bei ihm zu Hause zu zeigen, der ebenfalls viel Lob zum Ausdruck brachte.

Das zweite Merkmal war die pragmatische und aufrichtige Art seines Führungsstils. Im Februar 1962 auf der Erweiterten Arbeitskonferenz des Zentralkomitees erläuterte ZHOU Enlai den philosophischen Grundsatz der Kommunistischen Partei, die „Suche nach der Wahrheit in der Realität", anhand von vier methodischen Prinzipien: „Die Wahrheit sagen, wahre Kraft aufbringen, reale Dinge tun, reale Ergebnisse erzielen. Diese vier Aussagen fassen „die Suche der Wahrheit in der Realität" zusammen." Die grundlegenden Elemente dieser Theorie und ideologischen Methode sind die „Wahrheit" und die „Realität". In seinem Verständnis sind Wahrheit und Realität das von ihm angestrebte Ziel, aber auch der Weg selbst, um dieses Ziel zu erreichen. Immer befürwortete er, dass die Wahrheit gesagt wird, auch wenn diese extrem oder unschön war. Der Kaiser der Tang-Dynastie, LI Shimin, hörte sich die ihm widersprechenden Meinungen seines Kanzlers WEI Zheng an und konnte so die Tang-Dynastie in eine Blütezeit führen. Wenn selbst die Beziehung in der Feudalgesellschaft zwischen Regenten und Ministern so sein konnte, dann sollte umso mehr innerhalb der Kommunistischen Partei die Wahrheit gesagt und gehört werden. Gerade aus diesem Grund wies er während seiner Zusammenfassung der gemachten Erfahrungen der Partei im Aufbau darauf hin, dass eine wichtige ideologische Methode sei, auch den höchsten Entscheidungsträgern der Partei die Wahrheit sagen zu können. Dieses Denken und diese Anforderungen spielten eine wichtige Rolle, um in schwierigen Zeiten die reale Situation zu verstehen und entsprechend zu handeln. Auch er selbst war bekannt dafür, sich ihm widersprechende Meinungen, die nicht mit ihm übereinstimmten, anhören zu können. Immer betonte er, dass nur mit der Wahrheit, um der Partei und dem Volk die Realität und die wahre Gestalt der Dinge nahezubringen, wahre Begeisterung für den Aufbau aufgebracht werden kann. ZHOU Enlai sagte einmal: „Leute, die sich selbst für klug halten, haben meist kein gutes Ende. Die klügsten Menschen auf der Welt sind die ehrlichen. Nur ehrliche Menschen können den Test der Realität und Zeit bestehen."

Zeit seines Lebens traf ZHOU Enlai eine unendliche Anzahl ausländischer Gäste und befreundete sich mit respektierlichen und ehrlichen Leuten aus allen möglichen Ecken der Welt und verschiedenster sozialer Schichten. So wurde ZHOU Enlai das Mitglied der Kommunistischen Partei Chinas, das in den Herzen der Menschen den meisten Respekt und das meiste Vertrauen genoss. Woran lag das? An seiner Aufrichtigkeit. Der Autor IKEDA Daisaku sagte: „Als großer Diplomat ging Ministerpräsident ZHOU immer aufrichtig mit Menschen um. Das änderte sich nie, unabhängig von der Größe des Landes. Gäste aller Länder behandelte er mit Respekt und Höflichkeit. Zu ausländischen Gästen sagte er oft: „Ich hoffe, dass wir nicht nur auf die positiven Sachen schauen, sondern auch etwas auf die schlechten." Diese Ehrlichkeit und Bescheidenheit waren die Merkmale von Ministerpräsident ZHOUs Charakterstärke, was auch seine Widersacher neidisch anerkennen mussten, die sich auch bis zu Freundschaften entwickeln konnten. Auf diese Weise wurde eine neue Ära der Diplomatie, basierend auf friedlichem und harmonischem Dialog, eingeleitet." In seinem Umgang mit Menschen und dem Führen des Landes blieb Aufrichtigkeit ein Merkmal ZHOU Enlais. Seine Aufrichtigkeit, manchmal groß wie Beziehungen zwischen Staaten, manchmal klein wie zwischen Menschen, rührten nicht nur China, sondern die ganze Welt.

In seinem Freundeskreis hatte er auch eine leitende Funktion inne, aber verstand sich dabei niemals selbst als ein Anführer. Stattdessen betrachteten seine Freunde ihn als einen Vertrauten, der ihnen den rechten Weg zeigte, und sie vertrauten ihm bedingungslos. HU Zi'ang, eine berühmte Führungspersönlichkeit aus Industrie- und Handelskreisen, und ZHOU Enlai befreundeten sich während des Widerstandskrieges. HU Zi'ang sagte einmal: „Menschen aller Gesellschaftsschichten respektierten ihn, sobald sie mit ihm in Kontakt traten. Egal ob ein Kontakt mit der Wirtschaft, ein Treffen oder ein Gespräch; alle waren sie gerührt und bekamen Tränen in die Augen."

Am 29. September 1951 hielt ZHOU Enlai an der Peking-Universität einen Vortrag zum Thema „Über die Frage der Reform der Intellektuellen". Anstatt über nichtssagende Prinzipien zu sprechen, fing er mit sich selbst an und sagte: „Um die Frage der Reform anzusprechen, möchte ich mit mir selbst beginnen. Nach meinem Abschluss von der Mittelstufe war ich zwar nominell an der Universität eingeschrieben, allerdings war dies gerade zu der Zeit der Bewegung des 4. Mai, sodass ich nicht wirklich studiert habe. Genauso war ich theoretisch für das Studium in Japan, Frankreich und Deutschland, aber habe niemals einen Fuß in die Universitäten dort gesetzt. Daher bin ich nur ein mittelmäßiger Intellektueller. Wenn ich heute vor euch wahren Intellektuellen und Studenten spreche, habe ich immer noch etwas Angst." Daraufhin sagte er: „Was mich persönlich betrifft, so habe ich vor bereits mehr als 30 Jahren an der Bewegung vom 4. Mai teilgenommen und mich seitdem auch stetig weiterentwickelt und erneuert. Vielleicht sagen einige meiner Genossen: „Du bist jetzt ein Anführer der Regierung, musst du trotzdem noch lernen und dich erneuern?" Ja, muss ich, auch ich muss lernen und mich stets erneuern. Denn es gibt noch viele Dinge, die ich nicht weiß, viele Wahrheiten, die ich noch nicht verstehe. Daher muss man beständig lernen und verstehen, nur dann kann man sich entwickeln. In diesen 30 Jahren, obwohl ich an der Revolution teilgenommen und Verantwortungen für einige Abteilungen übernommen habe, habe ich viele Fehler begangen, daraus gelernt und neu angefangen." Mit einer so offenherzigen und ehrlichen Rede berührte er die Zuschauer und Intellektuellen, die anwesend waren, zutiefst.

Unter der ersten Gruppe von Kriegsverbrechern, denen 1959 Amnestie gewährt wurde, befanden sich viele ehemalige Absolventen der Whampoa-Militärakademie. ZHOU Enlai begrüßte sie herzlich und ließ ihre Erinnerungen an die Schule wieder aufleben. Gleichzeitig erzählte er ihnen aber auch streng, wie sie weiter lernen und Fortschritte erzielen sollten. Auch danach traf sich ZHOU Enlai mehrmals mit ihnen, um ihnen Hilfestellungen und Ratschläge mit auf den Weg zu geben. Dies ließ die ehemaligen Schüler spüren, was es heißt, den ersten Schritt eines neuen Lebens zu nehmen. Später machten die meisten dieser Menschen echte Fortschritte und einige von ihnen gingen ins Ausland. Auch wenn sie Bedrohungen ausgesetzt oder mit Geld bestochen wurden, gaben sie niemals nach und drückten ihre Unterstützung für die Kommunistische Partei Chinas aus. Niemals vergaß ZHOU Enlai die guten Taten eines jeden Menschen, die dieser in der Vergangenheit vollbracht hat. Als er bereits im Sterben lag, bat er die Verantwortlichen dafür, dass im Eintrag des Politikers YANG Du im weitverbreiteten Wörterbuch Cihai erklärt werden soll, dass dieser in seinen späten Jahren mit der Genehmigung ZHOU Enlais von der Kuomintang zur Kommunistischen Partei wechselte. Nachdem diese Nachricht bekannt wurde, waren alle von ZHOU Enlais Weitsicht und Größe angetan.

Das dritte Merkmal von ZHOU Enlais Führungsstil war ein Sinn für die Gesamtsituation und dialektische Toleranz. Er vereinte zu einem hohen Maß die Berücksichtigung und den Überblick einer Situation.
Bei jedem, mit dem ZHOU Enlai in Kontakt kam, hinterließ er einen tiefen Eindruck. Auf sorgfältige, gründliche und präzise Weise analysierte er Probleme und legte die dialektische Beziehung des Ziels seiner Analyse vollkommen offen. Auch Nixon konnte nicht anders, als vor ZHOU Enlai zuzugeben: „Wir sind oft nicht sorgfältig genug, aber mit ein paar mehr Zivilisationen auf der Welt wird es besser werden. Es ist die Sorgfältigkeit der Chinesen, die mich am tiefsten beeindruckt hat."

Das Lebenswerk und der Kampf von ZHOU Enlai waren von Dialektik geprägt. Er war einer der wenigen Menschen in der Geschichte, dessen Taten ausdrucksvoller und bildhafter waren als sein Geschriebenes.

Während der demokratischen Revolution lag das Hauptaugenmerk seiner Arbeit auf Geheimoperationen in den von der Kuomintang besetzten Gebieten und auf dem Kampf am Verhandlungstisch mit den Reaktionären CHIANG Kai-sheks. Er verstand es in hohem Maße, die Politik von MAO Zedong „Widersprüche nutzen, für die Mehrheit kämpfen, gegen die Minderheit vorgehen, einen nach dem anderen zerschlagen" und die Strategie des „vernünftigen, vorteilhaften und besonnenen" Kampfes anzuwenden.

Nach der Gründung der Volksrepublik China übernahm er das Amt des Ministerpräsidenten, was ihm eine Bühne für die Anwendung der materialistischen Dialektik bot.

Das vierte Merkmal war nach Gemeinsamkeiten zu suchen, Unterschiede bestehen zu lassen und dabei entschlossen und flexibel vorzugehen. In der Anwendung der materialistischen Dialektik, der Analyse von Widersprüchen und dem Lösen von Problemen erkannte er nicht nur die gegensätzliche Natur von Widersprüchen, die miteinander konkurrieren, sondern auch die Wichtigkeit der Wesensgleichheit dieser Widersprüche in der Entwicklung der Dinge. Diese Erkenntnis führte zu dem Prinzip, nach Gemeinsamkeiten zu suchen und Unterschiede bestehen zu lassen.

Im Zuge des nationalen Aufbaus betonte er immer wieder die Frage der Einheit und erinnerte die Menschen daran, dass Einheit zu Stärke führt und gemeinsam alle Aufgaben verwirklicht werden können.

In der frühen Phase der Gründung der Volksrepublik China erörterte er gemeinsam mit Wissenschaftlern und Intellektuellen die Frage der Einheit. Im Sinne der Wesensgleichheit von Widersprüchen definierte er „Einheit" als: „Einheit" entsteht und entwickelt sich durch Widersprüche. Jeder Mensch ist unterschiedlich, genauso wie die Gesichter. Auch das Wissen, die Talente und die Persönlichkeit eines jeden sind unterschiedlich und zwischen ihnen können Widersprüche auftreten.

Einheit ist die Vereinigung von Widersprüchen anhand von Gemeinsamkeiten. Jene, die Einheit schaffen, sind jene, die Widersprüche anhand von Gemeinsamkeiten vereinen können." Diese Idee wurde besonders auffällig in der Diplomatie der Volksrepublik nach ihrer Gründung. Im Dezember 1953 plädierte er dafür, die Fünf Prinzipien der friedlichen Koexistenz als Grundlage für die Beziehung zwischen China und Indien zu verwenden, um Gemeinsamkeiten dieser als Grundlage zu verwenden. Im April 1955 auf der Bandung-Konferenz hielt er die berühmte Rede, „nach Gemeinsamkeiten zu suchen und Unterschiede bestehen zu lassen." Er sprach sich dafür aus, dies als ideologische Methode zu verwenden, um komplizierte Widersprüche zwischen Ländern zu lösen. „Nach Gemeinsamkeiten zu suchen" bedeutet, einen gemeinsamen Ausgangspunkt für Gespräche auf Grundlage der Fünf Prinzipien der friedlichen Koexistenz zu finden. „Unterschiede bestehen zu lassen" bedeutet, die Unterschiede zwischen Ländern mit unterschiedlichem oder ähnlichem Gesellschaftssystem auszuklammern oder beiseitezulegen. Nach seiner Auffassung, um gemeinsam auf der Erde zu leben, sollten unterschiedliche Ideologien, verschiedene Regierungssysteme und alle anderen zwischenstaatlichen Unterschiede ausgeklammert werden. Stattdessen sollten Gemeinsamkeiten gesucht werden, auch wenn diese sich gegenüberstehen, an Bedingungen geknüpft oder sogar vollkommen gegensätzlich und widersprüchlich sind. Jedoch können Unterschiede zwischen Ländern nur auf diese Art und Weise angemessen überwunden werden.

In seiner Arbeit als Diplomat brachte ZHOU Enlai eine Reihe konkreter Prinzipien hervor, die auf dem Ansatz „nach Gemeinsamkeiten suchen und Unterschiede bestehen lassen" basieren: Zwischen zwei Ländern mit unterschiedlichen Gesellschaftssystemen und Ideologien sollte „in den Unterschieden nach Gemeinsamkeiten gesucht werden"; zwischen Ländern mit ähnlichen Gesellschaftssystemen und ähnlich schwierigen Erfahrungen in ihrer Geschichte sollten „möglichst viele Gemeinsamkeiten gesucht, und möglichst wenig Unterschiede aufrechterhalten werden"; im Umgang mit den kapitalistischen Ländern des Westens, die gegen die Fünf Prinzipien der friedlichen Koexistenz verstoßen, sollten „Gemeinsamkeiten gesucht und Unterschiede unterdrückt werden"; und zwischen China und den USA sollten „Gemeinsamkeiten gesucht und Unterschiede bestehen bleiben". Dieser vielseitige und vielschichtige Ansatz, der auf verschiedenste Weise mehrere Perspektiven einbezieht, spiegelt das hohe Maß an politischer Weisheit von ZHOU Enlai wider, um Probleme in zwischenstaatlichen Beziehungen zu lösen, der auch reiche Anwendung erfuhr. Im April 1957 sprach er bei einer Rede über die theoretischen Grundlagen dieses Ansatzes. Er sagte: „Laut der Interpretation des Vorsitzenden MAO in „Über den Widerspruch" ist keine Sache jemals grundverschieden. In jeder Sache gibt es Gemeinsamkeiten und Unterschiede, weshalb wir für internationale Angelegenheiten das Leitprinzip „nach Gemeinsamkeiten suchen und Unterschiede bestehen lassen". Dieses Prinzip müssen wir auch bei den kapitalistischen Ländern und bei Problemen mit brüderlichen Ländern anwenden."

Das fünfte Merkmal war ZHOU Enlais Menschenkenntnis, Menschen gut einzubinden und sich auf die Massen zu verlassen. So lautet ein chinesisches Sprichwort: „Gewinne die Herzen der Menschen und das Land gedeiht; verliere sie und das Land geht unter." Der chinesische Philosoph WANG Fuzhi der Qing-Dynastie sagte: „Wer Menschen geschickt einsetzen kann, dem kann sich niemand in den Weg stellen." Sein ganzes Leben lang suchte er nach den Weisen und Talentierten der Welt und nutzte seine Menschenkenntnis, um sie in passenden Ämtern einzusetzen. Ob während der demokratischen Revolution oder nach der Gründung der Volksrepublik China, ZHOU Enlai war stets von einer großen Anzahl herausragender Persönlichkeiten umgeben, sowohl talentiert als auch mutig.

Die Regierung, die ZHOU Enlai während seiner Amtszeit als Ministerpräsident aufbaute, bestand aus vielen begabten Menschen, die er für das Land einsetzte und ausbildete.

Doch nicht nur bei der Auswahl und dem Erkennen von Talenten zeigte er viel Menschenkenntnis, sondern auch bei der Verpflichtung dieser Talente hielt er sich nicht an altbekannte Muster und blieb aufgeschlossen. Um nach der Gründung der Volksrepublik die Chinesische Akademie der Wissenschaften in Peking zu bereichern, wollte die zuständige Abteilung des Zentralkomitees den berühmten Historiker GU Jiegang an das dortige Geschichtsinstitut versetzen.

Damals wurde gemunkelt, dass GU ein monatliches Gehalt von 5 Millionen Yuan verlangte, was heutzutage etwa 500 Yuan bzw. 60 Euro entsprechen würde, damals ein sehr hohes Gehalt. Andernfalls würde er nicht nach Peking gehen. Als ZHOU Enlai davon erfuhr, wurde dieser alles andere als wütend und sagte stattdessen: „Wie viele GU Jiegangs gibt es in China? Wenn er 5 Millionen haben will, soll er diese bekommen, aber er muss auf jeden Fall nach Peking eingeladen werden." Als GU Jiegang davon hörte, war er sehr gerührt und erklärte den Anführern, dass er nicht die Absicht habe, ein hohes Gehalt zu verlangen, und dass er sofort nach Peking gehen würde.

Der herausragende Geologe LI Siguang war ein Mensch, der nicht gerne viel redete. Im Widerstandskrieg gegen Japan traf LI Siguang zwei Mal in Chongqing auf ZHOU Enlai. Kurz nach der Gründung des Neuen Chinas plante die Volksregierung, eine Arbeitskonferenz für Geologen des gesamten Landes einzuberufen. ZHOU Enlai wies daraufhin an, damit zu warten, bis LI Siguang nach China zurückgekehrt war. Als LI Siguang davon erfuhr, war er zutiefst gerührt von dem Vertrauen, das die Partei in ihn setzte. Nach seiner Rückkehr nach Peking begann er, sich mit geologischen Angelegenheiten des Landes auseinanderzusetzen.

Eines Nachmittags, gegen 17 Uhr, während sie in ihre Arbeit vertieft waren, traten plötzlich zwei Mitarbeiter ein und teilten LI Siguang mit: „Herr LI, ein Verantwortlicher der Zentralregierung ist hier, um Sie zu sehen." LI Siguang war gerade aufgestanden, als ZHOU Enlai bereits den Raum betrat. Er hätte nie erwartet, dass der viel beschäftigte Ministerpräsident ZHOU ihn persönlich besuchen würde. Daraufhin erstattete LI Siguang ZHOU Enlai Bericht und bat um Anweisungen für geologische Arbeiten. Nachdem er aufmerksam zugehört hatte, sagte ZHOU Enlai: „Unsere Sache hat gerade erst begonnen, egal ob Industrie oder die nationale Verteidigung, sie beide sind mit der Geologie untrennbar verbunden. Die geologische Arbeit muss zuerst unternommen werden. Kurz nach der Gründung der Volksrepublik China planten wir, die erste nationale Konferenz für geologische Angelegenheiten abzuhalten. Zu der Zeit fand ich, da eine passende Führungsfigur fehlte, auf jeden Fall auf Ihre Rückkehr gewartet werden muss."

Unter der Führung von ZHOU Enlai war LI Siguang Vizepräsident der Chinesischen Akademie der Wissenschaften und der erste Minister für Geologie im neuen China.

Das sechste Merkmal von ZHOU Enlais Führungsstil waren Bescheidenheit und Sachlichkeit sowie die Behandlung eines jeden auf Augenhöhe. Der bescheidene Geist der chinesischen Nation wurde von ZHOU Enlai vollends verkörpert. Schon als studentischer Anführer in seiner Jugendzeit zeigte er ein ausgezeichnetes Moralverständnis für Bescheidenheit und Großzügigkeit. Den von ihm gegründeten Verband nannte er „Engagierte und gemeinschaftliche Arbeit", was seinen bescheidenen Geist widerspiegelte, die Massen zu vereinen, fleißig zu ler-

ZHOU Enlai leitet die chinesische Delegation zur Teilnahme an der Indochinakonferenz in Genf 1954.

nen und Neues zu wagen. Oft ermutigte er sich selbst und seine Kameraden: „Habt einen Sinn fürs Lernen." „Man lernt, solange man lebt" war seine Lebensphilosophie. Schon in frühen Jahren hatte er die Angewohnheit, gerne zu lernen und nachzudenken, und entwickelte ein ungewöhnlich gutes Gedächtnis. Er lernte Wissen sowohl aus Büchern als auch aus der Praxis. Genauso lernte er aus den indirekten Erfahrungen seiner Vorgänger und den realen Erfahrungen seiner Zeitgenossen. Stets schöpfte er unendliche Weisheit von seinen Kameraden, Freunden und sogar Feinden.

ZHOU Enlai hatte viel Selbstdisziplin und versteckte niemals seine Schwächen oder Fehler. Bekanntlich sagte ZHOU Enlai einmal: „Wir haben keine Angst vor Kritik oder Selbstkritik. Stattdessen glauben wir daran, dass erfolgreiche Personen, Gruppen und Unterfangen aus der Korrektur von Fehlern entstehen. Personen und Gruppen ohne Fehler gibt es auf dieser Welt nicht und wird es auch niemals geben. Gleichzeitig lehnen wir Kritik von anderen nicht ab, nur weil sie böswillig oder angreifend ist." Wenn er eine Schwäche oder einen Fehler bei sich entdeckte, übte er aufrichtige und ständige Selbstkritik und korrigierte diese in der Praxis. Bezüglich Fehlern bei seiner Arbeit suchte er den Fehler bei sich selbst und schob es nicht auf objektive Gründe. Wenn in seiner Arbeit als Anführer Probleme auftraten, übernahm er stets die Verantwortung dafür und schob diese niemals auf andere. Diese Einstellung behielt er sein ganzes Leben lang bei. Am Vorabend seines Todes schaffte er es noch, an einer Gedenkfeier für Feldmarschall HE Long teilzunehmen. ZHOU Enlai verbeugte sich sieben Mal vor dem Leichnam HE Longs und entschuldigte sich bei dessen Familie, wobei er sich selbst die Schuld gab, diesen nicht besser beschützt zu haben. Unter allen Anführern der Partei galt er als der, der sich am mutigsten und häufigsten selbst kritisierte.

Jahrzehntelang bekleidete ZHOU Enlai die höchsten Führungspositionen in der Partei und im Volk. Dabei betrachtete er sich selbst stets als einfacher Arbeiter und Diener des Volks. Niemals spielte er sich als Anführer auf, egal mit welchen Leuten er es zu tun hatte. Man merkte ihm niemals seine Rolle als Beamter an. Bezüglich der Außenbeziehungen glaubte ZHOU Enlai: „Alle Länder, alle Nationen haben Stärken und Schwächen, Vor- und Nachteile." Er forderte: „Es muss von den

Stärken aller Länder gelernt werden." Und: „Alle guten Dinge der Welt müssen erlernt werden." Auch wies er darauf hin: „Bei Ländern wird nicht zwischen groß oder klein unterschieden, alle sind gleich." Über dieses Thema sprach er häufig mit ausländischen Persönlichkeiten.

Besonders Länder aus Asien, Afrika und Lateinamerika fragte er häufig bescheiden, was diese von der diplomatischen Arbeit Chinas hielten und ob sie irgendwelche Anzeichen von Chauvinismus einer Großmacht bei China entdecken würden. Bis zu der Zeit, als er aufgrund einer schweren Krankheit im Krankenhaus bleiben musste, erklärte er unermüdlich bei Treffen mit ausländischen Gästen die chinesische Politik, sich niemals als dominante Macht aufzuspielen.

Die Haltung ZHOU Enlais in internationalen Kontakten, jedem auf Augenhöhe zu begegnen, wurde von der internationalen Gemeinschaft allgemein gelobt. Vor allem sein Respekt und seine Rücksichtnahme gegenüber kleinen Ländern verkörperten die gleichberechtigte Begegnung Chinas mit anderen. Einmal besuchte er ein befreundetes Nachbarland und der Premierminister dort hatte geplant, ihn in einem kleinen Flugzeug zu einem sehr weit entfernten Ort zu begleiten für einen Besuch. Während die Mitarbeiter ZHOU Enlais Zweifel an der Sicherheit eines solchen Flugzeugs hatten, bestand dieser darauf, die Pläne des Gastgebers zu respektieren. Er sagte: „Die Premierminister anderer Länder können dieses Flugzeug nehmen, wieso sollte ich dies nicht?" Diese Reaktion ZHOU Enlais wurde bei den Menschen dieses Landes positiv aufgenommen und verstärkte die freundschaftlichen Beziehungen der beiden Länder.

DENG Xiaoping hatte ein einzigartiges Verständnis von Führungsarbeit. So stellte er „Vier Eigenschaften" guter Führung auf. Diese müsse Prinzipientreue, Systematik, Weitsicht und Innovation aufweisen. Diese „Vier Eigenschaften" forderte er von der gesamten Partei, waren aber auch die theoretische Basis und eine Besonderheit seines Führungsstils.

Prinzipientreue war die Seele von DENG Xiaopings Führungsstil. Diese stand bei seiner Führungsarbeit an erster Stelle. Ohne Prinzipientreue ist keine Führung möglich. Anfang der 1930er widmete DENG Xiaoping sich vollkommen der kommunistischen Bewegung, erlebte

Tiefen und die Schwierigkeiten der Revolution. In seiner revolutionären Laufbahn von über 70 Jahren hielt er immer an seinem Glauben an den Marxismus und die Ideen MAO Zedongs fest sowie an dem Sozialismus und Kommunismus. Dabei blieb er stets selbstlos und ohne Furcht, unbeugsam und mit starkem Willen. Niemals gerieten sein Standpunkt, sein Glauben oder seine Prinzipien in Zweifel. MAO Zedong sagte über ihn: „Äußerlich wirkt er sanftmütig, aber innerlich ist er hart wie Stahl." Und: „In der Sanftmut versteckt sich Stahl, in der Watte eine Nadel." Damit wurde DENG Xiaopings Prinzipientreue gelobt.

Hier ein Beispiel. Die ehrgeizige britische Premierministerin Margaret Thatcher verfolgte eine harte Innen- und Außenpolitik und wurde daher auch „Eiserne Lady" und „Expertin des Kalten Kriegs" genannt. Am 24. September 1982 um 9 Uhr morgens traf DENG Xiaoping sich mit Thatcher im Fujian-Sall der Großen Halle des Volks, um über die Rückgabe Hongkongs an China zu sprechen. Nachdem dieses Thema im Gespräch aufkam, nahm Thatcher gemäß ihrer abgestimmten Vorbereitung eine harte Haltung ein. Sie betonte, dass die drei Verträge (Vertrag von Nanking, die Pekinger Konvention und die Konvention über die Erweiterung des Hongkonger Territoriums) weiterhin Bestand hätten und sich daran gehalten werden müsse. Sie sagte sogar, dass eine Rückgabe Hongkongs an China katastrophale Auswirkungen auf Hongkong hätten. Um den Wohlstand Hongkongs fortzuführen, müsse es von Großbritannien verwaltet werden.

DENG Xiaoping machte daraufhin Thatcher seinen Standpunkt deutlich: „Die Frage der Souveränität über Hongkong steht nicht zur Diskussion. Wenn China im Jahre 1997, 48 Jahre nach der Gründung der Volksrepublik, noch nicht Hongkong zurückerhält, wird kein chinesischer Anführer oder die Regierung dies dem chinesischen Volk verständlich machen können, noch nicht mal den Menschen der Welt. Wenn Hongkong nicht zurückkehrt, wäre die chinesische Regierung [so schwach] wie die Regierung der späten Qing-Dynastie und der Anführer Chinas wäre LI Hongzhang! Wir warten bereits 33 Jahre, bei weiteren 15 Jahren sind dies insgesamt 48 Jahre. Nur auf der Basis des Vertrauens des chinesischen Volks konnten wir so lange warten. Wenn wir Hongkong nach 15 Jahren immer noch nicht zurückerhalten, hat das Volk keinen Grund mehr, uns zu vertrauen. Jede chinesische Regierung müsste sich zurückziehen und von der politischen Bühne verschwinden, es gäbe keine andere Wahl."

Bezüglich der von Thatcher erwähnten katastrophalen Auswirkungen, antwortete DENG Xiaoping ernst: „Kleine Auswirkungen sind unvermeidlich, aber wenn China und Großbritannien eine kooperative Haltung zur Lösung von Problemen einnehmen, können größere Auswirkungen vermieden werden." Zu Thatcher sagte er auch noch: „Die chinesische Regierung hat jede Möglichkeit in Betracht gezogen und auch über die eine Frage nachgedacht, über die wir bereit sind nachzudenken, nämlich wenn in diesen 15 Jahren der Übergangsphase ernsthafte Auswirkungen auftreten, was ist dann zu tun? Dann wäre die chinesische Regierung gezwungen, über den Zeitpunkt und die Art der Rückgabe erneut nachzudenken. Wenn die Ankündigung der Rückgabe, wie Sie sagten, „katastrophale Auswirkungen"' mit sich bringen würden, dann müssen wir diese angehen und entsprechende Maßnahmen treffen." Während des hitzigen Wortwechsels beobachtete Thatcher die Gesten von DENG Xiaoping genau und hörte ihm aufmerksam zu. Nach Ende des Gesprächs schüttelte DENG Xiaoping die Hand Thatchers zum Abschied. Mit bitterem Lächeln sagte diese: „Ich werde darüber nachdenken, was Sie gesagt haben. Auf Wiedersehen!" Während des gesamten Gesprächs war Thatcher sehr angespannt. Beim Verlassen der Großen Halle des Volkes trug sie hohe Schuhe und verpasste eine Stufe auf der Treppe, sodass sie zu Boden fiel. Ein Wachmann eilte herbei und half ihr auf.

Nach zweijährigen Verhandlungen zwischen China und Großbritannien fanden diese schließlich eine Einigung in der Hongkong-Frage. Am 19. Dezember 1984 unterzeichnete die Anführer beider Regierungen in der Großen Halle des Volks eine gemeinsame Erklärung bezüglich der Hongkong-Frage: Mit Wirkung vom 1. Juli 1997 wird die Volksrepublik China erneut die Souveränität über Hongkong ausüben und die britische Regierung wird Hongkong am selbigen Tag China übergeben.

Diese Prinzipientreue DENG Xiaopings veranlasste ihn dazu, in der neuen Zeitperiode den Grundsatz, blind MAOs Entscheidungen Folge zu leisten, abzulehnen und ungerechtfertigte Fälle wieder zu rehabilitieren. Diese Prinzipientreue zeigt sich auch bei der objektiven Bewertung des historischen Status MAO Zedongs und seiner Ideen. Genauso zeigt sie sich bei einer Reihe von wichtigen Maßnahmen wie der Einführung des Haushalts-Verantwortungssystems auf dem Land, der Einführung von Sonderwirtschaftszonen und den Reformen hin zu einer Marktwirtschaft.

Dazu gehören auch die Bekämpfung der bürgerlichen Liberalisierung, die Befriedung der politischen Unruhen von 1989 und die Aufhebung der westlichen Sanktionen. Seine Prinzipientreue zeigt sich auch am Festhalten an der sogenannten Linie „Eine zentrale Aufgabe, zwei grundlegende Punkte" (Die zentrale Aufgabe ist der Aufbau der Wirtschaft, die zwei grundlegende Punkte sind die Vier Grundprinzipien und die Reform- und Öffnungspolitik) sowie an seiner Wiederherstellung und Förderung der Traditionen und des guten Arbeitsstils der Partei. Genauso zeigt sie sich auch in seinem Regieren von Partei, Land und Militär und dem Aufbau strategischer Partnerschaften auf dem komplizierten, internationalen Schlachtfeld.

Ganz gleich, von welchem Gesichtspunkt aus betrachtet, war DENG Xiaoping ein Vorbild für Prinzipientreue. Einige ausländische Gelehrte verglichen DENG Xiaoping mit anderen Führungspersönlichkeiten der Kommunistischen Partei wie MAO Zedong und ZHOU Enlai. Sie kamen zu dem Schluss, dass MAO Zedongs Autorität durch seinen Charme zustande kam, DENG Xiaopings Autorität durch die Organisation der Partei entstand. Niemals bildete er innerhalb der Partei oder dem Militär kleine Grüppchen. Das Land, die Partei und das Militär mithilfe von Organisationen und dem System zu regieren, war eines der Merkmale von DENG Xiaopings Führungsstil.

Systematik war ebenfalls ein wichtiges Merkmal von DENG Xiaopings Führungsstil. Das Regieren eines Landes, vor allem von so einer Größe wie der Partei und Chinas, ist an sich bereits ein systemisches Bauprojekt, das nicht von großem Ausmaß ist, sondern auch Genauigkeit im Detail verlangt. DENG Xiaoping hatte einmal zum damaligen Gouverneur Hongkongs, Murray MacLehose, gesagt: „Wenn ihr glaubt, das Regieren Hongkongs sei kompliziert, dann probiert es erst mal mit China." DENG Xiaoping war ein Stratege und Meister der Dialektik. In seiner Führungsarbeit achtete er darauf, ein Problem aus einem gesamten und strategischen Blickwinkel heraus zu betrachten. Außerdem verstand er es, Probleme aus den inneren Zusammenhängen und Nutzen heraus anzugehen. Dies war eine wichtige Besonderheit von DENG Xiaopings Denken und Entscheidungen. Er war gut darin, den Dreh- und Angelpunkt einer Sache zu erfassen und einen Sinn für das große Ganze zu haben. Genauso wie einst ein ausländischer Gelehrte sagte: „In der Geschichte der Menschheit gab vielleicht noch nie eine Gesellschaft wie China, die nach dem Tod MAO Zedongs mit DENG Xiaoping als Kern des zentralen Führungskollektivs, solch umfassende Reformen durchführen kann, ohne zu Krieg, gewaltsamen Revolutionen oder wirtschaftlichen Zusammenbruchs zu führen." Und: „DENG Xiaoping war ein großer Mann an diesem Wendepunkt Chinas. Er führte China von einem Zeitalter in ein neues, hin zur Modernisierung."

DENG Xiaoping legte großen Wert auf Führung durch Theorien und die Verbindung von Theorie mit der Realität. Während der historischen Durchführung der Reform- und Öffnungspolitik schöpfte er neue Theorien gemäß den Anforderungen der Zeit. Auf der Grundlage der Ideen MAO Zedongs schrieb er neue Werke und brachte er eine Reihe neuer Ideen, Ansichten und Meinungen hervor, die die Theorien DENG Xiaopings begründeten. Die Schriften DENG Xiaopings führten auf der theoretischen und ideologischen Ebene die Schriften MAO Zedongs fort, waren jedoch stilistisch und in der Form vollkommen unterschiedlich.

Obwohl einige Schriften MAO Zedongs ebenfalls sehr kurz sind, sind die meisten systematische und weitgreifende Abhandlungen. Die Schriften DENG Xiaopings sind teils auch sehr umfangreich, aber überwiegend sind diese Ansammlungen von Argumenten und Behauptungen. Beide haben jedoch ein umfassendes Ideensystem entwickelt mit spezifisch chinesischen Elementen. DENG Xiaopings Theorien sind die direkten Nachfolger und Weiterentwicklungen der Ideen MAO Zedongs und auch der Grundstein des Sozialismus chinesischer Prägung. Sie knüpfen an den Ideen MAO Zedongs an und bringen die wichtigen Ideen des Dreifachen Vertretens und der Wissenschaftlichen Entwicklungsperspektive hervor. Sie verbinden Theorie mit Praxis, Geschichte mit Logik und Fortführung mit Entwicklung.

Weitsicht war ebenfalls ein charakteristisches Merkmal von DENG Xiaopings Führungsstil. Führung braucht Weitsicht. Ohne Weitsicht, keine Führung. DENG Xiaoping war ein pragmatischer Realist. Auch er selbst gestand sich einst ein, „Pragmatiker" zu sein. Viele der Ideen und Ansichten DENG Xiaopings entstammen dem Volk und wurden für das Volk genutzt. Sprüche wie „Es ist egal, ob eine Katze schwarz oder weiß ist – Hauptsache, sie fängt Mäuse", „Nach den Steinen tastend den Fluss überqueren", „Weniger leere Versprechungen, mehr Taten" und „Keine Streitereien" sind alle aus der Sprache der Massen, aber durch die Verarbeitung und Kreativität DENG Xiaopings erfuhren diese ganz neuen Bedeutungen und wurden bekannte Zitate für das Regieren des Landes im neuen Zeitalter. DENG Xiaoping war ein weitsichtiger Denker, der stets betonte, dass die führenden Kader, besonders die in hohen Positionen, einen weiten Horizont haben und offen für Neues sein sollten.

Beim Angehen von Problemen betrachtete DENG Xiaoping diese immer von der Geschichte, Realität und Zukunft aus. Seine Führung verband Pragmatismus mit Weitsicht, sodass er immer etwas höher stand, weiter schaute und weiter dachte als andere und stets das Wesen einer Sache begriff. Ein altes Sprichwort besagt: „Wer keine übergeordnete Strategie hat, kann auch keine Teilstrategie entwerfen. Wer nicht langfristig plant, kann dies auch nicht kurzfristig." Dies zeigt sich ganz besonders im Führungsstil von DENG Xiaoping. So haben sich z. B. seine Aussichten für die gesellschaftliche Entwicklung, die „Zwei Sprünge" auf dem Land, die „Drei-Schritte-Theorie" für die Modernisierung des Landes, die „Drei Richtungen" für die Bildungspolitik und sein Konzept für die Errichtung einer neuen internationalen Ordnung in Politik und Wirtschaft allesamt in der Praxis bewährt. An dieser richtungsweisenden Weitsicht, basierend auf Wissenschaft, zeigt sich der strategische Scharfsinn DENG Xiaopings. Auch Innovation zog sich wie ein roter Faden durch den Führungsstil DENG Xiaopings. Stets dachte er unabhängig von anderen und folgte anderen niemals blindlings ohne zu hinterfragen. DENG Xiaoping sagte einmal 1938, dass alles dialektisch ist und sich entwickelt und verändert. Diese Bemerkung schätzte MAO Zedong sehr, weil er fand, dass sie das Wesen des Marxismus erfasse und philosophisch sei. Die darauffolgenden vier bis fünf Jahre bezog er sich häufig darauf.

Ein Denken voller Energie war eine Charaktereigenschaft DENG Xiaopings und auch ein Merkmal seines Führungsstils. Henry Kissinger sagte einst zu ihm: „Ich weiß, dass es in China Leute gibt, die jünger sind als Sie. Ich bezweifle aber, dass es in China jemanden gibt, der mehr Energie hat als Sie." Auch ein russischer Gelehrte sagte einmal über DENG Xiaoping: „Mit Realismus die Welt und das Leben anzugehen, ist die Essenz des Marxismus. Daher ist für ihn die Quelle des Wissens das sich stets verändernde Leben. Die Aufgabe eines Politikers ist es, ernsthaft über die momentan stattfindenden Veränderungen nachzudenken und einen passenden Weg zu finden. DENG Xiaopings Lebensphilosophie war nicht die des Kampfes, sondern der Praxis." Im Frühjahr 1992, im Alter von 88 Jahren, besuchte DENG Xiaoping den Süden. Vom 19. bis 23. Januar 1992 besuchte DENG Xiaoping Shenzhen.

In der entscheidenden Phase der Reform- und Öffnungspolitik Chinas bestätigte DENG Xiaoping die Erfolge der Stadt Shenzhen, die diese erreichen konnte, und sagte: „Die wichtigste Erfahrung Shenzhens ist es, den Mut zu haben, nach vorne zu preschen. Ohne diesen Mut, ohne Mut zum Risiko und ohne Rückgrat schafft man es niemals auf einen guten und neuen Weg und kann nichts Neues erreichen. Bei der Reform und Öffnung muss man mutig sein und ausprobieren und nicht [konservativ] in der Zeit [des alten Chinas] des Füßebindens verharren. Hat man den richtigen Weg gefunden, muss man mutig ausprobieren und nach vorne preschen. Wer würde sich trauen zu sagen, etwas nur ohne Risiko und 100 %-tiger Sicherheit zu wagen?" Ernst sagte DENG Xiaoping: „Die Reform und Öffnung macht keinen Schritt mehr, da man Angst hat, nach vorne zu preschen, Angst davor, zu stark auf dem Weg des Kapitalismus zu gehen. Der Kernpunkt der Frage liegt darin, ob etwas kapitalistisch oder sozialistisch ist. Das Kriterium für die Beurteilung sollte jedoch hauptsächlich sein, ob etwas der Entwicklung der Produktivkraft einer sozialistischen Gesellschaft dienlich ist, ob etwas die allgemeine Stärke eines sozialistischen Landes fördert, ob etwas die Lebensqualität des Volks erhöht."

DENG Xiaoping sagte: „Es muss an dem Kurs, den Richtlinien und der Politik der 3. Plenartagung des XI. Zentralkomitees festgehalten werden. Der Schlüssel liegt im Festhalten an der Linie „Eine zentrale Aufgabe, zwei grundlegende Punkte". Sobald China nicht mehr am Sozialismus oder der Reform und Öffnung festhält, die Wirtschaft nicht entwickelt oder nicht mehr das Leben der Menschen verbessert, ist jeder Weg eine Sackgasse. Die Grundlinie muss 100 Jahre lang Bestand haben. Solange an dieser Linie festgehalten wird, wird das Volk dir vertrauen und dich unterstützen. Wer den Kurs, die Richtlinien und die Politik der 3. Plenartagung verändert, mit dem wird die Allgemeinheit nicht einverstanden sein und er wird zu Fall gebracht werden. Dies habe ich mehrmals gesagt. Das Wesen des Sozialismus ist es, die Produktivkräfte zu befreien und zu fördern, Ausbeutung abzuschaffen, die Schere zwischen Arm und Reich zu minimieren und letztendlich allgemeinen Wohlstand zu erreichen."

Als der Verantwortliche für Shenzhen über das Auftauchen neuer Situationen in der öffentlichen Sicherheit sprach, sagte DENG Xiaoping: „Wir müssen mit beiden Händen festhalten. Mit der einen an der Reform und Öffnung, mit der anderen am Kampf gegen jede Art krimineller Aktivitäten. Mit beiden Händen müssen wir feste zupacken. Bei dem Kampf gegen kriminelle Aktivitäten und gegen schlechte Erscheinungen, darf die Hand nicht loslassen." Ein anderer Verantwortlicher wies darauf hin: „Dürfen Wertpapiere und Aktien auf den Markt?" DENG Xiaoping antwortete dazu: „Das ist eine gute Frage, die nicht nur du stellst. Dürfen diese Dinge auf den Markt? Wäre das nicht sehr gefährlich? Ist das nicht eine Sache des Kapitalismus? Funktioniert so etwas im Sozialismus? Man darf darüber diskutieren, aber man muss es auf jeden Fall versuchen! Wenn es funktioniert für ein bis zwei Jahre, dann lässt man es zu. Wenn es nicht funktioniert, bessert man die Fehler aus und schafft es ab, so einfach ist das. Man kann es schnell oder langsam abschaffen oder ein bisschen davon übrig lassen. Wovor die Angst? Solange wir diese Einstellung beibehalten, wird nichts allzu Schlimmes passieren. Bei dem jetzigen Aufbau eines chinesischen Sozialismus werden wir Tag für Tag mehr Erfahrungen sammeln. Bei den Reformen auf dem Land und der Stadt sollten wir nicht streiten, sondern mutig ausprobieren und nach vorne preschen. Unsere Politik ist es, zu schauen und zu diskutieren, statt aufzuzwingen. Jedes Jahr muss die Führungsebene die gemachten Erfahrungen auswerten. An den richtigen wird festgehalten, die falschen ausgebessert. Neue Probleme müssen schnell gelöst werden. Durch stetes Auswerten wird zumindest nichts allzu Schlimmes passieren."

Eine Reihe wichtiger Entscheidungen und Ansichten der Theorien DENG Xiaopings sind voller innovativem Geist des Erkundens, leiten ganz neue Praktiken ein und legen den Grundstein für neue Dinge. Dies ist in der Geschichte der Menschheit nur äußerst selten anzutreffen. DENG Xiaoping sagte einst, dass Lenin und MAO Zedong das tiefste Verständnis vom Marxismus hatten. Lenin führte die russische Oktoberrevolution durch, MAO Zedong die chinesische Revolution. Man kann sagen, dass der mit dem tiefsten Verständnis der Ideen MAO Zedongs DENG Xiaoping war, da er die chinesische Reform- und Öffnungspolitik durchführte. Zu Beginn der Kulturrevolution wurde CHEN Yun zu Unrecht kritisiert. Nach dem 9. Parteitag 1969 wurde er nach Jiangxi geschickt. Im April 1972 bei seiner Rückkehr nach Peking hatte sich die innen- und außenpolitische Lage drastisch verändert. Innenpolitisch leitete ZHOU Enlai mit der Unterstützung MAO Zedongs das Tagesgeschäft des Zentralkomitees nach dem Sturz der konterrevolutionären Clique um LIN Biao. Linksextreme Tendenzen wurden korrigiert und es zeichnete sich überall eine Wende zum Besseren ab. Außenpolitisch konnte China nach dem Besuch Nixons seinen rechtmäßigen Sitz bei den Vereinten Nation wiederherstellen und die Beziehungen zu Japan normalisieren, sodass sich neue diplomatische Verhältnisse anbahnten. Diese Veränderungen brachten dem Außenhandel neue Entwicklungsmöglichkeiten. In dieser neuen Situation war das Lösen der Frage, welche Leitlinien, Maßnahmen und Strategien für den Außenhandel eingeleitet werden sollten und wie dieser entwickelt werden kann, besonders drängend. Zu diesem Zeitpunkt betraute ZHOU Enlai CHEN Yun mit der Aufgabe, Probleme bei der internationalen Wirtschaft und Entwicklung des Außenhandels zu erforschen.

Während des ersten Fünfjahresplans Chinas 1953-1957 wurde sich bei der Einführung von Technologie an der Sowjetunion orientiert. Ende der 1950er und Anfang der 60er fokussierte sich CHEN Yun auf die Entwicklung der Düngemittel- und Kunstfaserindustrie und wie das Problem der Walzwerke in der Eisen- und Stahlindustrie gelöst werden könne. 1961 führte CHEN Yun eine Untersuchung der Düngemittelindustrie durch und leitete den Import wichtiger Anlagen und Materialien für den Aufbau einer großen Fabrik für Stickstoffdünger ein. Dies markierte den frühesten Übergang von einer rein sowjetisch orientierten Einführung von Technik hin zu einer westlich orientierten.

In den 1970ern wurde sich nach der Entspannung der China-US-Beziehungen und der Korrektur linksextremer Tendenzen immer umfangreicher an der Technologie westlicher Staaten orientiert. Der Fokus lag hierbei anfangs weiterhin auf der Entwicklung der Düngemittel- und Kunstfaserindustrie sowie bei der Verbesserung der Walztechnik. Im Februar 1972 genehmigte ZHOU Enlai mit der Erlaubnis MAO Zedongs die Studie „Bericht über die Einfuhr vollständiger Anlagen für Kunstfaser- und Düngemitteltechnologie" von LI Xiannian, HUA Guofeng und YU Qiuli von der Staatlichen Planungskommission. Dies stellt den Anfang des geplanten Imports von Maschinerie und Technologie im Kunstfaser- und Düngemittelbereich dar.

Im August desselben Jahres stimmte die Staatliche Planungskommission mit dem Ministerium für Metallurgie überein und meldete dem Staatsrat den geplanten Import eines 1700 mm-Walzwerks, um die Vielfalt der Stahlerzeugnisse zu erhöhen und die inländische Nachfrage nach Stahlblechen zu befriedigen. Am 21. August genehmigten das Zentralkomitee und der Staatsrat die Einfuhr eines 1700 mm-Walzwerks aus der Bundesrepublik Deutschland und Japan, welches in der Wuhan Eisen- und Stahlfabrik aufgebaut wurde. Anfang 1973 reichte die Staatliche Planungskommission auf Anweisung ZHOU Enlais beim Staatsrat den „Bericht über den Antrag zur Erhöhung des Imports von Anlagen und zur Intensivierung des wirtschaftlichen Austauschs". Dieser enthielt einen Plan zum Import von ganzen Anlagen und einzelnen Maschinen im Wert von 4,3 Milliarden US-Dollar aus dem Ausland, der sogenannte „Vier-Drei-Plan". Zu den enthaltenen Projekten gehörten: 13 große Düngemittelanlagen, vier große Kunstfaseranlagen, eine Alkylbenzolanlage, 43 integrierte Kohlebergbauanlagen, drei große Kraftwerke, die 1700 mm-Walzanlage der Wuhan Eisen- und Stahlfabrik sowie ein Turbokompressor, eine Verbrennungsturbine, eine Anlage zur Herstellung von Industrieturbinen und ein Spey-Motor.

Einige Teile des „Vier-Drei-Plans" wurden bereits im Vorfeld genehmigt. Davon war die 1700 mm-Walzanlage der Wuhan Eisen- und Stahlfabrik das größte Technologieprojekt seit der Gründung der Volksrepublik. CHEN Yun, ZHOU Enlai und der spätere Staatspräsident LI Xiannian schenkten diesem Projekt viel Aufmerksamkeit. Am 25. August 1973 gab LI Xiannian in dem „Bericht zum Vorgehen zur Nutzung der ausländischen Einlagen in Banken zur Zahlung der Importe von Ausrüstung mithilfe ausländischer Devisen" der Staatlichen Planungskommission folgende Anweisungen: „Falls dem Bericht der Staatlichen Planungskommission zugestimmt wird, kann zuerst mit Westdeutschland über die Einfuhr der 1700 mm-Walze durch Zahlung ausländischer Devisen mithilfe ausländischer Einlagen gesprochen werden. Dabei muss umsichtig vorgegangen werden." Und: „Es können auch alte Walzen importiert werden. Dabei muss aber verhindert werden, dass uns in Wirklichkeit Stahlschrott angeboten wird. Der Preis wäre zwar sehr günstig, aber im Endeffekt würden wir trotzdem Verlust machen, daher müssen wir vorsichtig sein." CHEN Yun unterstützte die Einfuhr einer 1700 mm-Walze, aber betonte, dass dabei mit Vorsicht vorgegangen werden muss.

Er sagte: „Bezüglich des Imports alter Walzen stimmte ich der Meinung LI Xiannians zu. Sollten die unterirdischen Kabelvorrichtungen alter Walzen abgetrennt sein, sind diese eventuell bereits kaputt und unbrauchbar. Im Falle des Kaufs alter Walzen muss zuerst jemand vorgeschickt werden, der sich genau anschaut, welche Vorrichtungen noch zu gebrauchen sind. Ersatzteile müssen im Voraus vorbereitet werden. In der Vergangenheit hatte das alte China bereits Erfahrungen im Kauf alter Ausrüstung, beispielsweise beim Yongli-Chemiewerk in Nanjing, bei der Taiyuan Eisen- und Stahlfabrik von YAN Xishan in Shanxi und bei der Schmalspurbahn in Shanxi. Laut HOU Debang waren die Anschaffungskosten sehr niedrig, aber es musste viel Aufwand betrieben werden, um ins Ausland zu gehen und die Demontage und das Verpacken zu begutachten. Daher müssen wir bei dem Kauf alter Walzen mit Vorsicht vorgehen."

Am 11. September wies ZHOU Enlai an: „Ich stimme Xiannians Anweisungen und den Anmerkungen CHEN Yuns zu. Reichen Sie diese bei der Planungskommission zur sofortigen Ausführung ein, sodass sie diese jederzeit überprüfen kann." Einen Monat später befahl CHEN Yun dem Außenhandelsministerium: „Die Stahlwalze, die momentan für 300 Millionen US-Dollar bestellt wird, soll mit allen zugehörigen Teilen gemeinsam importiert werden. Sobald die Anlage in Betrieb genommen wurde, können 3 Millionen Tonnen Stahlblech pro Jahr produziert werden und 6 Millionen innerhalb von zwei Jahren. Falls es an

Ersatzteilen mangelt, kann dies inländisch nicht gelöst werden, sodass die Inbetriebnahme verzögert werden muss. Bei einer Verzögerung um ein Jahr würden 3 Millionen Tonnen weniger an Stahlblech produziert, das ist nicht gewinnbringend. Wenn jemand dies als „westliche Sklaverei" bezeichnet, dann sind wir halt noch einmal Sklaven des Westens."

Die Importprojekte im Rahmen des „Vier-Drei-Plans" wurden ab 1973 nacheinander unterzeichnet und ausgeführt. Im Folgenden wurden noch weitere Projekte hinzugefügt im Wert von insgesamt 5,14 Milliarden US-Dollar. Davon wurden jedoch nicht alle verwirklicht, sodass die Transaktionen bis Ende 1977 mit dem Ausland 3,96 Milliarden US-Dollar erreichten. Der Großteil wurde bis Ende 1979 fertig gebaut und in Betrieb genommen. Obwohl durch verschiedenste Gründe nicht alle Projekte sehr erfolgreich wurden, gibt es einige wertvolle Lektionen, die daraus gezogen werden können. Insgesamt waren diese Importe von großer Bedeutung für den Beginn wirtschaftlichen, technologischen und kulturellen Austausches Chinas mit dem Westen und trug positiv zu Chinas wirtschaftlicher Entwicklung und technologischem Aufschwung bei.

Die Gegner des „Vier-Drei-Plans" waren kapitalistische Großunternehmen aus dem Westen. Transaktionen wurden über den Markt durchgeführt. Mit Ausnahme einzelner Maschinen, die über den Devisenkassakurs bezahlt wurden, wurden komplette Anlagen meist mithilfe von Zahlungsaufschub bezahlt. Daher führte CHEN Yun selbst eine Untersuchung der Import- und Export-Handels durch aus der Sichtweise eines Wirtschaftsstrategen. Er erforschte den zeitgenössischen Kapitalismus und Fragen bezüglich internationaler Marktpreise, Währung und Finanzen, um die Arbeit im Auslandshandel anzuleiten.

Am 5. Mai 1973 sagte CHEN Yun nach Anhören eines Berichts von ZHOU Huamin des Außenhandelsministeriums: „Unser Außenhandel war [kurz nach Gründung der Volksrepublik] zu 75 % mit der Sowjetunion und den osteuropäischen Ländern, mit kapitalistischen Ländern nur zu 25 %. Jetzt ist es genau umgekehrt." Am 7. Juni traf sich CHEN Yun mit CHEN Xiyu, dem Gouverneur der Chinesischen Volksbank, mit QIAO Peixin, dem Vizegouverneur und Generaldirektor der Bank of China, und mit LI Yumin, dem Leiter der Dritten Abteilung des

Büros für Außenhandel der Chinesischen Volksbank. Nachdem CHEN Yun sich ihre Berichte angehört hatte, sagte er: „In der Vergangenheit war unser Außenhandel zu 75 % mit der Sowjetunion und den osteuropäischen Ländern und zu 25 % mit kapitalistischen Ländern. Jetzt hat sich dies zu 75 % mit kapitalistischen Ländern geändert und zu 25 % mit der Sowjetunion und den osteuropäischen Ländern. [...] Ist dieser Trend unumkehrbar? Ich denke ja. Deshalb müssen wir den Kapitalismus gründlich studieren."

CHEN Yun kritisierte die „linke" Sichtweise, Realität durch Ideale zu ersetzen. Er betonte stets die Notwendigkeit, den Kapitalismus zu studieren, da China durch Handel mit diesem zu tun hatte. Er sagte: „Lenin sagte einst, dass im Zeitalter des Kommunismus öffentliche Toiletten mit Gold gebaut werden könnten. Meiner Meinung nach sind wir davon noch weit entfernt. Ohne den Kapitalismus zu studieren, werden wir Verluste hinnehmen. Ohne den Kapitalismus zu studieren, werden wir auf dem Weltmarkt nicht den Platz einnehmen, der uns zusteht." Der Umgang mit dem Kapitalismus und das Verhältnis zwischen Eigenständigkeit und ausländischem Kapital waren zu der Zeit sehr heikle und schwer zu beantwortende Themen.

QIAO Peixun berichtete CHEN Yun: „Jetzt könnten wir eine Milliarde US-Dollar oder noch mehr an Devisenmitteln aus dem Ausland bekommen. Aber wir sind in China hierbei auf zwei Probleme gestoßen. Das eine sind die Leitlinien. Würden solche Devisenmittel aus dem Ausland im Einklang mit der von MAO Zedong betonten Eigenständigkeit, der Linie der Partei und im Geiste der Vermeidung in- und ausländischer Verschuldung stehen? Das zweite Problem liegt in der Methode, dafür müssten die Regelungen des Landes etwas abgeändert werden. Solange diese Probleme nicht geklärt sind, klappt es nicht."

CHEN Yun antwortete darauf: „Was Sie gesagt haben, das eine ist eine Frage der Legalität, das andere eine Frage des Systems. Meiner Meinung nach muss zuerst klargestellt werden, ob es eine gute Sache ist. Nur wenn es eine gute Sache ist, könnt ihr einen Weg finden – einen flexiblen Weg, über den diskutiert werden kann. Um einen neuen Weg zu finden, müssen einige Grenzen geklärt werden. Zum Beispiel sollte nicht das Prinzip der Eigenständigkeit der Nutzung kapitalistischer

Kredite entgegengestellt werden. [...] In unserer Arbeit dürfen wir uns nicht von solch alten Einschränkungen behindern lassen. [...] In der Vergangenheit hatten wir noch nicht das Problem der 75 % des Außenhandels mit kapitalistischen Ländern, die Lage hat sich nun verändert. Einige Kameraden haben die noch nicht verstanden, daher müssen wir es ihnen erklären." Am 14. Juli wies CHEN Yun nach Anhören eines Berichts eines Verantwortlichen der Firma Ng Fung Hong, welches zum Unternehmen China Resources unter der Leitung des Außenhandelsministeriums gehört, darauf hin: „Heutzutage ist 75 % des chinesischen Außenhandels mit kapitalistischen Ländern. Dieser Anteil ist sehr hoch, daher müssen wir hier sehr aufmerksam sein."

Zum Umgang mit dem Kapitalismus gehört auch, sich mit den Preisen des Weltmarkts und den Waren- und Währungsbeziehungen auseinanderzusetzen sowie mit den Regeln der kapitalistischen Wirtschaft. CHEN Yun forderte daher, den Kapitalismus intensiv zu studieren, was konkret ein Studium der Preise des Weltmarkts, der Waren- und Währungsbeziehungen und der Regeln des Kapitalismus bedeutete. In der Praxis entwickelte CHEN Yun seine eigenen, besonderen Führungs- und Arbeitsmethoden. Die wichtigsten davon sind:

Erstens: Bei der wirtschaftlichen Arbeit muss auf das große Ganze als auch auf kleine Nebenaspekte geachtet werden. Dies war eine wichtige Methode in CHEN Yuns Führungsarbeit und bei der Verwaltung der Wirtschaft. Er sagte einmal: „Bei der wirtschaftlichen Arbeit braucht man ein strategisches Verständnis und muss auf das große Ganze achten. Dabei muss auch auf die kleinen Nebenaspekte geachtet werden."

Zweitens: Über 90 % der Arbeit müssen für Untersuchungen und Studien aufgebracht werden und unter 10 % für das Treffen von Maßnahmen. Auf der Erweiterten Arbeitskonferenz des Zentralkomitees sagte MAO Zedong: „Ich verstehe nicht viel von Industrie und Handel. Vor allem CHEN Yun versteht davon recht viel. Er arbeitet mit Untersuchungen und Studien. Ohne eine Untersuchung mit klaren Ergebnissen redet er nicht viel." CHEN Yun betonte: „Alle richtigen Maßnahmen basieren auf einer wissenschaftlichen Analyse der Realität. [...] Wir sollten über 90 % unserer Zeit aufwenden, um die Lage wirklich zu begreifen, und unter 10 % für das Treffen von Maßnahmen." CHEN Yun legte besonders viel Wert auf Untersuchungen und Studien, worin er auch sehr gut war. Er war gegen großspuriges und übereiltes Handeln und das Erzielen kurzfristiger Erfolge. Er vertraute den Massen und verließ sich auf sie. So betonte er stets: „Die Lösung für die unmittelbaren Probleme der Massen muss inmitten der Massen diskutiert und gefunden werden." Und: „Die Massen genügend zu mobilisieren ist der Schlüssel jeder Arbeit." CHEN Yun beharrte auf einem demokratischen Arbeitsstil und legte großen Wert darauf, sich die Meinungen aller Seiten anzuhören, besonders von jenen, die nicht mit ihm übereinstimmen. Seine Methode für Untersuchungen und Studien war: Zuerst wurden einige eher unbekannte Mitarbeiter in niedrigen Positionen vorgeschickt, um Untersuchungen anzustellen. Solche können leicht mit den Massen in Kontakt treten und die Situation verstehen. Danach lud er einige Verantwortlichen ein, die für konkrete Arbeit zuständig waren, um sich mit ihnen im kleineren Rahmen zu unterhalten. Auf diese Weise konnten sie ihre Sorgen von der Seele reden und die Wahrheit sagen. Dies erleichterte auch, verschiedene Meinungen miteinander zu vergleichen. Im dritten Schritt machte er sich Freunde, besonders auf der Ebene des Volks, da diese keine Angst um den Verlust einer offiziellen Position hatten und sich trauten, die Wahrheit zu sagen. Zum Schluss war es unerlässlich, selber bei den Massen Untersuchungen anzustellen. Seiner Ansicht nach könnte keine andere Methode die persönliche Untersuchung führender Kader bei den Massen ersetzen.

Drittens: CHEN Yun ging Dinge schrittweise, umsichtig und aktiv an. Schon früh formulierte CHEN Yun die Grundsätze Beharrlichkeit, Besonnenheit, Sachlichkeit und Fortschritt beim Angehen von Dingen. Seiner Meinung nach muss ein Anführer Prioritäten setzen können, das Ruder in die Hand nehmen und die Richtung vorgeben, um Abweichungen zu vermeiden. Beim Vorgehen muss mehrfach nachgedacht und die Situation verstanden werden. Mithilfe von standardisierten Tests wird die Sache unter die Leute gebracht und schrittweise angegangen. CHEN Yun befasste sich vor allem mit den dringendsten, schwierigsten und heikelsten Angelegenheit der Partei und des Lands. Dennoch blieb er stets ruhig und abwägend, traf Entscheidungen mit Vorsicht und war bemüht, umsichtig zu handeln. Niemals ging er emotional oder voreilig vor. Auch im neuen Zeitalter wies er rechtzeitig darauf hin, dass der Aufbau und die Reformen eine schwierige und komplizierte Aufgabe seien und China diesen noch nicht gerecht werden könne. Stattdessen müssen „nach den Steinen tastend den Fluss überquert" werden, also vorsichtig Fortschritt erreichen in kleinen und sicheren Schritten. Er ging lieber vorsichtig vor als ein unnötiges Risiko einzugehen. Lieber etwas umsichtiger und mit gutem Verständnis ein Problem lösen, als übereilt und verfrüht zu handeln.

Viertens: Im Umgang mit Problemen muss sich auf das Erfassen der wichtigsten Widersprüche und Punkte konzentriert werden. CHEN Yun sagte einmal, dass die großen Dinge immer mit den kleinen anfangen. Er arbeitete regelmäßig und erfasste dabei stets den Kern Sache, verfiel niemals der Routine oder dem Chaos zum Opfer. Seiner Ansicht nach ist ziellose Arbeit ohne Fokus auf das Wesentliche bedeutungslos. Ein wichtiger Grund für den großen Erfolg von CHEN Yuns Arbeit war, dass er ein Gespür für zentrale Probleme und Kernfragen hatte, die er einmal angegangen immer bis zum Ende brachte.

Fünftens: Er war bedacht, bei strategischen Fragen das große Ganze im Blick zu behalten und auf Langfristigkeit zu achten. Häufig sagte er, dass ein strategisches Verständnis gebraucht wird und man sich Zeit nehmen sollte, langsamen Schrittes vorzugehen. Langsames Vorgehen und gründliches Nachdenken braucht nicht nur Zeit zum Sehen und Hören, sondern auch, um nachzudenken. Man sollte versucht sein, höher zu stehen und über den Horizont hinauszublicken, an der Spitze zu stehen, statt ewig im Untergrund zu versauern. Über die Beziehung vom großen Ganzen zum Teil des Ganzen sagte er, dass solange das große Ganze stimme, ein Teil des Ganzen stets gerettet werden kann. Bricht das große Ganze zusammen, kann auch ein Teil des Ganzen nicht mehr gerettet werden. Seiner Ansicht nach sollte es in den oberen Ebenen der Hierarchie Strategen geben, die sich ausschließlich mit wichtigen und strategischen Fragen befassen. Genauso ist für ihn die alltägliche Arbeit von Führungskräften, besonders von jenen in den verschiedenen Abteilungen und Regionen, von äußerster Wichtigkeit, doch noch wichtiger ist es, sich auf das Nachdenken und Studieren strategischer Fragen zu konzentrieren. Je größer die Verantwortung und die Aufgabe, desto wichtiger ist es, ein Problem aus einer breiteren Perspektive zu betrachten und einen klaren Kopf zu bewahren. Nur so ist es möglich, Dinge rechtzeitig zu erkennen und die verschiedensten Schwierigkeiten und Risiken, die auf dem Weg nach vorne auftauchen könnten, zu bewältigen.

Sechstens: Erfahrungen sammeln. Als Anführer von Partei und Land verspürte CHEN Yun die große Last seiner Verantwortung. Er sagte, dass die Menschen des ganzen Landes ihre Hoffnung in die Hände der Partei legen. Mit dieser Verantwortung könne die Partei sich keine Fehler erlauben, denn diese Fehler wären nicht diese Sache eines Einzelnen oder von ein paar Menschen, sondern sie hätten Auswirkungen auf das gesamte Land. CHEN Yun war ein fleißiger Denker, der praktische Arbeit hoch schätzte. Er hielt nicht an Althergebrachtem fest und schwamm nicht mit dem Strom. Stattdessen blieb er kreativ in seinem Denken und dem Lösen von Problemen. Er betonte, dass Arbeit stets klein beginnt und bodenständig sein muss. Es darf nicht überhastet mit Hoffnung auf schnellen Erfolg vorgegangen werden. Nur wer Schritt für Schritt vorgeht und jeden Schritt gründlich ausführt, der wird es bis zum Ende schaffen. Seiner Ansicht müssen neue Entwicklungen immer vom Alten ausgehen. Anhand von gemachten Erfahrungen neue Wege zu finden, ist wichtiger als das Tagesgeschäft. Bei der Arbeit achtete er stets darauf, rechtzeitig seine Erfahrungen zu sammeln und ununterbrochen aus ihnen zu lernen. Für ihn muss, um einen neuen Weg zu finden, der alte Weg studiert werden. Durch dieses Sammeln von Erfahrungen könne analysiert werden, was in der Vergangenheit richtig und was falsch gemacht worden sei und so die Arbeit verbessert werden. Er betonte, dass die Reform- und Öffnungspolitik gleichzeitig durchgeführt, erforscht und bei ihr Erfahrungen gesammelt werden müssen, um so die Reformen zu verbessern.

Kapitel 6

Die Suche nach der Wahrheit in der Geschichte

Jede Bewegung der Natur unterliegt Gesetzen, so ist es auch bei der Geschichte gesellschaftlicher Entwicklung. Der Strom der Geschichte fließt stark. Wer mit ihm schwimmt, wird Erfolg haben; wer gegen ihn schwimmt, wird untergehen. Was großen Persönlichkeiten ihre Größe verleiht, ist, dass sie mutig nach der Wahrheit suchen. Dabei suchen sie die Wahrheit in der Realität, verstehen den Strom der Geschichte und die objektiven Gesetze, die ihm unterliegen. Sie beschreiten den unumgänglichen Weg der Geschichte.

Von den klassischen Schriftstellern des Marxismus und den Führern der Kommunistischen Partei Chinas legte insbesondere MAO Zedong viel Wert auf Untersuchungen und Studien. Dies ist ein typisches Beispiel für die Suche nach der Wahrheit in der Realität. MAO Zedong begründete das Vorgehen der Partei, Untersuchungen und Studien durchzuführen. Die Theorien und Praxis solcher Studien waren ein charakteristisches Merkmal und wichtiger Bestandteil derer von MAO Zedong.

Er wies darauf hin, dass jemand, der keine Untersuchungen angestellt hat, kein Mitspracherecht habe. Schon früh sagte er, dass der Sieg der chinesischen Revolution vom Verständnis der realen Begebenheiten Chinas abhänge. Er war der Erste, der darauf hinwies, dass jemand, der keine oder nur halbherzige Untersuchungen anstellt, kein Mitspracherecht erhalten solle. Genauso fasste er den Kern des Marxismus als die Suche nach der Wahrheit in der Realität zusammen und definierte die marxistischen Ansichten und Methoden zu dieser Suche, der Massenlinie und zu Unabhängigkeit und Selbstbestimmung. Bezüglich der Suche nach der Wahrheit in der Realität sagte er: „Die „Realität" existiert als objektive Sache, die „Wahrheit" ist der innere, gesetzmäßige Zusammenhang dessen und die Suche ist unser Studium von ihr." Diese Suche verglich er mit einem „Schuss eines Pfeils auf eine Zielscheibe". Der Marxismus ist hier der „Pfeil", der auf die „Zielscheibe" der chinesischen Revolution geschossen wird.

Als er über die marxistische Theorie sprach, sagte MAO Zedong einmal: „Der Grund, warum der Marxismus-Leninismus in China so breite Anwendung finden konnte, ist, dass die sozialen Bedingungen in China ein solches Bedürfnis nach ihm geschaffen haben, dass er sich mit der Revolution des chinesischen Volkes verband und dass er vom chinesischen Volk verstanden worden ist. Jede Ideologie, egal wie gut sie sein mag, solange sie zu weit von der Realität abgesondert ist, es keinen Bedarf für sie gibt oder sie nicht von den Massen verstanden wird, findet keine Anwendung. Dies gilt auch für den Marxismus-Leninismus."

Bei der Anführung der chinesischen Revolution und der Sinisierung des Marxismus, stellte er die realen Begebenheiten und das Verständnis von ihnen an erste Stelle. Er sagte: „Die korrekte und unerschütterliche Kampfstrategie der Kommunistischen Partei kann nicht von einer Hand voll Leuten hervorgebracht werden, die nur in irgendwelchen Häusern hocken. Sie muss aus dem Kampf der Massen heraus entstehen, also aus den Erfahrungen aus der Realität. Daher müssen wir regelmäßig die gesellschaftlichen Begebenheiten verstehen und die Realität untersuchen."

MAO Zedong hatte zeit seines Lebens einen ausgeprägten Sinn für Probleme. Ein wichtiges Vorgehen von ihm war hierbei, von den Problemen selbst auszugehen. In seiner Jugend fasste MAO Zedong den Entschluss, China und die Welt umzugestalten. Er sorgte sich um wichtige Angelegenheiten im Land und hatte ein gutes Gespür für gesellschaftliche Probleme. In seinen Vorlesungsnotizen schrieb er 1913: „Das Lernen hinter verschlossenen Türen hat keinen Nutzen. Man muss aus den großen und kleinen Dingen der Welt lernen wollen; dieses Wollen reicht schon aus, um die Welt zu bereisen."

1917 lud er seinen Klassenkameraden XIAO Zisheng ein, die Sommerferien zu nutzen, um die ländlichen Gebiete Changsha, Ningxiang,

Yiyang, Ruanjiang und Anxiang in der Provinz Hunan zu bereisen, um mit dem sozialen Leben dort in Berührung zu kommen. Im Sommer 1918 ging er erneut mit CAI Hesen in die Kreise Yiyang, Ruanjiang, Yueyang und Hanshou in Hunan, um eine halbmonatige Feldstudie durchzuführen.

Die Bauern machten den Großteil der Bevölkerung Chinas aus, sodass die Probleme der Bauern mit der gesamten chinesischen Revolution in Zusammenhang standen. Eines der Merkmale von MAO Zedongs Untersuchungen war, dass er stets dem Studium der Probleme der Bauern einen hohen Stellenwert einräumte. Seit der Anführung der Bauernbewegung im Frühling 1925 wandte er viel Herzblut für das Erforschen der Probleme der Bauern auf. Im Mai 1926 leitete MAO Zedong die sechste Tagung der nationalen Bauernbewegung in Guangzhou, um diese Probleme zu besprechen. Er teilte die Teilnehmer aus dem ganzen Land in dreizehn Forschungsgruppen zur Untersuchung der Probleme der Bauern nach Regionen auf und listete 36 Forschungsthemen auf dem Land auf, die dann im Folgenden untersucht wurden.

Während seiner Tätigkeit als Sekretär des Zentralkomitees der Kommunistische Partei Chinas für die Bauernbewegung untersuchte MAO Zedong die Situation der Bauernbewegung in den Provinzen Jiangsu und Zhejiang. Dafür sammelte er Informationen zur Situation der Bauern in den Gebieten Chongming, Jiangyin, Wuxi, Danyang, Qingpu, Taixing, Taixian und Cixi dieser Provinzen. Daraufhin veröffentlichte er im Oktober 1926 in der Ausgabe Nr. 179 der Parteizeitschrift „Führung" einen Artikel mit dem Titel „Die Leiden der Bauern in den Provinzen Jiangsu und Zhejiang und ihre Widerstandsbewegung".

In dieser Zeit führte MAO Zedong auch eine Untersuchung über die Bodenverhältnisse im Land durch, aus der hervorging, dass Grundbesitzer, reiche Bauern, Beamte und Wucherer, die zehn Prozent der Landbevölkerung ausmachten, insgesamt siebzig Prozent des Ackerlandes besaßen. Die ärmeren, pachtenden und angestellten Bauern, die mehr als 65 % der Landbevölkerung ausmachten, besaßen jedoch nur 10 % bis 15 % des Ackerlandes. Diese Untersuchungen ließen ihn die Dringlichkeit und Notwendigkeit einer Landrevolution der Bauern erkennen.

Von 4. Januar bis zum 5. Februar 1927 bereiste MAO Zedong die Provinz Hunan, um die Situation der Bauernbewegung in den Gebieten Xiangtan, Xiangxiang, Hengshan, Liling und Changsha zu untersuchen. Am 16. Februar schrieb er auf der Grundlage seiner Untersuchungen und Studien einen Bericht über die Bauernbewegung in der Provinz Hunan für das Zentralkomitee, in dem er anhand von Fakten erklärte, dass die Probleme der Bauern den Verlauf der gesamten chinesischen Revolution bestimmen würden. Es sei notwendig, die Bauern zu mobilisieren, zu organisieren und sich auf sie zu stützen, um die Revolution gewinnen zu können. Dieser Bericht schlug dem Zentralkomitee der Partei vor, einen neuen Weg in der Bauernbewegung einzuschlagen – mithilfe einer umfassenden Umverteilung von Land die Grundlage für die Richtung der Landrevolution zu schaffen.

Vom Herbsternteaufstand über den Kampf im Jinggang-Gebirge bis hin zur Erschließung der Stützpunkte im Süden der Provinz Jiangxi und im Westen der Provinz Fujian ließ er nie von gründlichen Untersuchungen der gegenwärtigen Situation und dem Ursprung dieser im jeweiligen Umfeld ab, egal wie gefährlich die Situation war. Er bemühte sich, seine Arbeit den sich ständig verändernden Begebenheiten anzupassen. Dabei legte er auch großen Wert darauf, seine Ideen durch Austesten in der Praxis zu verbessern oder zu bereichern.

Im November 1927 führte MAO Zedong Untersuchungen der sozialen Umstände in den Gebieten Yongxin und Ninggang der Provinz Jiangxi durch. Den Ergebnissen dieser Untersuchungen maß er einen hohen Stellenwert zu, die zugehörigen Unterlagen gingen aber verloren. MAO bedauerte dies sehr und sagte: „Der Verlust anderer Dinge bedrückt mich nicht besonders, aber der Verlust dieser Unterlagen (insbesondere derer aus den Gebieten Hengshan in der Provinz Hunan und Yingxin in der Provinz Jiangxi) lässt mich nicht los und wird es vielleicht auch nie."

Im Dezember 1928 kümmerte sich MAO Zedong intensiv um den 4. Korps der Roten Armee und hielt ein Forum von Kadern und Soldaten ab, um eine detaillierte Untersuchung der Lage der Truppen und verschiedener Irrtümer innerhalb der Partei durchzuführen. Im Zuge dessen wurden auch die Resolutionen für die 9. Konferenz des 4. Korps der Roten Armee der Kommunistischen Partei Chinas vorbereitet. Am 28. Dezember wurde diese von MAO Zedong für die Konferenz ausgearbeitete Resolution einstimmig angenommen (auch „Resolution der Gutian-Konferenz" genannt).

Am 28. September 1977 veröffentlichte CHEN Yun in der „Chinesischen Volkszeitung" einen Artikel mit dem Titel „Festhalten am revolutionären Stil der ‚Suche nach der Wahrheit in der Realität'", in dem er diesen Stil von MAO Zedong, den er erstmals bei seiner Ankunft am revolutionären Stützpunkt in der Provinz Jiangxi kennengelernt hatte, genau beschrieb. Er sagte: „Ich erreiche erst Anfang 1933 den revolutionären Stützpunkt in Jiangxi, sodass ich keine direkte Kenntnis von den vielen Schwierigkeiten und Leiden der ersten Jahre der Roten Armee hatte. Aber aus den Gesprächen mit vielen Genossen, die in dieser Zeit Teil der Roten Armee waren, erfuhr ich, dass Genosse MAO Zedong jede Maßnahme aus dieser Zeit persönlich umsetzte und mehrfach untersuchte, was eine wirklich mühsame Arbeit war. Nehmen wir die berühmten „drei Regeln der Disziplin und acht Punkte für Aufmerksamkeit" zum Beispiel, die vorbildliches Verhalten der Trup-

Der ehemalige Sitz der Provisorischen Zentralregierung der Chinesischen Sowjetrepublik.

pen beschrieben. Anfangs gehörten dazu auch Dinge, die äußerst trivial wirkten, zum Beispiel dem Volk zurückzugeben, was es den Truppen gegeben hatte, oder geschlechtergetrennt zu duschen. Aber wie könne man ohne persönliche Erfahrung wissen, wie bedeutend die Auswirkungen solcher scheinbar trivialen Dinge in Wirklichkeit waren."

Wie kann eine neuartige Armee aus Arbeitern und Bauern aufgebaut werden, ohne die realen Probleme zu lösen, denen sie täglich begegnen? Wie kann die alte Haltung der Armee, die sie Tausende Jahre aufrechterhielt, verändert und eine echte Beziehung zwischen Volk und Armee aufgebaut werden? Wie kann eine neue Art von Beziehung zwischen Beamten und Soldaten geknüpft werden und wie können gefangene, feindliche Soldaten dazu gebracht werden, sich der Roten Armee anzuschließen, wenn konkrete Probleme nicht gelöst werden, wie z. B., dass Soldaten angemessen von Beamten behandelt und die Taschen von Gefangenen nicht durchsucht werden sollen? Wenn MAO Zedong nicht auf der Suche nach der Wahrheit in der Realität beharrt hätte, wie hätten solche Prinzipien formuliert und ausgeführt werden können? Wie hätte eine solch starke Volksarmee aufgebaut werden können?

Dies gilt auch für den Aufbau der Armee, der revolutionären Stützpunkte, der Ausbau der politischen Macht, den Aufbau der Partei, die Maßnahmen in der Landrevolution und die Entwicklung der Wirtschaft, der Kultur und des Bildungswesens. Sie alle basieren auf den mühsamen Untersuchungen MAO Zedongs und den realen Erfahrungen der Massen. Aus Untersuchungen wie in Xingguo geht hervor, wie tief das Verständnis MAO Zedongs von den revolutionären Stützpunkten und den verschiedenen Klassen vor und nach der Landrevolution war, um entsprechende Maßnahmen zu formulieren. Auch den veränderten politischen und wirtschaftlichen Interessen der Bauern nach der Landrevolution schenkte er viel Beachtung. Diese Verbindung mit den Massen und das Ausgehen von der Realität unterscheidet sich stark von subjektivistischen Denkweisen.

Während der Verbesserung des Führungsstils in Yan'an, wurden Untersuchungen und Studien durch MAO Zedong ein wichtiger Teil des Arbeitsstils der Partei und er forderte die gesamte Partei auf, diesen Kurs zu unterstützen. Bei dem Yan'an Forum über Literatur und Kunst, um die Leitlinien für die Künste zu besprechen, hatte er auch Einzelunterhaltungen mit XIAO Jun, dem Ehepaar OU Yangshan und CAO Ming, SHU Qun, AI Qing, LIU Baiyu und DING Ling. Mit einigen von ihnen sprach er mehrmals und bat sie, Informationen über die Lage der Literatur und Künste zu sammeln, vor allem verschiedene Ansichten. Auf der Grundlage dieser Untersuchungen nahm er persönlich an dem Forum teil und hörte sich die Reden der Künstler an. Dabei tauschte er sich mit jedem offen aus, woraus das programmatische Dokument „Rede auf dem Yan'an Forum über Literatur und Kunst" entstand.

Im Mai 1941 hielt MAO Zedong auf einer Kadertagung in Yan'an einen Bericht mit dem Titel „Die Umgestaltung unseres Lernens". In diesem kritisierte er subjektivistische Denkweisen wie die fehlende Bereitschaft zu systematischen und gründlichen Untersuchungen und das Geben von Befehlen anhand von Halbwissen und „Selbstverständlichkeiten". Er forderte alle Kader dazu auf, anhand der Theorien und Methoden des Marxismus-Leninismus systematische und gründliche Untersuchungen anzustellen. Am 1. August desselben Jahres erließ das Zentralkomitee der Kommunistische Partei Chinas auf Initiative von MAO Zedong den „Beschluss zu Untersuchungen und Studien", in dem besonders betont wurde: „Eine systematische und gründliche Untersuchung der Gesellschaft ist die Grundlage für politische Entscheidungen." Auch wurde die gesamte Partei aufgefordert den Subjektivismus zu überwinden, tief in die Realität und die Massen einzudringen, und systematische und gründliche Untersuchungen und Studien über die Geschichte, die Umwelt und die spezifischen Bedingungen im In- und Ausland, in den Provinzen und Landkreisen durchzuführen.

Anfang 1942 hielt MAO Zedong auf der Eröffnungsfeier der Zentralen Parteihochschule der Kommunistischen Partei Chinas eine Rede über die „Korrektur des Stils der Partei", in der er die Beziehung zwischen Untersuchungen und der marxistischen Theorie erläuterte, indem er darauf hinwies: „Marx hat in realen Kämpfen sorgfältige Untersuchungen durchgeführt. Dabei fasste er alle möglichen Dinge zusammen. Die erhaltenen Schlussfolgerungen wandte er wiederum im Kampf an, um diese zu beweisen. Dies wird theoretische Arbeit genannt." Am 8. Februar stellte MAO Zedong auf einer Kadertagung in Yan'an einen Bericht zum Thema „Gegen stereotypisierte Parteischriften", indem er sagte: „Wenn ein Problem aufgeworfen wird, ist es notwendig, zunächst eine gründliche Untersuchung des Problems und des Widerspruchs durchzuführen, um die Natur des Widerspruchs zu verstehen. Dies ist der Prozess des Aufdeckens des Problems. Eine breit angelegte Untersuchung kann Probleme aufzeigen, aber es nicht lösen. Um das Problem zu lösen, ist eine systematische und gründliche Untersuchung erforderlich." Dies war eine tiefgehende Beschreibung dessen, dass Untersuchungen ein Weg zum Aufdecken und Lösen von Problemen sind.

Am 13. März 1949 legte MAO Zedong in seinen Schlussfolgerungen auf der 2. Plenartagung des VII. Zentralkomitees der Partei die Arbeitsmethoden der Parteikomitees fest. Zu diesen gehörten Untersuchungen und ein klares Verständnis der Situation. Außerdem verlangte er, dass die Parteikomitees auf allen Ebenen bei jeder Massenbewegung eine grundlegende Untersuchung und Analyse durchführen müssen und nicht grundlos und subjektiv über Probleme entscheiden sollen.

MAO Zedong hält Kadern einen Vortrag im Jahre 1942 in Yan'an.

Untersuchungen waren Teil des gesamten Prozesses der Führung MAO Zedongs in der neuen demokratischen Revolution. In Strategische Probleme des Revolutionären Krieges in China sprach MAO Zedong über sein Verständnis der Kriegsführung und sagte: „Der richtige Einsatz eines Befehlshabers kommt von richtiger Entschlossenheit; die richtige Entschlossenheit kommt von der richtigen Beurteilung; die richtige Beurteilung kommt von der gründlichen und notwendigen Aufklärung und von der kohärenten Berücksichtigung aller Informationen. Der Befehlshaber bedient sich aller möglichen und notwendigen Mittel der Aufklärung. Dafür nimmt er verschiedenste Materialien über die Lage des Feindes zur Hand. Er trennt dabei die wertvollen Informationen von den überflüssigen, die wahren von den falschen, und zieht daraus Schlussfolgerungen. Dann zieht er seine eigene Situation in Betrachtung, untersucht die Beziehungen zwischen den beiden Seiten und bildet sich so ein Urteil. Anhand dessen trifft er Entscheidungen und fasst einen Plan. Dies ist der gesamte Prozess für das Verständnis einer Situation, bevor ein wahrer Militär einen Schlachtplan aufstellt."

Nach der Gründung der Volksrepublik China führte MAO Zedong ebenfalls zahlreiche Untersuchungen durch, um die zugrunde liegenden Gesetze für den Aufbau des Sozialismus zu erforschen und zu begreifen. Diese sind zu einem bedeutenden Schatz für die Konsolidierung und Entwicklung des Sozialismus geworden. Auch führte MAO Zedong nach der Gründung der Volksrepublik drei wichtige Untersuchungen durch. Die erste war um 1956 „Über die zehn großen Beziehungen", die zweite 1957 „Über den korrekten Umgang mit Widersprüchen im Volk" und die dritte um 1960.

Im Jahr 1956 führten MAO Zedong und andere führende Persönlichkeiten des Zentralkomitees eine systematische und gründliche Untersuchung durch, um die seit der Gründung des Neuen Chinas eingetretenen und neuen Veränderungen und die sich daraus ergebenden neuen Situationen und Probleme zu ermitteln und den bevorstehenden VIII. Parteitag vorzubereiten.

Vom 14. Februar bis zum 11. April 1956 hörte sich MAO Zedong anderthalb Monate lang Berichte über die Arbeit von 34 Wirtschaftsabteilungen an, diskutierte mit den Verantwortlichen verschiedener

Abteilungen der Zentralregierung, führte ein Symposium und eine systematische Untersuchung durch und schrieb „Über die zehn großen Beziehungen".

Am 25. April und 2. Mai 1956 hielt MAO auf der erweiterten Sitzung des Politbüros des Zentralkomitees und des Obersten Staatsrats eine Rede mit dem Titel „Über die zehn großen Beziehungen", in der er die Ergebnisse der Untersuchungen, die er seit einiger Zeit durchgeführt hatte, erläuterte. Als MAO Zedong über den Entstehungsprozess der Ideen in „Über die zehn großen Beziehungen" sprach, sagte er einmal: „Wie sind die zehn Beziehungen entstanden? Ich war anderthalb Monate lang in Peking, sprach jeden Tag mit einem Ministerium und mit 34 Genossen, sodass die zehn Beziehungen allmählich entstanden." Man kann sagen, dass „Über die zehn großen Beziehungen" das erste Werk war, das sich an der Sowjetunion orientierte und anhand der gemachten Erfahrungen in den sieben Jahren nach der Gründung den für China geeigneten Weg des sozialistischen Aufbaus erkundete.

Am 30. März 1956 gab das Zentralkomitee eine Bekanntmachung an die Parteikomitees aller Provinzen, Städte und autonomen Regionen heraus, in dem sie aufgefordert wurden, Berichte über die wirtschaftliche Arbeit in zehn Bereichen zu erstellen. Darin wurde auch gefordert, dass der Bericht anschauliches Material, Kritik, Argumente und Ideen enthalten sollte. Er sollte nicht langweilig und einförmig sein. Gleichzeitig sollte er in formeller Sprache geschrieben an das Zentralkomitee geschickt werden und etwa 15.000 Wörter enthalten sollte. Sollte der Inhalt jedoch qualitativ und lebendig geschrieben sein, dürfe der Bericht auch etwas länger sein, ansonsten auch etwas kürzer. MAO Zedong nahm auch den Vorschlag von LI Fuchun an, 200 bis 300 wichtige Fabriken und Baustellen aus der Industrie und des Verkehrswesens zu benachrichtigen, damit sie schriftliche Berichte an das Zentralkomitee bzw. den Staatsrat schreiben.

Nachdem er sich die Berichte der verschiedenen Ministerien und Kommissionen angehört hatte, begab sich MAO Zedong in den Süden des Landes, um Untersuchungen vor Ort durchzuführen. Auf der Erweiterten Sitzung des Obersten Staatsrats am 27. Februar 1957 hielt MAO Zedong eine Rede über das Thema „Über den korrekten Umgang mit Widersprüchen im Volk" eine Rede. Diese dauerte von 15 Uhr bis 19 Uhr an. Das Thema ist MAO Zedong durch intensives Forschen und Nachdenken auf der Grundlage der gezogenen Lehren von bedeutenden nationalen und internationalen Ereignissen angegangen. Seiner Ansicht nach war es das wichtigste Grundprinzip bei der gesamten Arbeit und für die Lösung von Problemen Chinas im Bereich der Politik, Wirtschaft, Gesellschaft, Ideologie, Kultur usw. unter den neuen, historischen Bedingungen.

Wenn MAO Zedong eine wichtige Rede hielt, ging er immer vorsichtig vor. Oft erläuterte er zuerst im Kleinen und arbeitete sich dann zum Großen vor, sodass die Zuhörer sich langsam auf das Kommende vorbereiten konnten. Vor dieser Rede hatte er das Problem schon auf drei Konferenzen unterschiedlicher Größe und mit verschiedenen Teilnehmenden diskutiert. Er meinte, ein Problem kann niemals durch eine Rede oder Schrift gelöst werden, insbesondere solche Probleme nicht, die wichtige Theorien und Methoden betreffen. Hier sind wiederholte Versuche wichtig. Untersuchungen waren die grundlegende Methode seiner Arbeit. Nach der Rede schlug er vor, eine Nationale Propaganda-Arbeitskonferenz abzuhalten, um die Inhalte der Rede „Über den korrekten Umgang mit Widersprüchen im Volk" zu verbreiten. Auf der Konferenz übernahm MAO Zedong nicht sofort das Wort. Es wurden zuerst fünf Symposien abgehalten, bei denen größere Untersuchungen in intellektuellen Kreisen diskutiert wurden. Aus diesen zog MAO Zedong viele Erkenntnisse und sein Verständnis zu neuen Fragen der Ideologie im Sozialismus wurde bereichert. Erst am 12. März hielt er auf der Propaganda-Arbeitskonferenz eine Rede. Danach ging er auf Inspektionsreisen, tauschte sich mit den Leuten vor Ort aus, hörte ihnen zu und hielt weitere Reden in Tianjin, Jinan, Nanjing und Shanghai „Über den korrekten Umgang mit Widersprüchen im Volk", die den Inhalt des Themas bereicherten und ergänzten.

Für MAO Zedong war der richtige Umgang mit Widersprüchen im Volk die wichtigste Frage seit dem Aufbau des Sozialismus, die über den Fortschritt der Kommunistischen Partei Chinas entschied. Deshalb legte er großen Wert auf diese Rede. Ab dem 24. April 1957 wurde die Rede mehrfach überarbeitet, was knapp zwei Monate andauerte. „Über den korrekten Umgang mit Widersprüchen im Volk" war ein wichtiges

Ergebnis seiner Untersuchungen in der Zeit des Sozialismus und auch eine seiner wichtigsten Schriften. In diesem Werk wurde die Theorie der gesellschaftlichen Widersprüche im Sozialismus systematisch aufgestellt. Der richtige Umgang mit diesen Widersprüchen wurde als Thema des politischen Lebens definiert. In dem Werk wurde eine Reihe von Richtlinien zum Umgang mit diesen erläutert. Dies war eine wichtige Bereicherung und Entwicklung der wissenschaftlichen und sozialistischen Theorien des Marxismus.

Anfang der 1960er gab es wirtschaftliche Schwierigkeiten. Angesichts dieser ernsten Lage erkannte MAO Zedong, dass die objektive Realität anerkannt und die Volkswirtschaft dringend angepasst werden musste. Dabei führte er Untersuchungen durch, um die Situation zu klären, schnelle Entscheidungen zu treffen und den richtigen Weg zu finden.

Im Juni 1960 erklärte MAO Zedong auf der Zentralen Arbeitskonferenz in Shanghai: „In der sozialistischen Revolution und dem Aufbau sind wir immer noch blind und es gibt noch einen großen, unerforschten Bereich. Darum müssen wir das zweite Jahrzehnt [nach der Gründung der Volksrepublik] für Untersuchungen und die Suche nach den inhärenten Gesetzen nutzen, um sie im Dienste der sozialistischen Revolution und des Aufbaus einzusetzen." Vom 24. Dezember 1960 bis zum 13. Januar 1961 fand in Beijing eine Arbeitskonferenz des Zentralkomitees statt. Am letzten Tag der Konferenz rief MAO Zedong die gesamte Partei auf, Untersuchungen durchzuführen. Er sagte: „In den letzten Jahren führten unsere Genossen keine Untersuchungen durch. Wenn keine Untersuchung angestellt werden, trifft man Entscheidungen anhand von Vorstellungen und Schätzungen ohne jedwede Grundlage. Deshalb sollen unsere Genossen nach ihrer Rückkehr Untersuchungen als Teil ihrer Arbeit machen. Alles muss von der Realität ausgehen, ohne Gewissheit sollen keine Entscheidungen getroffen werden. [...] Ich hoffe, dass die Genossen nach ihrer Rückkehr Untersuchungen anstellen. Unwichtiges kann beiseitegeschoben werden. Nehmt euch Zeit und ein paar Helfer zur Hand, um ein paar Produktionsgruppen und Volkskommunen zu untersuchen." Er sagte auch: „Jetzt sehen wir eine Richtung, nämlich die, dass die Genossen den Geist der Suche nach der Wahrheit in der Realität wiederfinden müssen."

Auf der 9. Plenartagung des VIII. Zentralkomitees der Partei im Januar 1961 fasste MAO Zedong die historischen Erfahrungen der Partei zusammen und ging auf Probleme bei Untersuchungen und der Suche nach der Wahrheit in der Realität ein und rief die gesamte Partei erneut dazu auf, Untersuchungen und Studien anzustellen. Nach der Plenartagung führte MAO Zedong zahlreiche Untersuchungen zur Situation auf dem Land durch und schickte drei Untersuchungsteams in die Provinzen Hunan, Zhejiang und Guangdong.

Am 23. März wurde auf der Zentralen Arbeitskonferenz in Guangzhou das von MAO Zedong überarbeitete „Schreiben des Zentralkomitees der Kommunistischen Partei Chinas zur Frage der gründlichen Untersuchungs- und Forschungsarbeit an das Zentralkomitee und die Parteikomitees der Provinzen, Städte und Gemeinden" verabschiedet. In dem Schreiben wurde gefordert: „Stets muss von der Realität ausgegangen werden. Wer keine Untersuchungen anstellt, hat kein Mitspracherecht. Dies müssen die obersten Prinzipien des Denkens und Handelns der gesamten Partei werden. [...] Beim Untersuchen darf man keine Angst vor verschiedenen Meinungen haben und noch weniger davor, dass die Realität die etablierten Urteile und Entscheidungen über den Haufen wirft." Nach Veröffentlichung dieses Schreibens wurden häufiger Untersuchungen durchgeführt.

Am 14. Mai schlug MAO Zedong in einem Kommentar von ZHANG Pinghua zu dem Brief vor: „Die Parteikomitees auf allen Ebenen müssen unbedingt Untersuchungen durchführen. Es ist absolut verboten, dass Leute in den Parteikomitees keine Untersuchungen durchführen, sich nicht mit dem Volk in Verbindung setzen und hinter verschlossenen Türen eine subjektivistische Politik machen, die den Menschen schadet."

Im selben Monat leitete MAO Zedong die Zentrale Arbeitskonferenz in Peking. An dem Entwurf für die „Sechzig Vorschriften für den ländlichen Raum" wurden dabei erhebliche Änderungen vorgenommen, um neue Elemente hinzuzufügen, wie z. B. die Aufnahme von „Ohne Untersuchung kein Mitspracherecht" in die „drei Regeln der Disziplin und acht Punkte für Aufmerksamkeit" der Parteikader.

Am 23. November schrieb MAO Zedong in einem Kommentar von DENG Zihui zu dem Bericht: „Gründliche Untersuchen und Analysen konkreter Probleme statt abstrakter und subjektivistischer Analysen sind die Seele des Marxismus. Auf MAOs Initiative hin übernahmen die Anführer des Zentralkomitees die Führung bei den Untersuchungen. MAO Zedong und andere Anführer des Zentralkomitees übernahmen Anfang der 1960er diese Führung im großen Umfang, was eine sehr wichtige Rolle bei der Klärung der tatsächlichen Lage der Wirtschaft, der korrekten Anpassung der Suche nach der Wahrheit und der Überwindung ernster Schwierigkeiten spielte.

Die im Januar 1962 abgehaltene „7000-Kader-Konferenz" war im Grunde eine Zusammenfassung dieser Untersuchungen. Auf dieser Konferenz hielt MAO Zedong eine lange Rede, in der er den demokratischen Zentralismus und insbesondere die Förderung der innerparteilichen Demokratie betonte. Er sagte: „Ungeachtet ob inner- oder außerhalb der Partei muss ein vollumfassendes, demokratisches Leben existieren, d. h. der demokratische Zentralismus muss ernsthaft ausgeführt werden. […] Ohne Demokratie ist kein Zentralismus möglich, denn wenn sich die Meinungen aller unterscheiden, fehlt ein einheitliches Verständnis und der Zentralismus kann nicht aufgebaut werden. […] Ohne Demokratie kommen die Meinungen nicht aus den Massen und es können keine guten Linien, Grundsätze, Maßnahmen und Methoden erarbeitet werden. […] Ohne Demokratie gibt es kein Verständnis von der Situation des Volks und es werden nicht die Meinungen aller Seiten berücksichtigt. Es gibt keinen Austausch zwischen der Führung oben und dem Volk unten. Wenn die Führung oben anhand

„Die Suche nach der Wahrheit in der Realität", von MAO Zedong 1942 für die Zentrale Parteischule geschrieben

von einseitigen und unwahren Informationen Entscheidungen trifft, ist der Subjektivismus unvermeidbar. Ein einheitliches Verständnis kann nicht erreicht und ein wahrer Zentralismus nicht realisiert werden. [...] Unser Zentralismus basiert auf der Grundlage der Demokratie. Der Zentralismus des Proletariats basiert auf der Grundlage einer breiten Demokratie. [...] In unserem Land kann es keinen echten Zentralismus des Proletariats geben, wenn die Volksdemokratie und die innerparteiliche Demokratie nicht vollständig gefördert werden und die Demokratie des Proletariats nicht vollständig verwirklicht wird. Ohne ein hohes Maß an Demokratie ist es unmöglich, ein hohes Maß an Zentralismus zu erreichen. Ohne ein hohes Maß an Zentralismus ist es unmöglich, eine sozialistische Wirtschaft aufzubauen."

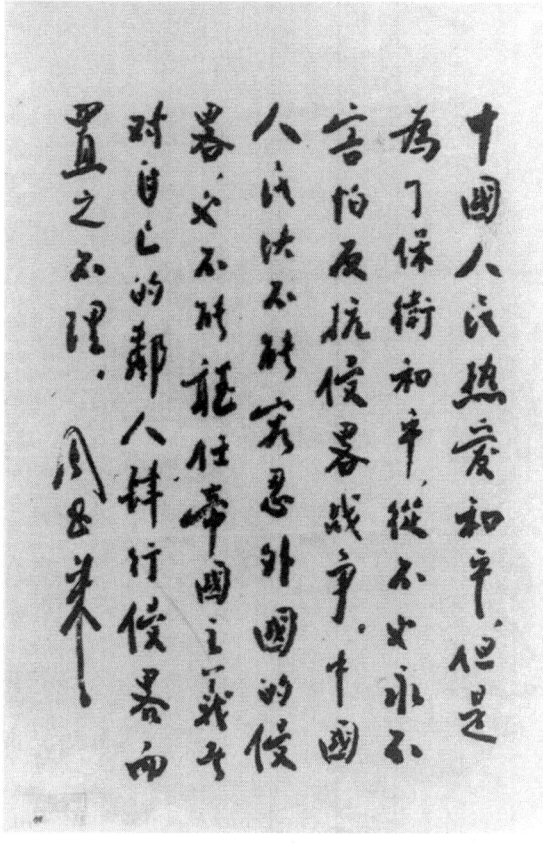

Handschrift von ZHOU Enlai.

Gleichzeitig formulierte MAO Zedong die Hauptaufgaben und -anforderungen an Untersuchungen unter sozialistischen Bedingungen. Er sagte: „Was die gesamte Partei betrifft, ist das Wissen über den sozialistischen Aufbau unzureichend. Wir sollten in nächster Zeit Erfahrungen sammeln und fleißig studieren, in der Praxis schrittweise unsere Erkenntnisse vertiefen und die zugrunde liegenden Gesetzmäßigkeiten herausfinden. Wir müssen hart arbeiten, um den sozialistischen Aufbau zu erforschen und zu studieren." In dieser Rede verband MAO Zedong die Untersuchung sowie das Sammeln von Erfahrungen mit der Verwirklichung des demokratischen Zentralismus, der Massenlinie und der Formulierung und Umsetzung innerparteilicher Maßnahmen. Er betrachtete das Untersuchen als einen unverzichtbaren Bestandteil im Verstehen und Gestalten der Welt.

In allen Bereichen der Praxis respektierte ZHOU Enlai die objektiven Gesetze und handelte nach ihnen. Er legte besonderen Wert auf Untersuchungen und Forschung, worüber er auch ein äußerst prägnantes Verständnis verfügte. Seiner Meinung nach muss eine Sache bei der Untersuchung analysiert, integriert und verglichen werden. Bei inhärenten Widersprüchen einer Sache muss nach Wichtigkeit unterschieden werden. Genauso müssen alle Aspekte der Sache gründlich analysiert werden. Das Umfeld, in dem sich ein Mensch befindet, weshalb ein Problem von mehreren Seiten aus angegangen werden muss. Auch das Verständnis eines Menschen ist immer begrenzt, weshalb verschiedene Ansichten anzuhören der Integration einer Sache förderlich ist. Eine Sache entwickelt sich stets weiter. Es gibt Fortschritt und Rückschritt, Allgemeines und Besonderes, Wahres und Falsches. Erst durch einen Vergleich versteht man dies einzuordnen.

ZHOU Enlai betonte die Notwendigkeit, sich bei der Untersuchung und Forschung an die drei Grundsätze von MAO Zedong zu halten: von den Massen zu kommen und zu ihnen zu gehen; sich zu sammeln und beharrlich zu bleiben; an der Wahrheit festzuhalten und Fehler zu korrigieren. Dies war der demokratische Zentralismus, der nicht nur ein Organisationsprinzip, sondern auch ein Arbeitsprinzip war. In der Innen- und Außenpolitik waren ZHOU Enlais Untersuchungen sowie sein richtiges Verständnis einer Sache bewundernswert. Während der chinesisch-amerikanischen Verhandlungen lobten Nixon und Kissinger

ZHOU Enlai mit: „Sein Verständnis der Tatsachen, insbesondere sein Wissen über die Situation in den USA, ist erstaunlich."

ZHOU Enlais Beharren auf der Suche nach der Wahrheit in der Realität und sein disziplinierter Geist der Selbstrevolution ergänzten sich gegenseitig. Sein Motto lautete: „Man lernt, solange man lebt, und erneuert sich auch". ZHOU Enlai betrachtete ideologische Umgestaltung wie Luft: Auch einen kurzen Augenblick lang geht es nicht ohne sie. Am 18. März 1943 schrieb er Die Grundlagen der Selbstkultivierung:

(1) Intensives Lernen, Schwerpunktbildung, Präzision vor Vielfalt, Spezialisierung vor Diversifikation.

(2) Fleißige Arbeit mit Planung, Schwerpunktsetzung und Ordnung.

(3) Aufeinander abstimmen von Lernen und Praxis; Beachtung von Zeit, Raum und Umständen, um ein angemessenes Gleichgewicht dieser zu erreichen; Selbstkritik und Aufarbeitung; Entwicklung und Innovation.

(4) Gegen die falschen Ideen von einem selbst und anderen anhand von Prinzipien vorgehen.

(5) Die eigenen Stärken angemessen einbringen und konkret die eigenen Schwächen ausgleichen.

(6) Niemals von den Massen absondern, sondern von ihnen lernen und ihnen helfen. Teilnahme am Gruppenleben, Beachtung von Untersuchungen und Einhalten der Disziplin.

(7) Die eigene Gesundheit stärken, einen angemessenen und geregelten Lebensstil pflegen, welche die materielle Grundlage der Selbstkultivierung bilden.

Größe ist immer beständig. ZHOU Enlai war konsequent in seinen Überzeugungen, seinem Verhalten, seinen Worten und Taten sowie seinem Auftreten. An diese sieben Regeln der Kultivierung hielt sich ZHOU Enlai sein ganzes Leben lang. Er sagte: „Das Ansehen einer Führungspersönlichkeit entsteht nicht dadurch, indem man Fehler vertuscht, sondern indem man sie korrigiert. Man kultiviert sich nicht, indem man sich rühmt, sondern indem man hart arbeitet." Angesichts der unterschiedlichen Aufgaben und Anforderungen der Zeit stellte sich ZHOU Enlai den neuen Herausforderungen stets mit dem Geist der Selbstrevolution und beteiligte sich an der Führung und Förderung der großen gesellschaftlichen Revolution, die von der KP Chinas durchgeführt wurde, sodass er stets mit der Sache der Partei und des Volkes gemeinsam voranschritt.

ZHOU Enlai schlug vor, jede Angelegenheit sorgfältig zu untersuchen und zu analysieren, denn nur so könne man das Wesen der Dinge erfassen. Er ermahnte immer seine Kollegen bei der Arbeit, die Dinge sorgfältig zu betrachten und zu analysieren. Man muss wissen, zu welcher Kategorie die Arbeit gehört und welche Folgen sie hat. Es ist notwendig, sowohl die guten als auch die schlechten Aspekte zu analysieren. Die Fähigkeit zu denken muss kultiviert werden, nicht nur das Auswendiglernen, sondern auch das Nachdenken, das Überlegen und das Analysieren. In seinem Leben folgte ZHOU Enlai genau diesem Weg des selbstständigen Denkens und der analytischen Forschung, um Probleme zu verstehen und zu lösen. Stets war er in der Lage, Lösungen für Probleme durch sorgfältige Analyse beider Seiten zu finden. Bei der Analyse des menschlichen Denkens konzentrierte er sich darauf, die Ambivalenz des Menschen und ihre verschiedenen Erscheinungsformen zu verstehen.

Im April 1971, als ZHOU Enlai die amerikanische Tischtennis-Delegation empfing, fragte einer der Spieler, der der Hippie-Bewegung angehörte, kühn: „Wie beurteilen Sie die Hippie-Bewegung der amerikanischen Jugend?" ZHOU Enlai antwortete: „Vielleicht sind die jungen Leute in der heutigen Welt ein wenig unzufrieden mit der Situation und wollen die Wahrheit suchen. Das jugendliche Denken manifestiert sich in verschiedenen Formen, wenn es unsicher ist. Aber nicht alle Formen sind unbedingt reif oder gefestigt. Denn der Weg der Suche nach der Wahrheit besteht immer daraus, zu schauen, was sich in der Praxis als richtig und falsch erweist. In der Jugend ist dies möglich ... Aber es ist notwendig, dass die gemeinsamen Punkte der Mehrheit gefunden werden soll. Dann ist es möglich, dass sich die Mehrheit entwickelt, Fortschritte macht und glücklich wird. Wenn sich in der Praxis herausstellt, dass man sich geirrt hat, sollte man es korrigieren. Man soll an dem, was richtig ist, festhalten und das, was falsch ist, korrigieren. So verstehen wir die Dinge." ZHOU Enlais Analyse der Menschen war sowohl objektiv und dialektisch als auch akribisch. Seine Analysen spezifischer Fragen erreichten ein sehr hohes Niveau.

ZHOU Enlai legte besonderen Wert darauf, sich andere Meinungen anzuhören. Er führte einmal ein prägnantes Beispiel an. Er sagte: „Ein Mensch hat zwei Ohren, die hören können, zwei Augen, die sehen können, und zwei Nasenlöcher, die riechen können. Er kann sowohl Positives als auch Negatives hören; bei Farben kann er sowohl Weiß als auch Schwarz sehen; er kann sowohl Duftendes als auch Fauliges riechen. Deshalb funktioniert auch der menschliche Körper nach den Gesetzen der Dialektik. Wir müssen uns alle Seiten anhören und zwischen richtig und falsch unterscheiden."

ZHOU Enlai betonte, dass man bei jedwedem Handeln lernen müsse, auf zwei Beinen zu gehen und Gegensätze in Betracht zu ziehen, da man sonst zu Einseitigkeit neigen würde. Das Gehen auf zwei Beinen ist die Einheit von Gegensätzen, das ist die Philosophie und Arbeitsmethode der Partei. Er kritisierte diejenigen, die in ihrer Arbeit nur einen Aspekt betonten, aber den dialektischen Zusammenhang der Einheit der Gegensätze vernachlässigten, sodass man nur „auf einem Bein" laufe. „Wer auf einem Bein läuft, wird unweigerlich umfallen." Er benutzte einmal diese Metapher des Laufens auf zwei Beinen, um die Einheit der Gegensätze in zehn Aspekten der Literatur und Kunst zu verdeutlichen. Man solle: energisch, aber auch besonnen sein; nach Vollendung streben, aber auch Spielraum lassen; ideologisch, aber auch künstlerisch sein; romantisch, aber auch realistisch sein; Ideale haben, aber sie auch mit der Realität verbinden; den Marxismus lernen, ihn aber auch mit den Tatsachen in Verbindung bringen; Politik lernen, diese aber auch auf das echte Leben anwenden; eine Grundausbildung haben, aber auch künstlerisch kultiviert sein; über politisches Bewusstsein verfügen, aber auch materiell wohlhabend sein; den Mut haben, etwas zu denken, zu sagen und zu tun, aber auch wissenschaftlich analysieren können und die objektive Möglichkeit mit der subjektiven Initiative verbinden; einen einzigartigen Stil haben, der aber auch mit anderen kompatibel ist.

DENG Xiaoping bezeichnete sich selbst oft als eine Person von jenen, die die Wahrheit in der Realität suchen, und wiederholt betonte er, wirklichkeitsgetreu zu sein. Er sagte: „Die Suche nach der Wahrheit in der Realität ist das Wesen des Marxismus. Wir sollten den Geist dieser Suche fortführen, keinen Dogmatismus befürworten und uns auf die Praxis und diese Suche stützen." Und: „Um das Vertrauen des Volkes zu gewinnen, müssen wir praktische Leistungen aufbringen." Und: „Die führenden Politiker müssen mehr praktische Arbeit leisten."

DENG Xiaopings lebenslange Praxis bewies, dass er sowohl ein weitsichtiger Denker, Staatsmann und Stratege als auch pragmatisch, praktisch und bodenständig war. Anfang der 1960er Jahre erinnerte DENG Xiaoping die Kader auf allen Ebenen angesichts der Schwierigkeiten, mit denen das Land konfrontiert war, daran, dass sie „die Situation auf eine pragmatische Herangehensweise" erklären müssten.

Um die Wiederherstellung und Entwicklung der landwirtschaftlichen Produktion zu fördern, sagte er damals: „Ich fürchte, es ist notwendig, eine solche Form anzunehmen, die für die Produktionsverhältnisse am besten ist. Das bedeutet, diejenige Form anzunehmen, die leicht und schnell zur Wiederherstellung und Entwicklung der landwirtschaftlichen Produktion führt; genauso sollten wir die Form annehmen, welche auch immer die Massen annehmen wollen, und wenn sie noch nicht mit den Gesetzen übereinstimmt, sollte sie legalisiert werden."

Zu Beginn der neuen Periode der Reformen und der Öffnung legte DENG Xiaoping mehr Wert auf das Festhalten an einer pragmatischen und aufrichtigen Art. Er sagte: „Ich lese nicht so viel, aber ich glaube an die Suche der Wahrheit in der Realität, von welcher der Vorsitzende MAO sprach. In der Vergangenheit haben wir uns im Krieg darauf verlassen, und jetzt müssen wir uns im Aufbau und den Reformen darauf verlassen." Er betonte, dass das Kriterium für die Beurteilung jeder Arbeit darin bestehen sollte, ob sie der Entwicklung der Produktivkräfte der sozialistischen Gesellschaft, der Stärkung der nationalen Stärke eines sozialistischen Landes und der Verbesserung des Lebensstandards des Volkes förderlich war. Mit dieser pragmatischen und aufrichtigen Art hat DENG Xiaoping eine Reihe von großen Problemen der Partei und des Landes entscheidungsfähig angegangen und die Partei und das Volk dazu gebracht, die Wogen zu glätten und eine neue Situation für die Sache zu schaffen.

Im Jahr 1977 nahm DENG Xiaoping nach seiner Rückkehr auf die politische Bühne wieder die Arbeit auf. Angesichts der seit langem bestehenden Fesselung durch Ideologie sagte er: „Es kann nicht sein, dass nur, weil etwas nicht im Buch steht, in keinem Dokument auftaucht und von keinem Anführer gesagt wurde, niemand es wagt, mehr zu sagen und zu tun als nötig, sondern alles blindlings zu kopieren." Er wies darauf hin: „Die Weltlage verändert sich schnell, insbesondere die Entwicklung der modernen Wissenschaft und Technologie vollzieht sich schnell. Ein Jahr entspricht heutzutage früheren Jahrzehnten oder gar Jahrhunderten. Jemand ist kein wahrer Marxist, der den Marxismus nicht mit neuen Ideen und Ansichten weiterführt und entwickelt." Er erklärte: „Wenn eine Partei, ein Land oder eine Nation alles nach dem Buch macht, ihr Denken starr ist und von Aberglauben beherrscht wird, wird sie nicht in der Lage sein, vorwärtszukommen. Ihre Lebenskraft wird abnehmen und schließlich zur Zerstörung der Partei und des Landes führen."

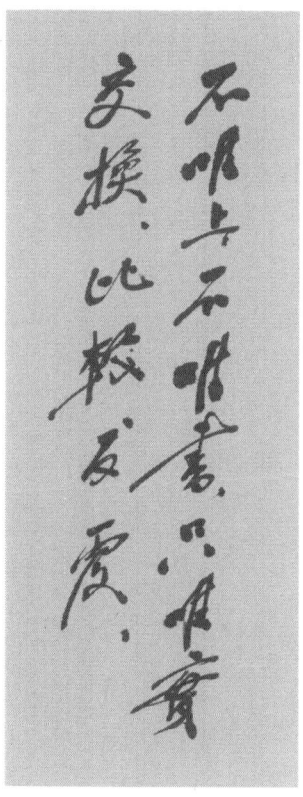

Handschrift von CHEN Yun.

DENG Xiaoping betonte: „Bei der Reform und Öffnung muss man mutig sein und ausprobieren, und nicht [konservativ] in der Zeit [des alten Chinas] des Füßebindens verharren. Hast man den richtigen Weg gefunden, muss mutig ausprobieren und nach vorne preschen." Und: „Wenn wir keine neuen Wege beschreiten, können wir nichts Neues schaffen." DENG Xiaoping war der Erste, der auf systematische Weise eine Reihe grundlegender Fragen zum Aufbau, zur Konsolidierung und Entwicklung des Sozialismus in einem wirtschaftlich und kulturell rückständigen Land wie China. Dabei offenbarte er das Wesen des Sozialismus und vollzog einen weiteren historischen Sprung in der Verbindung von Marxismus mit den Begebenheiten Chinas.

Das Prinzip der pragmatischen Herangehensweise hat CHEN Yun sein ganzes Leben lang praktiziert. Er sagte: „Eine pragmatische Herangehensweise ist keine gewöhnliche Frage des Stils, sondern die grundlegende ideologische Linie des marxistischen Materialismus." Nachdem CHEN Yun in der Yan'an-Zeit wiederholt mit MAO Zedong über die Vermeidung von Fehlern diskutiert hatte, schlug er eine einzigartige „Fünfzehn-Wörter-Formel" vor: „Nicht nur an die Spitze und Bücher glauben, sondern an Wahrheit, Austausch, Vergleich und Wiederholung." Diese „Fünfzehn-Wörter-Formel" wurde von CHEN Yun 1943 entwickelt und ein Leben lang von ihm angewandt. Sie entwickelte sich zur legendären „Denkweise CHEN Yuns". Er erklärte es so: „Von diesen fünfzehn Wörtern sind die ersten acht Materialismus und die letzten sieben Dialektik. Gemeinsam sind sie materialistische Dialektik."

Erstens: Nicht nur der Spitze glauben. CHEN Yun sagte: „Nicht nur der Spitze zu glauben, bedeutet nicht, gar nichts zu befolgen, was sie sagt." Er betonte, dass die Verantwortung der Anhänger der Kommunistischen Partei darin bestehe, Beschlüsse entschlossen umzusetzen und sie in der praktischen Arbeit zu verwirklichen. Sie müssten den Beschlüssen der Partei nicht nur in ihrer täglichen Arbeit treu sein, sondern auch in schwierigen Zeiten, in Zeiten von Leben und Tod; nicht nur wenn sie unter Parteiaufsicht stehen, sondern auch ohne. Sie müssen auf der Umsetzung der Beschlüsse der Partei bestehen, egal ob in Zeiten des Sieges oder der Niederlage. Dabei müssen mit Furchtlosigkeit und Unbeugsamkeit die Schwierigkeiten bei der Arbeit überwunden werden. Bei der Arbeit von der Partei energielos zu sein oder diese respektlos zu behandeln, ist nicht hinnehmbar. Doch wie glaubt man nicht nur der Spitze? Laut CHEN Yun muss bei Anweisungen von oben von den Tatsachen ausgegangen werden und diese mit der Realität in Einklang gebracht werden. Die gesamten Interessen, die Disziplin, die Regeln und die Autorität der Partei müssen gewahrt werden. Es muss an der Wahrheit festgehalten werden: Nur was richtig ist, ist richtig; was falsch ist, ist falsch; die Dinge sind so, wie sie sind. Was gut für das Volk und für die Revolution ist, sollte umgesetzt werden. CHEN Yun hielt sich strikt an die Disziplin und die Regeln der Partei und hielt die Autorität des Zentralkomitees entschlossen aufrecht.

Zweitens: Nicht nur Büchern glauben. Damit meinte CHEN Yun nicht, dass Bücher und Schriften überhaupt nicht mehr gelesen werden sollen. Das Lernen ist die Verantwortung aller Anhänger der Kommunistischen Partei. Ohne das Lesen und Lernen von Theorien werden sie in der komplizierten und sich verändernden Revolution nicht zurechtfinden. Sie werden keine Richtung haben und können nicht unabhängig arbeiten und damit auch nicht die Aufgaben und Entscheidungen der Partei richtig umsetzen. Die Kader sollen nicht aus Angst, den Fehler des Dogmatismus zu begehen, keine Bücher lesen; ihr Problem ist, dass sie den Marxismus noch nicht völlig verstanden haben. Dafür muss sich auch allgemeines Wissen angeeignet werden.

CHEN Yun schrieb einmal: „Häufig Bücher über Land und Familie lesen und nichts tun, was Körper und Seele nicht voranbringt." Besonderen Wert legte er auf das Studium der Philosophie und betrachtete das Studium der marxistischen Philosophie als den grundlegenden Aufbau der Ideologie. Er sprach sich dafür aus, dass die Hauptmethode des Lernens das Selbststudium, das von MAO Zedong erwähnte „langfristige Lernen", sei. Was man aus der Arbeit lernt, ist zuverlässig. Jeder Anhänger der Kommunistischen Partei sollte zu jeder Zeit und an jedem Ort bei der Arbeit Theorien und Kultur studieren, die eigenen politischen sowie kulturellen Fähigkeiten verbessern, sein revolutionäres Wissen erweitern und die politische Weitsicht fördern. Laut CHEN Yun darf man beim Lesen nicht faul sein. Es sei wichtig, auch in der hektischen Arbeit Zeit für das Lernen zu finden. Er lehnte Tendenzen zur Arroganz und Selbstüberschätzung ab sowie solche mit Abneigung oder fehlendem Vertrauen gegenüber dem Lernen. Am Lernen hatten die von CHEN Yun organisierten Studiengruppen in der Yan'an-Zeit am besten festgehalten. MAO Zedong lobte: „Was tun, wenn man keine Zeit hat? Nach CHEN Yuns Methode findet man einfach Zeit." Auch in späteren Jahren organisierte CHEN Yun noch Familienstudiengruppen, um MAO Zedongs „Über die Praxis" und „Über den Widerspruch" Absatz für Absatz zu studieren. Er betonte, dass das Lernen ein langfristiger Prozess sei und lange geplant werden müsse. Man solle nicht schnell lesen, sondern einen umsetzbaren Studienplan erstellen und daran festhalten. Vor allem unterstrich er die Bedeutung des Denkens beim Lesen. Auf einem Briefbeschwerer, den er oft benutzte, waren folgende Worte eingraviert: „Mit reifem Geist werden Schriften tiefgründig. Der mit viel Wissen findet inneren Frieden."

Nach CHEN Yun kann wahre Theorie nur schrittweise und tiefgreifend durch praktische Arbeit verstanden werden. Theorien sind ein Spiegelbild der Realität und kommen letztlich aus der Realität, nicht aus Büchern. Theorie und Realität sind beide unerlässlich. Es ist nicht richtig, die Einheit von Theorie und Praxis oder den Unterschied zwischen den beiden zu übersehen. Wenn man sich nur auf die Praxis konzentriert, hat man keine langfristige Perspektive; wenn man nur auf die Theorien achtet, kann man nicht reale Probleme lösen. CHEN Yun wies darauf hin, dass es für einen Menschen ohne Erfahrung in revolutionären Kämpfen unmöglich sei, politische Arbeit durchzuführen, wenn er keine praktischen Erfahrungen in seiner Arbeit gesammelt hat und sich nur auf das Gehörte und Gelesene verlässt, auch wenn er intensiv die Prinzipien des Marxismus studiert hat. Die Grundlage der politischen Arbeit ist die praktische Erfahrung aus dem revolutionären Kampf. Doch wie lässt sich das Gelesene mit der Praxis verbinden? CHEN Yun betonte, dass man zuerst Bücher lesen und verstehen solle, um das Gelesene zu verdauen. Wenn das Gelesene nicht verstanden wurde, solle man dies nicht überstürzt in die Praxis umsetzen. Wenn man die Prinzipien und Denkweisen des Marxismus beherrscht, wird man automatisch das Gelernte mit der eigenen praktischen Erfahrung verbinden, die spezifischen Erfahrungen zur allgemeinen Theorie erheben und sie zur Anleitung der praktischen Arbeit nutzen.

Drittens: An die Wahrheit glauben. Nach CHEN Yun bedeutet, an die Wahrheit zu glauben, nur von der Realität auszugehen und Probleme pragmatisch zu untersuchen und zu bewältigen. Dies ist die zuverlässigste Methode. Um die Partei und das Land gut zu führen, ist es am wichtigsten, dass die führenden Kader die richtige Denkweise haben. Wenn von der „Suche der Wahrheit in der Realität" gesprochen wird, muss zuerst geklärt werden, was diese „Realität" genau ist. Ohne die Klärung dieser Frage kann nichts getan werden. Er war der Meinung, dass die Fehler der Vergangenheit nicht darin bestanden, dass die tatsächlichen Begebenheiten nicht verstanden wurden, sondern dass diese nur einseitig und nicht umfassend erfasst wurden und das Partielle mit dem großen Ganzen fälschlicherweise verwechselt wurde. Beim Treffen politischer Entscheidungen muss eine Situation genau untersucht und über das Problem nachgedacht werden. Wenn subjektivistisch gedacht wird und das nicht mit der tatsächlichen Situation übereinstimmt, werden Fehler begangen. Innovation muss mit der Wahrheit kombiniert werden. Ansonsten wird die Arbeit oberflächlich und kann nicht zum Fortschritt beitragen.

Viertens: An den Austausch glauben. CHEN Yun vertrat die Ansicht, dass, wenn die Dinge sehr komplex sind, ein umfassendes und richtiges Verständnis erhalten werden muss. Dafür muss man sich verschiedene Meinungen anhören und sich mit anderen austauschen. Der Zweck dessen ist es, befürwortende und ablehnende Meinungen miteinander auszutauschen, um das Gesamtbild der Dinge zu verstehen und das eigene Verständnis der Dinge zu vervollständigen. Durch den Meinungsaustausch können ursprünglich einseitige Sichtweisen allmählich umfassend werden, unklare Dinge verstanden werden und ursprünglich abweichende Ansichten übereinstimmen. Beim Meinungsaustausch sollte man niemals wütend auf diejenigen sein, die eine andere Meinung vertreten. Ihre Meinung, ob richtig oder falsch, ist nützlich. Richtige Einwände können das fehlende Verständnis für objektive Dinge ergänzen, während falsche Einwände widerlegt werden müssen. Je falscher, desto gründlicher muss widerlegt werden. Durch diese Widerlegung kann ebenfalls das Verständnis vertieft werden. Richtige Meinungen entstanden oft durch die systematische Widerlegung falscher. Wenn es keine abweichenden Meinungen gibt, können Annahmen getroffen werden, um das Problem von der Gegenseite zu betrachten und verschiedene Bedingungen und Möglichkeiten zu untersuchen. Man sollte keine Angst davor haben, dass die Menschen etwas Falsches sagen, sondern dass sie schweigen. Wenn niemand mehr etwas sagt, werden große Probleme entstehen.

Fünftens: An den Vergleich glauben. CHEN Yun fand, dass ohne Vergleich der Grad der Entwicklung einer Sache, ihre Natur, ihr Wesen und ihre Merkmale nicht erkannt werden können. Der Vergleich dient dazu, die Natur und das Wesen der Dinge eingehender beurteilen und klären zu können. Jede korrekte Analyse basiert auf Vergleichen. Bei politischen Entscheidungen, der Organisation und der Umsetzung müssen mehrere Vergleiche durchgeführt werden. Der größte Gewinn oder das kleinste Übel muss ausgewählt werden, wobei mehrere Pläne erstellt werden sollten, um diese zu vergleichen. Beim Vergleich muss die Sache von oben und unten, links und rechts betrachtet werden, und nicht nur mit der Gegenwart und Vergangenheit, sondern auch mit dem Ausland. Vergleiche können in vielerlei Hinsicht die Situation klarer machen, sodass genauere Urteile gefällt werden können. Wenn mehr Vergleiche angestellt werden, gibt es nur Vorteile und keine Nachteile.

Sechstens: An die Wiederholung glauben. CHEN Yun war der Meinung, dass das Verständnis der Dinge nicht in einem einzigen Schritt erreicht werden kann, sondern ein sich wiederholender Prozess ist. Entscheidungen zu manchen Fragen schienen zu zum damaligen Zeitpunkt richtig, aber stellen sich nach einiger Zeit als vollkommen oder teilweise falsch heraus. Unter Wiederholung bedeutet, bei Entscheidungen nicht voreilig zu sein, sondern sich mit dem Problem wiederholt zu befassen. Am besten vergeht erst einige Zeit, bevor eine Entscheidung getroffen wird. Bei Problemen, die man noch nicht ganz erfasst hat, sollte man vorsichtig vorgehen und viel nachdenken. Der Nachteil dessen ist Langsamkeit. Aber falls sich die Entscheidung als falsch herausstellt, gilt sie als gescheitert. Es ist besser, langsam zu sein, als zu scheitern. Aber wie konnte man diesen sich wiederholenden Prozess durchführen? CHEN Yun betonte, dass nach dem Treffen einer Entscheidung zunächst mit gegensätzlichen Meinungen verglichen werden muss. Die Leute müssen um Konfrontation gebeten werden. Wenn es keine „Opposition" gibt, muss eine „Opposition" angenommen werden, um das Verständnis zu verbessern. Das Wichtigste ist es, während der Umsetzung wiederholt ein neues Verständnis zu entwickeln. Was sich als richtig herausstellt, sollte beibehalten und weiterentwickelt werden. Wenn Mängel festgestellt werden, sollten sie ausgeglichen werden. Wenn Fehler gefunden werden, sollten sie sofort korrigiert werden. Wiederholung bedeutet nicht, schnelle und willkürliche Veränderungen umzusetzen, sondern es geht darum, durch Beurteilung und Handeln ein neues Verständnis zu erlangen, zu korrigieren, ständig zu reflektieren und das Verständnis zu vertiefen. So werden das Verständnis und die Entscheidungsfindung genauer und keine großen Fehler mehr begangen.

ZHU De bestand darauf, die Grundprinzipien des Marxismus mit den konkreten Gegebenheiten der chinesischen Revolution und des Aufbaus zu verbinden und die Probleme von einem praktischen Standpunkt aus zu lösen. Gemeinsam mit MAO Zedong skizzierte er die Grundprinzipien der Guerillataktik des chinesischen Revolutionskrieges: „Wenn der Feind vorrückt, ziehen wir uns zurück; wenn der Feind sein Lager aufschlägt, stören wir ihn; wenn der Feind erschöpft ist, greifen wir an; wenn sich der Feind zurückzieht, verfolgen wir ihn." Anfang der 1960er Jahre vertrat er ausdrücklich die Idee: „Man muss erkennen, dass kein einziges Land auf der Welt den Sozialismus wirklich aufgebaut hat. Daher müssen wir einen eigenen Weg für den Aufbau des Sozialismus in China finden." Um diesen Weg zu erkunden, führte er häufig eingehende Untersuchungen und Studien im Volk durch.

Von 1951 bis 1966 legte er dem Zentralkomitee der Partei 108 Forschungsberichte vor, die die momentanen Begebenheiten in verschiedenen Industrien widerspiegelten, 98 davon entstanden unter seiner Leitung. Seine Idee, besonders viel Aufmerksamkeit der Entwicklung und Vielfältigkeit des Handwerks und der Landwirtschaft zu schenken, wurde zu einer wichtigen Lehre für den sozialistischen Aufbau. Er vertrat schon früh die Idee, dass die nationale Verteidigungsindustrie den Entwicklungsweg der „Verbindung von Militär und Volk und der Verbindung von Frieden und Krieg" gehen sollte.

In den frühen 1960er Jahren, während der Anpassung der Volkswirtschaft, waren seine Ideen zur Schließung öffentlicher Kantinen auf dem Land, zur Wiederherstellung freier Märkte auf dem Land und zur Anpassung des Verwaltungssystems der Volkskommunen von großer richtungsweisender Bedeutung. Er betonte, dass die grundlegenden Aufgaben der disziplinarischen Arbeit der Partei nach der Machtübernahme darin bestanden, die Produktion zu schützen, die Parteiorganisation zu festigen und aufzuräumen, die Beziehung der Partei zu den Massen zu festigen und die Zentralisierung und Einheit der Partei zu gewährleisten. Damit gab er die Richtung vor, die disziplinarische Arbeit der Partei an die Erfordernisse einer langen Periode der Macht anzupassen. ZHU Des Einsichten waren das Ergebnis der Suche nach der Wahrheit in der Realität.

LIU Shaoqi hat immer darauf bestanden, die Wahrheit in der Realität zu suchen und innovativ zu sein. Er sagte: „Unsere Partei hat sich nie gescheut, ihre eigenen Unzulänglichkeiten und Fehler aufzuzeigen und zu kritisieren. Alle Unzulänglichkeiten und Fehler der Vergangenheit werden zu Lehren für unsere zukünftigen Siege." Und: „Die Wahrheit ist am zuverlässigsten." Er sagte auch: „Die Etablierung eines Stils der Such nach der Wahrheit in der Realität muss das erste Kriterium für die Stärkung des Parteicharakters sein." LIU Shaoqi übte scharfe Kritik an denjenigen, die falsche Erklärungen abgaben und die Wahrheit nach oben und unten verheimlichten, und sagte, dies sei „nicht nur unvereinbar mit dem Stil der Partei, die Wahrheit in der Realität zu suchen, und auch nicht nur ein Ausdruck der Unreinheit der Partei, sondern auch ein Verlust der Loyalität und Ehrlichkeit, die die Anhänger der Kommunistischen Partei haben sollten, und ein Verlust des Parteicharakters." Er sagte: „Der Geist eines Anhängers der Kommunistischen Partei ist der des positiven Fortschritts und der unabhängigen Kreativität." Und: „Um jede große Sache zum Abschluss bringen, braucht es einen Geist, der Schwierigkeiten durchstehen kann und Verantwortung für diese übernehmen kann." Er sagte auch: „Der revolutionäre Geist eines Anhängers der Kommunistischen Partei sollte darin bestehen, Schwierigkeiten voll einzuschätzen und in schwierigsten Zeiten aufzustehen und vorwärtszugehen." LIU Shaoqi begab sich in Zeiten revolutionärer Notlagen immer an die schwierigsten Orte und nahm die schwersten Lasten auf sich, ohne sich vor den Risiken und Gefahren zu drücken.

Anfang 1936, als das Zentralkomitee der Partei LIU Shaoqi zur Arbeit in das Nordbüro schickte, sagten einige Mitglieder zu ihm: „Du kehrst in die Höhle des Tigers zurück, wenn du diesmal in die von der Kuomintang besetzten Gebiete gehst. Das wird eine schwierige Aufgabe." Er antwortete entschlossen: „Wie kann ich einen Tiger fangen, ohne die Höhle des Tigers zu betreten?" In der Zeit der volkswirtschaftlichen Umstrukturierung war er für die Arbeit des Zentralkomitees an vorderster Front verantwortlich und führte dabei die Überwindung vieler Schwierigkeiten an. Angesichts aller Arten von komplizierten und gefährlichen Situationen ging LIU Shaoqi dennoch stets von den tatsächlichen Begebenheiten aus. Er war gut darin, die Gesamtsituation umfassend zu betrachten, sorgfältige Analysen vorzunehmen und praktische Maßnahmen in einem komplexen Umfeld vorzuschlagen und umzusetzen.

Sein ganzes Leben lang war LIU Shaoqi offen und ehrlich. Er war mutig, wenn es darum ging, auf der Wahrheit zu bestehen und Fehler zu korrigieren, und wagte es, die Wahrheit zu sagen und seine politischen Ansichten nie zu verbergen. Gleichzeitig setzte er sich nachdrücklich dafür ein, stets die Wahrheit zu sagen, echte Arbeit zu leisten und ein ehrlicher Mensch zu sein. Er ermutigte auch andere, die Wahrheit zu sagen, und wehrte sich entschlossen gegen Unwahrheiten. Nie verschwieg er seine Fehler und übernahm aktiv Verantwortung. LIU Shaoqi sagte, dass Anhänger der Kommunistische Partei nur die Interessen und Ziele der Partei im Auge hätten und keinerlei Egoismus besäßen. Es wurde daher über ihn gesagt: „Er kann seine Fehler und Unzulänglichkeiten vor sich selbst offenlegen und sie mutig korrigieren – und tat dies vor aller Augen. Er war aufrecht, hatte nie Angst vor der Wahrheit und umarmte sie mutig. Auch anderen erzählte er die Wahrheit und kämpfte dafür." Diese Aussage ist ein Abbild des lebenslangen Kampfes von LIU Shaoqi für die Wahrheit.

Kapitel 7

Menschen von Größe sind wie Klassiker

Menschen von Größe sind wie Klassiker: Wer von ihnen lernt, wird Neues erfahren. Der wertvolle Geist der alten Revolutionäre wie MAO Zedong, ZHOU Enlai, LIU Shaoqi, ZHU De, DENG Xiaoping und CHEN Yun, den sie hinterließen, wird genauso wie das kulturelle Erbe Chinas über die Zeit immer höher geschätzt und in Ehren gehalten.

XI Jinping wies darauf hin: „Unsere Partei als marxistische Regierungspartei muss nicht nur viel Kraft durch Wahrheit aufweisen, sondern auch viel Charakterstärke. Die Kraft durch Wahrheit wird durch die richtigen Theorien unserer Partei verkörpert, die Charakterstärke durch unseren guten Arbeitsstil." Land und Volk, die keine Menschen von Größe hervorbringen, sind zu bemitleiden. Land und Volk, die Menschen von Größe nicht wertschätzen, sind zu bedauern. Das Land und das Volk Chinas hat zu jedem Zeitpunkt seiner Geschichte Menschen von Größe hervorgebracht und diese wertgeschätzt. Der Nachthimmel der chinesischen Geschichte leuchtet daher besonders hell.

MAO Zedong gehört China und der Welt. Nicht nur hat er das Vertrauen und den Respekt der Partei und des chinesischen Volks gewonnen, sondern auch die Herzen jener auf der Welt, die sich nach Fortschritt sehnen. Die Zeitschrift „Australian Financial Review" hat im 20. Jahrhundert einmal geschrieben: „MAO Zedong war wie Roosevelt, Churchill und Lenin einer der Giganten dieses Jahrhunderts. Von diesen vier vielleicht sogar der Größte, weil sein Einfluss am längsten anhielt. Vor 50 Jahren war er Chinas Marx. Daraufhin führte er die Revolte an und ergriff die Macht. Dies machte ihn zu Chinas Lenin. Sein Können war räumlich und zeitlich weitreichend. Er war talentiert darin, die untersten Schichten der Gesellschaft zu organisieren, und fachte das Feuer der Revolution im gesamten Land an. Er war ein kreativer Philosoph, der dem Marxismus ein frisches, moralisches, östliches Antlitz verlieh. Er war ein unübertroffener Militär, der einst sagte, dass sein Appetit niemals wieder so gut wie in Kriegszeiten war. Er war ein begnadeter Dichter, der im klassischen Stil schrieb und dessen eigenes Leben einem Epos glich."

MAO Zedong löste schöpferisch eine Reihe wichtiger Probleme, die bei der Anwendung marxistischer Grundprinzipien auf die chinesische Realität auftraten. Eingehend analysierte er die sozialen Umstände und Klassenverhältnisse Chinas und verstand durch reifliche Überlegung das Wesen, das Ziel, die Aufgabe und die treibende Kraft der chinesischen Revolution. Daraufhin brachte er die zweistufige Strategie von der neudemokratischen Revolution zum Sozialismus hervor, definierte die Grundzüge der neudemokratischen Revolution und postulierte den Weg der Revolution, nachdem die Städte über das Land erobert wurden und so am Ende der nationale Sieg errungen werden konnte.

Genauso schöpferisch löste MAO Zedong Probleme, die bei dem Aufbau einer marxistischen Partei unter den besonderen historischen und gesellschaftlichen Umständen Chinas zutage kamen. Er baute die Partei zu einer marxistischen Regierungspartei auf, die bewaffnet mit wissenschaftlichen Theorien und einem revolutionären Geist, den Massen eng verbunden und ideologisch, politisch und organisatorisch gefestigt war. Ebenfalls ging MAO Zedong die Schwierigkeiten bei dem Aufbau einer bewaffneten Kraft des Volkes unter der absoluten Führung der Partei an und begründete die Volksarmee, die mit unnachgiebigem Geist ausgestattet jeden Feind überwältigen kann und sich keinem Gegner beugt. Gleichermaßen überwand er die Hürden, den Großteil der Nation zu einer revolutionären Einheitsfront zu vereinen, die mit gesammelter Kraft für die Sache der Partei und des Volks kämpfte. Genauso entwickelte er eine Reihe von Strategien und Taktiken, die bei der zeitigen Lösung von komplizierten Problemen halfen, die auf dem Weg der chinesischen Revolution auftauchten, sodass er diese auf eine Welle des Erfolges führte.

Während 28 Jahren blutiger und zäher Schlachten nahmen die Partei und das Volk unsagbares Leid auf sich und brachten große Opfer auf. Nach dem Sieg im Widerstandskrieg gegen Japan und durch den

Befreiungskrieg wurde das imperialistische, feudale und bürokratisch-kapitalistische System über den Haufen geworfen, der Sieg in der neudemokratischen Revolution errungen und die nationale Unabhängigkeit und Volksbefreiung erreicht, wovon die Chinesen fast 100 Jahre geträumt hatten.

Nach der Gründung der Volksrepublik China führte die erste Generation des zentralen Führungskollektivs der Partei mit MAO Zedong an der Spitze das Volk dazu, die Wunden des Krieges schnell zu heilen und die nationale Wirtschaft wiederherzustellen. Auf dieser Grundlage wurde, um nicht den günstigen Zeitpunkt zu verpassen, der generelle Plan für diese Übergangsperiode aufgestellt und die neudemokratische Re-

MAO Zedong verkündet am 1. Oktober 1949 auf dem Tor zur Verbotenen Stadt am Tian'anmen-Platz feierlich die Gründung der Volksrepublik China.

volution von der sozialistischen abgelöst. Auf diese Weise wurde China, ein großes Land im Osten mit einem Viertel der Weltbevölkerung, zu einer sozialistischen Gesellschaft und verwirklichte damit die tiefgreifendste und größte gesellschaftliche Veränderung in seiner Geschichte. Der Sieg der neudemokratischen Revolution und die Errichtung der sozialistischen Grundstrukturen legten die grundlegenden, politischen Voraussetzungen und das institutionelle Fundament für den gesamten Fortschritt des heutigen Chinas.

Nachdem die Grundstrukturen des Sozialismus errichtet worden waren, stellte sich für die Partei die völlig neue Frage, wie der Sozialismus in China aufgebaut werden sollte. Eingehend suchte MAO Zedong nach einem Weg für den Aufbau des Sozialismus, der auf die Situation in China zugeschnitten war. Ausgehend von den Lehren aus den Erfahrungen der Sowjetunion wies er darauf hin, dass neue Theorien entwickelt und neue Werke geschrieben werden müssten, um die Grundprinzipien des Marxismus ein zweites Mal mit den realen Umständen Chinas in Einklang zu bringen. Er fand den richtigen Weg, um in China die sozialistische Revolution und den Aufbau durchzuführen, und stellte die strategische Idee auf, China in ein starkes, sozialistisches Land zu verwandeln.

Innerhalb kurzer Zeit durchlief die chinesische Gesellschaft eine dramatische Veränderung. China errichtete ein unabhängiges und relativ umfassendes Industriesystem und eine Volkswirtschaft und führte selbstständig das Atom- und Raumfahrtprojekt „Zwei Bomben, ein Satellit" durch, durch das China nun selber Atombomben, Interkontinentalraketen und Satelliten herstellen konnte. Dadurch konnte China eine weltweite Großmacht mit bedeutendem Einfluss werden. In dieser Zeit konnte das Land im Osten wertvolle Erfahrungen im Aufbau des Sozialismus in einer Gesellschaft mit einem so rückständigen Produktionsniveau wie China sammeln.

Für die Leitung von Partei und Volk den richtigen Weg für die neudemokratische Revolution zu finden; der Kampf gegen den Imperialismus und Feudalismus; der Aufbau des Neuen Chinas; die Errichtung des grundlegen Systems des Sozialismus; das Erreichen fundamentaler Erfolge im Aufbau des Sozialismus; das Erforschen und Sammeln von

Erfahrungen in der Begründung des Sozialismus chinesischer Prägung; das Schaffen grundlegender Voraussetzungen für die siegreiche Entwicklung der Sache von Partei und Volk und dem Aufholen der chinesischen Nation auf die Entwicklung der Zeit; die Begründung eines soliden Fundaments für Theorie und Praxis; dies alles sind die größten Beiträge von MAO Zedong zeit seines Lebens.

Die Meinungen, Ansichten und Methoden von MAO Zedongs Geist sind von drei grundlegenden Aspekten durchdrungen: die Suche nach der Wahrheit in der Realität, die Massenlinie und die Unabhängigkeit. Unter den neuen Umständen muss am Geiste MAO Zedongs festgehalten und dieser umgesetzt werden, sodass die Sache des Sozialismus chinesischer Prägung weitergetrieben wird.

Die Suche nach der Wahrheit in der Realität ist die grundlegende Sichtweise des Marxismus, die Anforderung an die Kommunisten, die Welt zu begreifen und zu verstehen, und die Grundlage der Gedanken, Arbeit und Führung der Partei. Egal ob in Vergangenheit, Gegenwart oder Zukunft, immer muss von der Realität aus vorgegangen werden, die Theorie mit dieser verbunden werden und die Wahrheit in der Praxis gefunden und entwickelt werden.

Die Massenlinie ist die Lebenslinie und grundlegende Arbeitslinie der Partei. Sie ist eine wichtige Tradition der Partei, sodass sie jung und kraftvoll bleibt. Egal ob in der Vergangenheit, Gegenwart oder Zukunft, es muss immer für die Massen gehandelt werden, sich auf sie verlassen werden, von ihnen gekommen und zu ihnen gegangen werden. Die Positionen der Partei sollten in bewusste Handlungen und die Massenlinie bei jedweder Verwaltung des Landes umgesetzt werden.

Unabhängigkeit ist die notwendige Konsequenz dessen, von den realen Umständen Chinas auszugehen und mithilfe der Kraft von Partei und Volk die Revolution, den Aufbau und die Reform umzusetzen. Egal ob in der Vergangenheit, Gegenwart oder Zukunft, die Entwicklung des Landes und der Nation muss auf der eigenen Kraft basieren. Genauso muss an der Selbstachtung und dem Selbstbewusstsein der Nation festgehalten werden sowie am Beschreiten des eigenen Weges. Unabhängigkeit ist eine Tradition der chinesischen Nation und ein wichtiges Prinzip, auf dem die Kommunistische Partei Chinas und die Volksrepublik begründet sind. In einem großen, ostasiatischen Land mit einer hohen Bevölkerung und rückständigen Wirtschaft und Kultur wie China haben die nationalen Bedingungen und die Durchführung der Revolution und des Aufbaus bestimmt, dass China seinen eigenen Weg beschreiten muss.

Der Name ZHOU Enlai ist ein ehrenwerter Name, der nicht in Vergessenheit geraten wird. Beim Erwähnen dieses Namens verspürt das chinesische Volk Wärme und Stolz. ZHOU Enlais Lebensweg, auf dem er über ein halbes Jahrhundert kämpfte, ist ein lebendiges Abbild der Geschichte der Kommunistischen Partei Chinas, das sie daran erinnert, an ihrem ursprünglichen Ziel und ihrer Aufgabe festzuhalten. Er ist auch ein Abbild der Geschichte der Geburt und des Aufwachsens des Neuen Chinas, in der das Land einen angesehenen, internationalen Ruf erreicht und in dem das chinesische Volk mühsam seinen selbst gewählten Weg von der Revolution und des Aufbaus erforscht, unablässig erschließt und schließlich zum Sieg führt.

ZHOU Enlai stand ruhmreich an der Spitze der chinesischen Nation und war ein vielrespektierter Anführer der Kommunisten Chinas. Sein Geist, seine Tugend und sein Charakter haben eine Generation der Kommunistischen Partei nach der anderen inspiriert und großgezogen. Er verkörperte ihren Geist, in der Vergangenheit sowie Gegenwart, und inspiriert die Kommunisten noch heute am Weg des Sozialismus chinesischer Prägung festzuhalten. ZHOU Enlai war ein Vorbild dafür, an den ursprünglichen Zielen und Glauben festzuhalten. Glaube und Ideale sind die politische Seele der Kommunistischen Partei Chinas. Sie kann Rückschläge einstecken und stets wieder aufstehen und aus der Not Kraft gewinnen, was letztlich daran liegt, dass sie an ihren Idealen und dem Glauben an die Revolution festhält und so weiter ruhmreich nach vorne schreitet. Von ZHOU Enlai sollte die Kommunistische Partei lernen, niemals zu vergessen, dass sie Kommunisten und Revolutionäre sind, und zu keinem Zeitpunkt die eigenen Ideale und den Glauben aufzugeben.

Ihre Ideale und ihr Glauben bestimmen ihre Richtung und ihren Standpunkt sowie ihre Worte und Taten. Ausgestattet mit der wichtigen Idee des Dreifachen Vertretens, dem Marxismus, den Ideen MAO Zedongs und den Theorien DENG Xiaopings, dem Wissenschaftlichen Entwicklungskonzept und den Ideen XI Jinpings vom Sozialismus chinesischer Prägung im neuen Zeitalter, wird das Selbstvertrauen in den richtigen Weg, die Theorien, dem System und der Kultur gefestigt. Wissen und Handeln, Worte und Taten müssen in Einklang gebracht werden, sodass am Sozialismus chinesischer Prägung mit realen Handlungen festgehalten und dieser weiterentwickelt und für das kommunistische Ideal weitergekämpft wird.

Genauso war ZHOU Enlai ein Beispiel für Loyalität gegenüber der Partei und wie eine allgemeine Lage aufrechtzuerhalten ist. Um die Qualitäten und Fähigkeiten eines Parteimitglieds oder Kaders einzuschätzen, muss zuerst geschaut werden, ob dieser politisch standhaft und verlässlich ist und ob er die Autorität des Zentralkomitees und der einheitlichen Führung schützt. Von ZHOU Enlai ist zu lernen an der politischen Disziplin und den Regeln der Partei festzuhalten, bewusst die Einheit der Partei zu bewahren und in Ideologie, Politik und Ausführung mit dem Zentralkomitee Schritt zu halten und die politische Linie der Partei umzusetzen.

Wenn der Partei gegenüber Treue aufzubringen, ihre Sorgen zu teilen, die Pflichten ihr gegenüber zu erfüllen und stets für das Wohl des Volks zu arbeiten als die grundlegenden, politischen Verantwortungen gesehen werden, wird der politische Charakter der Partei immer erhalten bleiben. Ebenfalls verkörperte ZHOU Enlai das Ideal dem Volk Zuneigung entgegenzubringen und in ihrem Sinne zu handeln. Das Volk ist der Schöpfer der Geschichte und ist die grundlegende Kraft, die über die Zukunft und das Schicksal der Partei und des Lands entscheidet. Die Partei ist aus dem Volk entstanden, hat im Volk Wurzeln geschlagen und dient diesem. Sobald sie die Massen verlässt, wird sie ihre Lebenskraft verlieren. Sie sollte von ZHOU Enlai lernen, an den Prinzipien festzuhalten, die Partei für das öffentliche Wohl aufzubauen, für das Volk zu regieren und bewusst mit ganzem Herzen dem Volk dienlich zu sein, die Massenlinie bei allen Regierungsaktivitäten des Landes umzusetzen und das Ermöglichen eines besseren Lebens des Volkes als Ziel zu definieren. Durch Verlassen auf das Volk wird Geschichte geschrieben.

Auch war ZHOU Enlai ein herausragendes Beispiel für Selbstrevolution und ewigen Kampf. Die charakteristischsten Merkmale der Partei sind der Mut zur Selbstrevolution und die strenge Kontrolle ihrer selbst. Wenn die Partei eine marxistische Regierungspartei bleiben will, muss sie immer stark in sich selbst sein. Sie kann von ZHOU Enlai lernen, bewusster die Parteiprinzipien zu stärken, den Geist der Selbstrevolution weiterzuführen, sich ununterbrochen selbst zu reinigen, zu verbessern, zu erneuern und die eigenen Fähigkeiten zu steigern. Zu diesen Fähigkeiten gehören auch das Lernen, die politische Führung, das Reformieren, wissenschaftliche Innovation, das Regieren anhand des Gesetzes, für die Massen zu arbeiten, Wert auf Umsetzung zu legen und Risiken zu bewältigen. Genauso muss die Partei stets ihre politischen und ideologischen Führungsqualitäten verbessern, ihre Organisation der Massen und ihre gesellschaftliche Anziehungskraft, um sicherzustellen, um ihre Lebens- und Kampfeskraft zu bewahren. Genauso war ZHOU Enlai ein gutes Beispiel dafür, Verantwortung zu übernehmen, und für Hingabe. In der neuen Ära des Sozialismus chinesischer Prägung ist die Partei mit einer neuen und historischen Aufgabe betraut und steht neuen Risiken, Herausforderungen und Schwierigkeiten gegenüber. Die gesamte Partei muss bereit sein, noch größere und mühsamere Anstrengungen auf sich zu nehmen. Von ZHOU Enlai kann sie dabei lernen, mutig Verantwortung zu übernehmen, sich Widersprüchen zu stellen und gekonnt Probleme zu lösen. Mit dem Wissen, dass die Zeit nicht auf einen wartet, dem Ziel, so schnell wie möglich Erfolge zu erzielen und dem unnachgiebigen Geist die strategischen Pläne des XIX. Parteitags umzusetzen, wird sie sich in der Praxis, dem Volk und der Geschichte gegenüber bewähren und ihrer würdig sein.

Ebenfalls war ZHOU Enlai ein Vorbild für Selbstdisziplin und Integrität. Wie sie arbeitet, ist auch, wie sie von außen wahrgenommen wird. Von ZHOU Enlai ist zu lernen, nicht zu vergessen, dass die Macht von der Partei und dem Volk übergeben wurde und dafür genutzt werden sollte, dem Volk zu dienen; aufrecht und unbestechlich zu sein; bewusst Überwachung der eigenen Arbeit zu akzeptieren; das Volk, die organisatorischen Strukturen und Gesetz und Ordnung zu respektieren; Verfall und Korruption zu widerstehen; keine Privilegien zu erhalten; Macht nicht für den eigenen Vorteil zu missbrauchen; und ein aufrechtes Mitglied der Kommunistischen Partei zu sein.

Der Name LIU Shaoqi ist eng Geschichte des Kampfes des chinesischen Volks, der Kommunistischen Partei und der Volksrepublik verbunden. Mit ganzem Herzen widmete er sich der chinesischen Revolution und dem Aufbau. In Bereichen wie Wirtschaft, Politik, Militär, Kultur, Bildung, Diplomatie und dem Aufbau der Partei leistete er unschätzbare Beiträge und erhielt dafür das Vertrauen und den Respekt der Partei, der Armee und des gesamten Volks. Er war ein Vorbild dafür, an seinen ursprünglichen Zielen festzuhalten und der Partei gegenüber Treue aufzubringen, mit Glauben in seinem Herzen und Kraft in seinen Taten. Heute kann vom ihm gelernt werden, dass Ideale und Glauben die Grundlage eines jeden Kommunisten Chinas bilden und ihre politische Seele sind, und wie ihre Wurzeln und ihr Geist zu festigen sind. Dazu gehört auch das kommunistische Ideal mit dem Sozialismus chinesischer Prägung und dem, was sie aktuell tut, zu verbinden, die „Vier Bewusstseinsbereiche" (Loyalität, politische Integrität, Unterstützen der Führung, Einhalten der Parteilinie) und das „Vierfache Selbstvertrauen" (Selbstvertrauen in den Sozialismus chinesischer Prägung, die Theorien, das System und die Kultur) zu stärken, an ihren Idealen und ihrem Glauben festzuhalten und für die kommunistische Sache zu kämpfen.

Genauso war LIU Shaoqi ein Beispiel für Wahrheit und Pragmatismus. Das Festhalten an der Befreiung des Denkens, der Suche nach der Wahrheit in der Realität und dem Korrigieren von Fehlern ist eine wichtige Garantie für den stetigen Erfolg der Partei und Sache des Volks. Heute kann man von LIU Shaoqi lernen, stets die Wahrheit in der Realität zu suchen, sich mutig Problemen entgegenzustellen, jederzeit bereit zu sein, an der Wahrheit festzuhalten und Fehler zu korrigieren. Nur dann kann die Partei zu einer marxistischen Regierungspartei aufgebaut werden, die stets an der Spitze der Zeit steht, die aufrichtige Unterstützung des Volks genießt, sich mutig selbst revolutioniert und jeder Prüfung standhält, sodass der Marxismus im 21. Jahrhundert noch Überzeugungskraft und Wahrheit ausstrahlt. Auch war LIU Shaoqi ein Vorbild dafür, mutig Verantwortung auf sich zu nehmen und Neues zu schaffen. Die Mitglieder der kommunistischen Partei Chinas müssen mutig die Verantwortung auf sich nehmen, die Gesellschaft und die Welt zu verändern und sich Schwierigkeiten entgegenzustellen. Von LIU Shaoqi können sie heute lernen, die Prinzipien und die Sache der Partei sowie die Interessen des Volkes an erste Stelle zu stellen. Sie müssen es wagen, eine klare Position zu beziehen, Widersprüche zu überwinden, sich aufrecht Krisen zu stellen, für Irrtümer Verantwortung zu übernehmen und gegen schlechte Praktiken und Einflüsse zu kämpfen. Jedes Mitglied muss einen Sinn für die eigene Aufgabe haben, seine Verantwortung übernehmen, mit den Anforderungen der Zeit, der Praxis und des Volks Schritt halten, schöpferisch arbeiten und unbeirrt die Linie, Prinzipien und Politik der Partei umsetzen.

LIU Shaoqi lernte fleißig und verstand es, Wissen und Handeln in Einheit zu bringen. Viel Wert auf das Lernen zu legen, ist die erfolgreiche Erfahrung der Kommunistischen Partei bei der Förderung der beruflichen Entwicklung. Heute kann von LIU Shaoqi gelernt werden, eine Lernkultur zu entwickeln, in der ganzen Partei eine Atmosphäre des Lernens und der Praxis zu schaffen, eine lernende marxistische Regierungspartei aufzubauen und den Aufbau eines lernenden Landes zu fördern. Die Fähigkeit zu lernen, ist die wichtigste eines jeden Kaders. Gleichzeitig müssen sie ihre erlernten Fähigkeiten in praktische Arbeit umsetzen und fleißig daran arbeiten, Wissen und Handeln zu vereinen, sodass diese sich gegenseitig fördern.

Ebenfalls war LIU Shaoqi ein Vorbild dafür, dem Volk verbunden und ihm aufrichtig und loyal gegenüber zu sein. Jedes Parteimitglied, egal wie hoch die Position, ist ein Diener des Volks. Was man heute von ihm lernen kann, ist immer, den Standpunkt des Volks einzunehmen und das Volk und die Massen an erste Stelle zu stellen, mit ihnen eng verbunden zu bleiben und ihr Glück als grundlegendste Pflicht anzunehmen. Jedes Mitglied der Kommunistischen Partei muss sich daran erinnern, dass seine Macht von der Partei und dem Volk übertragen wurde und nur für die Sache der Partei und des Volks bestimmt ist, die Sorgen der Partei zu teilen, für das Land zu arbeiten und das Wohl des Volks. Sie müssen ihre eigenen Grenzen erkennen und dürfen zu keinem Zeitpunkt Privilegien einfordern, ihre Macht für persönliche Zwecke missbrauchen und loyal, unbestechlich und verantwortungsbewusst sein.

Um ZHU De zu gedenken, sollte von seiner Überzeugung gelernt werden, der Wahrheit zu folgen und die eigenen, ursprünglichen Ziele nicht aus den Augen zu verlieren. Wer sein ursprüngliches Ziel nicht verliert, wird es zum Erfolg führen. Der Glaube an den Marxismus, den Sozialismus und den Kommunismus ist die politische Seele der Mitglieder der Kommunistischen Partei Chinas und ihre mentale Stütze, mit der sie jeder Prüfung standhalten können. Nur jene mit starken Idealen und Überzeugungen lassen sich nicht vom Weg abbringen und nicht unterkriegen, egal wie stark der Gegenwind oder die Schwierigkeiten sein mögen, und streben unbeirrt danach, für das Erreichen ihrer Ziele zu kämpfen. Heute muss ein jedes Mitglied der Kommunistischen Partei an die gemeinsamen Ideale vom Kommunismus und Sozialismus chinesischer Prägung glauben und diese treu umsetzen. Für das Erreichen des Ziels der „Zweimal hundert Jahre" und dem chinesischen Traum von der Wiederbelebung der chinesischen Nation muss mutig gekämpft werden.

Genauso kann in Gedenken an ZHU De von seiner grenzenlosen Loyalität und seinem freimütigen und starken Parteigeist gelernt werden. Der Parteigeist ist letztendlich eine Frage des Standpunkts. Er ist der Grundpfeiler der Rolle, der Karriere, der Worte und der Tugend eines Parteimitglieds und Kaders. Was einen Menschen bestimmt, ist sein Charakter; was ein Parteimitglied bestimmt, ist sein Parteigeist. Der Parteigeist wird nicht einfach gefestigt mit der Dauer der Parteimitgliedschaft oder mit dem Aufstieg in höhere Positionen. Er wird gefestigt durch strenges Ausüben des inneren Parteilebens. Heutzutage müssen alle Parteimitglieder beherzigen, dass ihre oberste Identität die eines Mitglieds der Kommunistischen Partei ist und mit ihr jederzeit im Geiste und im Herzen verbunden sein müssen. Auch müssen sie ein politisches Bewusstsein, einen Sinn für das große Ganze, ein Bewusstsein für die Parteiführung und für das Einhalten der Parteilinie entwickeln und dieses wissentlich festigen. Ideologisch, politisch und in ihrem Verhalten sollten sie mit dem Zentralkomitee der Partei übereinstimmen, der Partei treu gegenüber sein, ihre Sorgen teilen, Verantwortung übernehmen und diese ausfüllen, und jede Pflicht und Aufgabe annehmen, welche die Partei ihnen zuweist.

Ebenfalls kann durch Gedenken an ZHU De gelernt werden, die Wahrheit in der Realität zu suchen, und eine pragmatische Denkweise. Die Wahrheit in der Realität zu suchen, ist die Essenz des Marxismus und auch eine wichtige Denkweise der Anhänger der Kommunistischen

Partei. Alle Erfolge der Vergangenheit sind darauf zurückzuführen. Genauso muss auch heute bei der Weiterentwicklung des Sozialismus chinesischer Prägung vorgegangen werden. Alle Mitglieder der Kommunistischen Partei müssen daran festhalten ihre Gedanken zu befreien, die Wahrheit in der Realität zu suchen und mit der Zeit mitzugehen, und bereit sein, an der Wahrheit festzuhalten und Fehler zu korrigieren. Alles, was im Interesse der Sache der Partei und des Volks ist, muss entschlossen, energisch und ununterbrochen getan werden; alles, was gegen die Interessen der Sache der Partei und des Volks ist, muss entschlossen, gründlich und unverzüglich geändert werden. Stets muss die Entwicklung der Sache vorangetrieben und für den Marxismus neue Horizonte erschlossen werden.

Auch kann in Gedenken an ZHU De gelernt werden dem Volk verbunden zu sein und ganz in seinem Dienst zu handeln. Der Standpunkt des Volks ist der grundlegende politische Standpunkt der Partei; mit ganzem Herzen dem Volk zu dienen, ist das grundlegende Ziel der Partei; dem Volk in der Not beizustehen und mit ihm durch den Tod zu gehen, ist die grundlegende Sicherheit der Partei, alle Schwierigkeiten und Risiken zu überwinden; eins mit dem Volk zu sein, ist die grundlegende Garantie der Partei, stets an einem harten und einfachen Arbeitsstil festzuhalten.

Von ZHU De ist auch zu lernen, sich einen Geist des lebenslangen Lernens anzueignen und nach vorne zu streben. In der heutigen Zeit wird Wissen immer schneller aktualisiert und neues Wissen, neue Situationen und neue Dinge sprießen ununterbrochen auf. Die Welt und die Gesellschaft entwickeln sich, das Leben verändert sich und wir müssen mit der Geschichte mithalten. In der sich schnell verändernden Welt von heute kommt die Verweigerung des Fortschritts einem Rückzug gleich; wer nicht nach vorne schreitet, fällt zurück. Die Partei muss heutzutage die neuen Situationen und Probleme identifizieren, die durch die Entwicklung Chinas ununterbrochen auftauchen, und einen geeigneten Umgang mit ihnen finden. Stets müssen ihre Anhänger an ihren Fähigkeiten arbeiten, das Gelernte in der Praxis umsetzen, und in der Praxis neue Fähigkeiten zum Lösen von Problemen erlernen. Dafür muss zuerst gewissenhaft der Marxismus studiert werden, welcher die Richtschnur jeder Arbeit ist. Durch das Lernen können ein Verständnis für marxistische Standpunkte, Ansichten und Methoden entwickelt und die Fähigkeiten, strategisch zu denken, umfassende Entscheidungen zu treffen und Situationen zu bewältigen, verbessert werden. Wissen und Handeln müssen in Einheit gebracht werden und die Arbeit wissenschaftlicher, vorausschauender und aktiver werden. Dabei sollte vermieden werden, sich auf Details zu versteifen, große Wissenslücken aufzuweisen oder verwirrt zu sein. Die Anhänger der gesamten Partei, insbesondere die führenden Kader aller Ebenen, müssen die eigene Arbeit mit dem Lernen der Parteilinie und Politik, der Gesetze des Landes und dem Wissen von Wirtschaft, Politik, Geschichte, Kultur, Gesellschaft, Wissenschaft und Technik, Militär, Diplomatie etc. in Einklang bringen. Durch das Lernen haben sie es in das Jetzt geschafft und müssen sich auch darauf für die Zukunft verlassen.

DENG Xiaopings Leben ist eng verbunden mit dem Aufbau und der Entwicklung der Kommunistischen Partei, der Volksbefreiungsarmee und der Volksrepublik China, mit der Geschichte der Revolution, des Aufbaus und der Reformen und damit, dass die chinesische Nation aufgestanden ist und Wohlstand und Stärke erreicht. Er führte die Kommunistische Partei Chinas und das Volk an, läutete einen neuen Zeitabschnitt in der Geschichte der Reform und Öffnung ein und ermöglichte es, dass die chinesische Nation es zu Wohlstand brachte.

In Erinnerung an DENG Xiaoping kann von seinem überzeugten kommunistischen Ideal und dem Glauben an den Sozialismus chinesischer Prägung gelernt werden. Um China besser voranzubringen, muss von der Kraft des Ideals und Glaubens Gebrauch gemacht werden. Die Anhänger der Kommunistischen Partei müssen zuallererst ihre Ideale in den Kommunismus und Sozialismus chinesischer Prägung festigen, um ihren Parteigeist zu trainieren. Von ihm kann gelernt werden, unbeirrt für den Sozialismus und Kommunismus zu kämpfen, das Vertrauen in den Weg des Sozialismus chinesischer Prägung, die Theorien, das System und die Kultur zu festigen und mit Ausdauer, entgegen aller Schwierigkeiten, ihren Zielen entgegenzuschreiten.

Im Gedenken an DENG Xiaoping kann von seiner unermesslichen Liebe für das Volk gelernt werden. Seine Zuneigung, die er China und dem Volk entgegenbrachte, war eine tiefgehende und starke Kraft und unermesslich. Von ihm kann gelernt werden, seinem Land und dem Volk gegenüber tiefe Verbundenheit aufzubringen, immer für die Interessen des Volks einzustehen und jederzeit seinem Land und dem Volk gegenüber loyal zu sein. Genauso hat er die Ziele der Partei bodenständig umgesetzt, sein ganzes Leben der Sache der Partei und des Volks gewidmet und sich dafür bis zum letzten Atemzug eingesetzt.

Wenn man sich an DENG Xiaoping erinnert, kann auch von seiner Qualität gelernt werden, an der Suche der Wahrheit in der Realität festzuhalten. Fakten sind die Grundlage der Wahrheit und praktische Arbeit der einzige Weg zum Erfolg. Dies ist auch der Kern der Worte XI Jinpings: „Leeres Gerede führt unser Land in die Irre. Nur praktisches Handeln bringt unsere Nation zum Aufschwung." Die chinesische Geschichte von der Revolution, dem Aufbau und der Reform haben mehrmals bewiesen, dass durch Aufstellung passender Politiken und Maßnahmen, die an die realen Umstände angepasst sind, die Sache der Partei und des Volks auf den richtigen Weg gebracht werden kann, sodass das mit den Ergebnissen zufrieden ist.

Von DENG Xiaoping kann gelernt werden, wie er dialektischen Materialismus und historischen Materialismus als Denkweise und Führungsmethode nutzte, um die Welt zu begreifen und Probleme zu bewältigen. Er erfasste stets die reale Situation, begriff die objektiven Gesetzmäßigkeiten und propagierte ein pragmatisches, effektives Arbeiten ohne hochtrabendes Gerede. Auf dem Boden der Tatsachen bleibend setzte er die grundlegende Theorie, Linie und Strategie der Partei konsequent um. Im Andenken an DENG Xiaoping kann auch von seinem politischen Mut gelernt werden, ständig Neues zu wagen. Je größer eine Sache, desto mehr Schwierigkeiten gehen damit einher und desto mehr muss Neues gewagt werden. Der Sozialismus chinesischer Prägung ist eine historisch beispiellos große Sache. Vor der Vollendung der Reform und Öffnung und des Aufbaus des Sozialismus liegt noch ein langer Weg. Auf diesem Weg nach vorne warten noch viele Kämpfe mit neuen historischen Besonderheiten. Von DENG Xiaoping kann gelernt werden, mutig Neues zu wagen, sorgfältig neue Praktiken und Entwicklungen zu beobachten und Initiativen auf der lokalen Ebene, auf der Ebene der einfachen Leute und der Massen, zu respektieren. Stets traf er beherzt Entscheidungen, machte das Wagen von Neuem zum Alltag und nutzte den sich entwickelnden Marxismus zum Anleiten neuen Handelns. Aus diesem neuen Handeln zog er neue theoretische Schlüsse, wagte es, Durchbrüche durchzuführen und Sachen auszuprobieren, und trieb, ohne zurückzuschauen, die Reform und Öffnung voran.

Im Gedenken an DENG Xiaoping kann auch von seinem weitsichtigen strategischen Denken gelernt werden. Strategische Fragen sind für eine Regierungspartei und ein Land von grundlegender Bedeutung. Nur mit genauen Urteilen, wissenschaftlicher Planung und Initiative in der Strategie hat die Sache von Partei und Volk Hoffnung. Von DENG Xiaopings Weltanschauung und strategischem Denken kann gelernt werden „die Welt [zu] beobachten, die Zukunft, und auch das Jetzt; alles aus jedem Blickwinkel [zu] beobachten." Genauso kann von seiner Denk- und Arbeitsmethodik, das Wesentliche zu begreifen, gelernt werden und an der Spitze der Zeit zu stehen, um Probleme anzugehen. In jeder Planung ging er die Sache von Partei und Volk in Anbetracht der Geschichte und der Welt an und schloss vom Kleinen auf das Große. Im Lösen von Problemen erreichte er strategische Durchbrüche und trieb die Arbeit beim Erfassen der strategischen Gesamtsituation voran.

Genauso muss im Gedenken an DENG Xiaoping von seiner Offenheit und Selbstlosigkeit gelernt werden. Nur jene mit Charakterstärke werden ihrem Namen gerecht und können die Unterstützung des Volks gewinnen. Es kann von DENG Xiaopings Selbstlosigkeit, Furchtlosigkeit und Großzügigkeit gelernt werden, wie er den Parteigeist förderte, streng mit sich selbst und nachsichtig mit anderen war. Mit dieser richtigen Einstellung beggegnete er Organisationen, Anhängern der Partei, sich selbst und der Macht. Aktiv praktizierte er die Grundwerte des Sozialismus und widmete sich aufrichtig der Sache der Partei und des Volks. Mit gutem Beispiel ging er voran, um einen sauberen und gewissenhaften Partei-, Politik- und Gesellschaftsstil zu schaffen.

In allen historischen Zeitabschnitten der chinesischen Revolution, des Aufbaus und der Reformen führte CHEN Yun immer ein Leben voller Größe und Ehre. In Gedenken an ihn kann von seinem Geist des Glaubens gelernt werden. Sein Glauben in den Marxismus, Kommunismus und Sozialismus waren das Rückgrat des Geistes der Anhänger der Kommunistischen Partei. Ohne Ideale und Glauben oder wenn sie keinen Bestand haben, wird dieses Rückgrat des Geistes morbide und hält Schwierigkeiten nicht mehr stand. Alle Anhänger der Kommunistischen Partei Chinas müssen an ihrer ideologischen Heimat festhalten und die Veränderung der objektiven und subjektiven Welt vereinen. Genauso müssen sie Probleme bei der Weltanschauung, Lebensanschauung und Wertvorstellungen lösen, das Rückgrat der Kommunisten stärken, ihren Glauben zu einer uneinnehmbaren Festung ausbauen und unablässig für das gemeinsame Ideal vom Sozialismus chinesischer Prägung kämpfen. Im Gedenken an CHEN Yun kann von seinem starken Parteigeist gelernt werden. „Mit starker Disziplin ist die Revolution unbesiegbar." Unter der neuen strengen Führung der Partei müssen alle ihre Anhänger unablässig ihren Parteigeist trainieren, den Aufbau der Disziplin verstärken und die Einheit der Partei bewahren. Genauso müssen sie die Autorität des Zentralkomitees schützen und sicherstellen, dass die gesamte Partei mit geeintem Willen, Handeln und Schritt nach vorne schreitet.

Auch kann in Erinnerung an CHEN Yun von seinem Geiste gelernt werden, im Sinne des Volks zu handeln. Die Sache ist edelmütig und heilig, die Aufgabe mühsam und ruhmreich. Angesichts der neuen, schwierigen, umfassenden und tiefgehenden Reformen müssen alle Anhänger der Partei an der Seite des Volks stehen. Sie müssen die Herzen kennen, Sorgen teilen und real dafür handeln. Auf diese Weise werden große Kräfte für die Entwicklung der Sache von Partei und des Volks gesammelt.

Genauso kann in Gedenken an CHEN Yun von seinem Geist der Suche nach der Wahrheit in der Realität gelernt werden. Die Praxis hat mehrfach bewiesen, dass der Erfolg dieser pragmatischen Herangehensweise über das Gelingen jeder Arbeit der Partei oder des Staats entscheidet. Alle Anhänger der Kommunistischen Partei müssen die Suche nach der Wahrheit in der Realität auf ihre Arbeit anwenden und häufige, weitreichende und tiefgehende Untersuchungen anstellen. Sie müssen sich bemühen, die realen Begebenheiten besser zu erfassen und die objektiven Gesetzmäßigkeiten besser zu begreifen. Auch müssen sie für das Vorantreiben der „Integration der fünf Dimensionen" und die Koordination der „Vier umfassenden Handlungen" eine stabile Grundlage zum Arbeiten schaffen. Auch kann von CHEN Yuns Einstellung zum harten Lernen gelernt werden. Auf dem XVIII. Parteitag wurde auf die große Aufgabe des Aufbaus einer lernenden, dienenden und innovativen marxistischen Regierungspartei hingewiesen. Lernen ist die Voraussetzung, um gut zu dienen und Innovationen hervorzubringen. Alle Anhänger der Kommunistischen Partei müssen das Lernen als politische Verantwortung, geistiges Streben und als Lebensweise begreifen. Hierfür müssen sie sich stets von der Weisheit marxistischer Philosophie bereichern lassen, selbstbestimmt die Weltanschauung und Methodologie des dialektischen Materialismus beibehalten und anwenden und sich breites Wissen in allen Aspekten aneignen, um über Lernen Weisheit, Wille und Tugend zu erhalten und an sich selbst zu arbeiten.

Die Welt erlebt heutzutage einen Umbruch, wie es ihn ein Jahrhundert lang nicht gegeben hatte. China befindet sich in der Schlüsselphase des Wiederauflebens der chinesischen Nation. Der Sozialismus chinesischer Prägung befindet sich in einem neuen Zeitalter. Die neue Ära ist eine wichtige, in der die Jugend Chinas Großes leisten kann. Die Kommunisten scharen sich noch enger um das Zentralkomitee unter der Führung XI Jinpings unter dem Banner des Sozialismus chinesi-

CHEN Yun bei einem Besuch der Baoshan Eisen- und Stahlfabrik in Shanghai.

scher Prägung. Hierbei stärken sie die „Vier Bewusstseinsbereiche", das „Vierfache Selbstvertrauen" und das „Zweifache Wahren" der zentralen Rolle XI Jinpings und der Autorität des Zentralkomitees. Ohne das ursprüngliche Ziel zu vergessen und die eigene Aufgabe aus den Augen zu verlieren, wird stets für ein besseres Leben des Volks gearbeitet, sodass China im neuen Zeitalter immer neue Wunder bewerkstelligt.

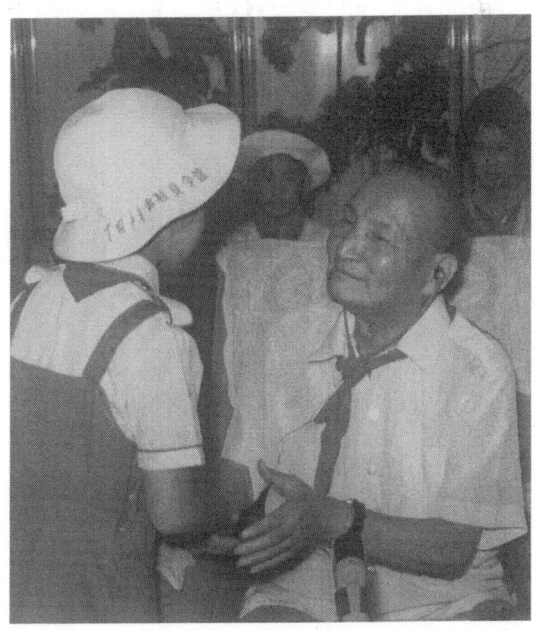

CHEN Yun empfängt ein Mitglied der Jungen Pioniere.

Nachwort von LI Hongfeng

Die Zukunft strahlt hell im Lichte der Geschichte

Liebe Jugendliche, unser Herz ist voller Leidenschaft und Respekt, Vertrauen und Vorfreude, wenn wir Ihnen dieses Buch „Wie Größe entsteht" widmen, mein Herz ist erfüllt.

Ich erinnere mich an zwei Zitate MAO Zedongs. Eines lautet: „Die Welt gehört euch und auch uns, aber letztlich gehört sie euch. Ihr jungen Menschen seid voller Tatendrang; es ist eine Zeit des Aufblühens. So wie die Sonne um acht auf neun Uhr morgens liegt, liegt die Hoffnung bei euch." Das andere lautet: „Ein Land wie unseres kann und sollte das Wort „Größe" benutzen. Unsere Partei, unser Volk, unsere Revolution und der Aufbau sind alle von Größe. Jedes Zeitalter hat seine eigenen Probleme, seine eigenen Aufgaben, sein eigenes Erbe und seine eigenen Errungenschaften. Die Zeit schafft Helden, Helden prägen die Zeit."

Die Größe der Partei liegt nicht nur darin, dass sie das Volk zu großen, nur schwer zu erreichenden Errungenschaften angeführt hat, die chinesische Nation dazu gebracht hat, aufzustehen und Wohlstand und Stärke zu erlangen, sondern auch, dass sie Menschen von Größe hervorgebracht hat wie MAO Zedong, ZHOU Enlai, LIU Shaoqi, ZHU De, DENG Xiaoping und CHEN Yun. Sie alle waren Menschen von Größe, die aus der historischen Entwicklung Chinas in der Neuzeit und aus dem mühsamen Kampf des chinesischen Volks gegen ausländische Invasoren, die Unterdrückung der Nation und der Klassen entstanden sind. Immer standen sie an der Spitze des Fortschritts der Nation und der Welt.

Zwischen Größe und dem Gewöhnlichen, zwischen Helden und dem Volk gibt es keine unüberwindbare Kluft. Nicht nur gibt es keine solche unüberwindbare Kluft zwischen ihnen, sondern im Grunde genommen sind diese untrennbar miteinander verbunden. Größe kommt aus dem Gewöhnlichen, Helden von dem Volk. Keine Größe ohne das Gewöhnliche, keine Helden ohne das Volk. Eine Partei, ein Land, eine Nation – am besten lernt man aus den eigenen Erfahrungen und von Menschen von Größe.

„Tugend ist wie ein hoher Berg, zu dem man aufschauen kann, und gute Taten wie ein Weg, dem man folgen kann. Obwohl man diese selbst niemals erreichen wird, sehnt sich das Herz danach, ihnen zu folgen." Die Leistungen, Gedanken und Theorien, der Geist und das Verhalten von Menschen von Größe sind wie eine Fundgrube und verkörpern den Kampf und die Taten der Partei und des Volks. Heutzutage, in einem neuen Zeitalter des Sozialismus chinesischer Prägung, öffnen wir diese Fundgrube und betreten sie. Sie bringt uns zum Nachdenken und lässt uns verstehen, wie die Größe entstand und was für Menschen jene mit Größe sind. Das grundlegende Ziel dessen ist es, das Volk und die Jugend zu motivieren, vor allem die Anhänger der Partei und ihre Kader, damit sie für die Zukunft Chinas kämpfen.

XI Jinping hat einmal gesagt, dass für immer der Kampfgeist aus der Zeit des Aufbaus der Kommunistischen Partei Chinas behalten werden muss sowie ein unschuldiges Herz gegenüber dem Volk. Auf dem Weg nach vorne darf der bereits zurückgelegte Weg nicht vergessen werden. Egal wie weit man geht, egal wie hell die Zukunft strahlt, dürfen die Vergangenheit und der Grund für die Reise nicht vergessen werden. Er hat auch gesagt, dass die Geschichte immer voranschreitet und nicht auf die Zögernden, Beobachtenden, Zurückfallenden und Schwachen wartet. Nur auf jene, die mit der Geschichte Schritt halten und ihr Schicksal mit der Zeit teilen, wartet eine strahlende Zukunft.

Die Geschichte ist unendlich, genauso wie die menschliche Weisheit. Im Fortschreiten der menschlichen Gesellschaft sind Tradition und Innovation untrennbar miteinander verbunden, genauso wie die Wirklichkeit mit der Zukunft. Die persönliche Entwicklung hängt mit der der Nation, der Gesellschaft und des Lands zusammen. Eine Generation nimmt die nächste an die Hand und ebnet ihr den Weg.

Wir blicken der jungen Generation Chinas mit Zuversicht entgegen. Genauso blicken wir der Zukunft Chinas mit Zuversicht entgegen. Auf dass die Zukunft hell strahlt im Lichte der Geschichte.

Über den Autor

LI **Hongfeng**, einst eingeladener Forscher am Nationalen Institut für Parteiaufbau, Berater an der Akademie für Geschichte der Volksrepublik China und Direktor des Shanghaier Instituts für Parteiaufbau an der Parteischule des Stadtkomitees Shanghai der Kommunistische Partei Chinas. Er war Direktor des Forschungsbüros für Parteiaufbau am Zentralinstitut für Politikforschung, stellvertretender Sekretär des Stadtkomitees Xi'an der Kommunistische Partei Chinas, Gruppenleiter für Disziplinaraufsicht der Zentralen Disziplinarkommission der Kommunistische Partei Chinas bei der Xinhua-Nachrichtenagentur, Mitglied der Parteigruppe der Xinhua-Nachrichtenagentur, Mitglied der 17. Zentralen Disziplinarkommission der Kommunistische Partei Chinas, Gruppenleiter für Disziplinaraufsicht der Zentralen Disziplinarkommission der Kommunistische Partei Chinas am Kulturministerium und Mitglied der Parteigruppe des Kulturministeriums.

Zu seinen wichtigsten Werken gehören u. a. „Gesammelte Anmerkungen zur Verfassung der Kommunistischen Partei Chinas" (in drei Bänden), „Über den ideologischen Parteiaufbau und die Bewaffnung mit Theorien", „Warum die Geschichte MAO Zedong wählte", „Stratege DENG Xiaoping", „Der Stil von CHEN Yun", „ZHOU Enlai – Das ewige Vorbild", „Kulturelle Vorbereitung auf den Aufstieg einer Großmacht" und „Lesehinweise zur Kulturwissenschaft".

Profil des Übersetzers

Prof. Dr. ZHANG Shisheng, Dekan der Fakultät für Europastudien der Xi'an International Studies University, Bachelor- und Masterstudium in der Germanistik an der Xi'an International Studies University, Promotion über deutsche Literatur an der Beijing Foreign Studies University, Forschungsinteresse: Literarisches Übersetzen und dessen Erforschung. Mitgliedschaften: Anleitungskommission für Germanistik, Chinesische Gesellschaft für deutschsprachige Literatur, Shaanxier Gesellschaft für ausländische Literaturen, Kommission der Übersetzer des Shaanxier Schriftstellerverbands

Maurice Scheinig, geboren am 30. Oktober 1997 in Bremen, interessierte sich schon früh für Sprachen und Kultur. Bereits im Abitur fing er an, Chinesisch zu lernen. Nach seinem Abschluss ging er für ein halbes Jahr an die Hochschule für Wissenschaft und Technik Zhejiang in Hangzhou. Darauf folgten ein Abschluss in Chemie und ein Bachelor und Master in Sinologie an der Universität Würzburg. Momentan ist er Student für Chinesisch-Deutsche Übersetzung an der Xi'an International Studies University. In seiner Freizeit geht er gerne in Museen, macht Fotos und genießt die schönen Dinge des Lebens.